Whistle Blower Rebels

Whistleblower Rebels

20 Menschen, die für die Wahrheit kämpfen

Benjamin Knödler | Christine Knödler

Illustriert von Felicitas Horstschäfer

Hanser

Für Magdalena und Matteo
und für Hattie

B. K. | C. K.

Von den Autor:innen bereits bei Hanser erschienen:
Young Rebels – 25 Jugendliche, die die Welt verändern (2020)

HANSER hey! Schau vorbei und
teile dein Leseglück auf Instagram

www.for-rebel-girls.de

1. Auflage 2024

ISBN 978-3-446-27929-2

Umschlaggestaltung: Felicitas Horstschäfer
Satz im Verlag, Iris Kochinka
Druck und Bindung: PNB Print Ltd., Silakrogs
Printed in Latvia

FSC www.fsc.org
MIX
Papier | Fördert gute Waldnutzung
FSC® C084698

INHALT

VORWORT

Es gibt Geschichten, die vergisst man nicht. Eine davon begann im Spätsommer 2021. Damals wurden immer mehr erschreckende Details über Facebook und Instagram bekannt. Sie betrafen uns alle.

Hinter diesen Enthüllungen stand eine Frau aus den USA. Sie heißt Frances Haugen. Beinahe über Nacht wurde sie zu einer berühmten Whistleblowerin, die die Welt über etwas aufklärte, was bis dahin nur wenige wussten.

Diese Geschichte hat uns nicht mehr losgelassen. Wir wollten mehr wissen, und wir wollten ein Buch daraus machen. Also haben wir uns auf die Suche nach Whistleblower:innen in Vergangenheit und Gegenwart gemacht. Tatsächlich gab und gibt es sie auf der ganzen Welt – und ihre Geschichten sind spannend wie Krimis, nicht umsonst wurden einige von ihnen verfilmt.

Und dann war da noch etwas: Die Ideen, die die Whistleblower:innen angetrieben haben. Denn hinter ihren Enthüllungen, so haben wir im Laufe unserer Arbeit gemerkt, stehen oft Ideale, Werte, Errungenschaften – die der Freiheit zum Beispiel, der Gleichheit, der Würde, der Menschenrechte.

Hinter ihrem Tun steht die Überzeugung, dass wir alle, wo und wie auch immer wir leben, uns einmischen können, wann immer das nötig ist.

Hinter ihrem Handeln steht meistens die Vorstellung einer gerechten Gesellschaft, eines achtsamen Umgangs der Menschen mit Mensch und Tier, mit der Umwelt und mit der Welt.

Und natürlich stehen hinter ihren Enthüllungen der hohe Anspruch und das hohe Gut der Wahrheit.

Für diese Wahrheit setzen Whistleblower:innen sehr viel aufs Spiel. Sie schauen hin, wo andere wegschauen, und sorgen dafür, dass Missstände öffentlich werden.

Manche sind heute weltberühmt, andere sind fast vergessen. Bemerkenswert sind sie und ihre Geschichten allesamt.

Einige der Geschichten, die ihr nun lesen könnt, sind hart. Sie erzählen von Ungerechtigkeit, Verfolgung, Strafe, Haft, von Mutlosigkeit, Ohnmacht und Verzweiflung. Das sollt ihr wissen, bevor ihr in das Buch eintaucht, denn das kann euch vielleicht bedrücken. Sollte das so sein, sprecht am besten mit anderen darüber.

Zugleich zeugen die Geschichten der Whistleblower:innen von persönlichem Mut, von Verantwortungsbewusstsein, selbstständigem Denken und Handeln und vom Glauben an Veränderung. Darum sind es immer auch Geschichten der Hoffnung.

Uns haben sie berührt, fasziniert, umgetrieben und verändert. Manchmal waren wir fassungslos über das, was wir erfahren haben – etwa, wie Menschen ihre Macht missbrauchen und dafür das Leid anderer in Kauf nehmen, wie sie sich auf Kosten anderer bereichern, wie sie die Öffentlichkeit – und das heißt ja: uns alle – täuschen. Und wie gefährlich das alles werden kann.

Was Whistleblower:innen aufdecken, ist von Menschen gemacht. Darum kann es auch von Menschen verändert werden. Das ist eine der Lehren, die wir aus unserer Arbeit an dem Buch gezogen haben.

Diskriminierung, Rassismus, Krieg, Überwachung, Social Media, Gesundheit, die Macht der Polizei oder der Schutz des Planeten – das sind einige der Themen von Whistleblower:innen.

Ihre Geschichten wollten wir erzählen. Dafür haben wir mit einigen Whistleblower:innen und ihren Unterstützer:innen gesprochen, außerdem haben wir Expert:innen und Enthüllungsjournalist:innen befragt.

Die Großzügigkeit und Selbstverständlichkeit, mit der sie ihre Erfahrungen und ihr Wissen mit uns geteilt haben, bleibt unvergesslich. Wir danken allen, denen wir unsere Fragen stellen durften und die sich für uns und unser Buch Zeit genommen haben.

Bei unseren Recherchen haben wir festgestellt, dass Whistleblowing als Thema immer mehr Fragen aufwirft: Was sind Whistleblower:innen überhaupt? Wie arbeiten sie? Welche Rechte haben sie? Was brauchen sie? Und natürlich: Warum brauchen wir sie?

Die Fragen gingen weiter: Was ist Wahrheit? Gibt es gute und schlechte Geheimnisse? Wie gehen wir mit Fake News und Verschwörungserzählungen um? Ist Whistleblowing eine Frage der Moral?

Whistleblower:innen, auch das haben wir gemerkt, polarisieren, sie fordern uns alle heraus. Darum sollen diese großen, manchmal auch komplizierten Fragen Raum bekommen, indem wir ihnen spezielle »Spots« widmen. Hier werfen wir Schlaglichter auf Hintergründe und Konsequenzen und laden euch zum Nachdenken über philosophische und gesellschaftspolitische Fragen ein.

Das zieht immer weitere Kreise – wie weit, hat uns selbst überrascht. Und es hat uns überrascht, wie politisch auch unser zweites Buch, das wir zusammen geschrieben haben, geworden ist.

So unterschiedlich die Geschichten der einzelnen Whistleblower:innen sind – ihr gemeinsamer Nenner ist die Frage nach der Gesellschaft, in der wir leben wollen. Und so ist »Whistleblower Rebels. 20 Menschen, die für die Wahrheit kämpfen« nicht zuletzt ein Buch über Freiheit und Demokratie geworden.

Die Gegenwart, in der wir leben, kann mit all ihren Krisen ziemlich verunsichern. Dann brauchen wir erst recht Menschen, die unbeirrbar hinschauen, aufklären, die Frage nach einer besseren Welt stellen und auf ihre jeweilige Art und Weise beantworten.

Darum sind die Geschichten der Whistleblower:innen wichtig und im wahrsten Sinne des Wortes weltbewegend. In diesem Sinne mögen sie auch euch bewegen, inspirieren und ermutigen: die Welt, in der ihr leben wollt, mitzugestalten.

Benjamin Knödler und Christine Knödler
Berlin und München, Januar 2024

EDWARD SNOWDEN

WHISTLEBLOWER ÜBER MASSENÜBERWACHUNG DURCH US-GEHEIMDIENSTE

»Ich möchte nicht in einer Welt leben, in der alles, was ich tue und sage, aufgezeichnet wird. Solche Bedingungen bin ich weder bereit zu unterstützen, noch will ich unter solchen leben.«[1]

Im Frühjahr 2013 sitzt ein junger Mann in einem teuren Hotel in Hongkong und wartet. Um ihn herum liegen Klamotten verstreut, Teller mit angebissenen Burgern und Nudelboxen. Zehn Tage hat Edward Snowden das Zimmer nicht verlassen, denn er möchte so wenig wie möglich auffallen. Er ist aus seiner Heimat, den USA, nach Hongkong gereist, um sich mit Journalist:innen zu treffen und ihnen von Dingen zu berichten, über die sonst nur wenige andere Menschen auf der Welt Bescheid wissen. Da sitzt er nun in diesem Zimmer in einem 5-Sterne-Hotel im 10. Stock mit Blick auf einen Park und fühlt sich so einsam wie noch nie in seinem Leben.

Als Edward Snowden sein altes Leben hinter sich lässt, ist er gerade einmal 29 Jahre alt – und könnte eigentlich wunschlos glücklich sein: Er lebt mit der Liebe seines Lebens auf Hawaii und verdient mehr als genug Geld. Er kann mit dem Fahrrad an Palmen vorbei zu seiner Arbeit für die NSA, einen US-amerikanischen Geheimdienst, fahren. Früher war das mal sein Traumjob.

Schon als Kind spielte er für sein Leben gern Spion und war fasziniert von Technik. Er war noch ein kleiner Junge, als er im Büro seines Vaters seine ersten Befehle in den Computer eintippte. Von da an wurde er immer besser. Auch, weil er in seiner Jugend bald kaum noch vom Rechner zu trennen war – vor allem wegen des Internets. Das Netz veränderte für ihn und seine Generation alles.

Im Internet gab es Antworten auf alles, Einblicke in neue Welten und Foren, in denen man sich gegenseitig bei Fragen weiterhalf. All das ging anonym. Das brachte, Edward Snowdens Meinung nach, »alle Beziehungen ins Gleichgewicht und korrigierte jede Ungleichheit.«[2] So konnte er sich mit Erwachsenen auf Augenhöhe unterhalten, wurde ernst genommen, durfte aber auch reichlich Unsinn schreiben, wenn ihm danach war. Das Netz war sein Freiraum.

Nach der Schule begann Edward Snowden Informatik zu studieren, schloss das Studium aber nicht ab. Und während er sich über seine Zukunft Gedanken machte, kam der Tag, der alles veränderte: der 11. September 2001.

Es gibt einschneidende Ereignisse, die alles in ein »Davor« und ein »Danach« teilen. Die Terroranschläge im September 2001 waren für die USA ein solches Ereignis. Für die Vereinigten Staaten gab es danach nur noch Verbündete oder Feinde, das Land begann einen »Krieg gegen den Terror«, griff Afghanistan an und marschierte später in den Irak ein. Und in den USA selbst erhielten die Geheimdienste, denen es nicht gelungen war, den Terror zu verhindern, mehr Macht und Geld, um zu verhindern, dass so etwas noch einmal passieren konnte.

Die Anschläge veränderten auch das Leben von Edward Snowden. Seine Familie arbeitete für den Staat, sie fühlten sich den USA sehr verbunden. Auch der Patriot Edward Snowden wollte »seinem Land dienen«. Und bald wusste er auch wie: »mit Hirn und Händen ... durch die Arbeit am Computer.«[3] So kam es, dass der blasse Junge von einst, der sich die Nächte vor dem Computer um die Ohren geschlagen hatte, weiter vor dem Bildschirm saß – für den Geheimdienst. Seine Aufgabe: Er musste das technische System der Geheimdienste – all die Server, auf denen Informationen gespeichert waren, all die Verbindungen zwischen den verschiedenen Computern der Agent:innen – auf dem neuesten Stand halten. Er musste das System pflegen und weiterentwickeln. Und der Computer-Nerd Edward Snowden war darin sehr gut.

So machte er Karriere. Er arbeitete für den Geheimdienst CIA, hatte feierlich geschworen, die Verfassung der USA zu schützen, und wurde in einem geheimen Programm zum Spion und Undercoveragenten ausgebildet, um vor allem die Technik der CIA zu betreuen.

Bei einem seiner Jobs durchlief Snowden ein Sicherheitstraining der CIA. Dabei wurden den Teilnehmer:innen Fotos ehemaliger Agent:innen und Vertragsarbeitskräfte präsentiert. Diese Menschen, so hieß es, hätten die Regeln nicht befolgt – aus Habgier, Bosheit, Unfähigkeit oder Nachlässigkeit. Sie hätten einen unendlich hohen Preis gezahlt, landeten im Gefängnis, ihr Leben sei ruiniert. Noch ahnte Edward Snowden nicht, dass er eines Tages selbst die Regeln brechen würde – und dass sein

Gesicht ebenfalls auf Millionen Bildschirmen zu sehen sein würde.

Seine Geheimdienstarbeit führte ihn nach Genf, später nach Tokio. Doch während er dabei half, Informationen zu beschaffen, Spione bei technischen Fragen unterstützte oder dafür sorgte, dass all die gesammelten Informationen sicherer gespeichert wurden, wuchs in Edward Snowden auch das Unbehagen. Denn er erlebte, wozu die Geheimdienste auf der ganzen Welt fähig waren. Und er wusste: Wenn etwas technisch möglich ist, dann wird es früher oder später auch gemacht. Edward Snowden wollte es genauer wissen.

»Ich musste genau verstehen, wie das System funktionierte; erst dann konnte ich entscheiden, ob daran etwas zu ändern war, und wenn ja, was.«[4]

Inzwischen war er mit seiner Freundin Lindsay Mills nach Hawaii gezogen und arbeitete im Auftrag der NSA. Auf einer unterirdischen Militärbasis, versteckt unter einem Ananasfeld und hinter Sicherheitsschleusen, sammelte Edward Snowden Dokumente und Informationen, die sein Unbehagen weiter verstärkten. Er, dessen Aufgabe es war, das technische System der Geheimdienste im Blick zu haben, schaute nun dem größeren politischen System auf die Finger. Und was er sah, schockierte ihn.

Das Internet, das er als Ort der Freiheit kennengelernt hatte, wurde flächendeckend überwacht. Die US-Geheimdienste, die eigentlich dazu da waren, die Menschen in den USA zu beschützen, spionierten sie stattdessen aus. Sie brachten Telefonunternehmen und Tech-Konzerne dazu, Sicherheitsprobleme an den Geräten nicht zu beheben, um so einen Zugriff auf die Computer und Telefone aller Kund:innen zu bekommen. Sie überwachten Telefongespräche und Chatverläufe, Suchanfragen im Netz, private Fotos. Sie sammelten sogenannte Metadaten und konnten so herausfinden, wo sich die Menschen aufhielten – und das nicht nur in den USA, sondern auf der ganzen Welt. Dafür brauchten sie nicht einmal die Erlaubnis eines Gerichts – eine ganze Reihe Geheimdienstmitarbeiter:innen konnte sich die Informationen jederzeit beschaffen. Die NSA tauschte dabei Informationen mit anderen Geheimdiensten aus, zum Beispiel aus Großbritannien oder auch Deutschland. Dabei war es ganz egal, ob man den Menschen eine Straftat vorwarf oder ob man glaubte, dass von ihnen eine Bedrohung ausging. Ganz

---

Edward Snowden entdeckte bei seiner Arbeit für verschiedene US-Geheimdienste, wie umfangreich Menschen weltweit überwacht wurden. Mit 29 Jahren kopierte er Tausende Seiten geheimer Dokumente und übergab sie an die Presse. Seine Enthüllungen stießen eine große Debatte über Überwachung im Internet und die Macht der Geheimdienste an.

normale Menschen wurden so behandelt wie potenzielle Terrorist:innen. Sogar das Handy der damaligen deutschen Bundeskanzlerin Angela Merkel wurde überwacht.

Aber, könnte man jetzt fragen, ist es nicht genau die Aufgabe der Geheimdienste, besonders viel zu wissen und deshalb die Menschen zu überwachen? Ist da so etwas wie Privatsphäre nicht vielleicht etwas, auf das wir verzichten sollten? Edward Snowden waren diese Erklärungen nicht fremd. Immerhin war er selbst aus Überzeugung zum Geheimdienst gegangen. Und dennoch ging ihm das, was er dort entdeckte, zu weit.

Es gibt ein Menschenrecht auf Privatsphäre. Vermutlich kennt ihr das auch: Jede:r von uns braucht ab und zu unbeobachtete Momente, ganz für sich allein. Und das sollte auch fürs Internet gelten, fand Edward Snowden. Denn mal ehrlich, wir alle haben schon einmal eine Website besucht, von der wir nicht wollen, dass andere es wissen. Stellt euch vor, ihr hättet die Wahl: Entweder ihr lasst eure Freund:innen eine Stunde allein in eurem Zimmer, oder ihr lasst sie eine Stunde allein mit eurem entsperrten Smartphone, mit all den Suchen bei Google, mit all den Nachrichten, die ihr geschickt, all den Seiten, die ihr besucht, und all den Videos, die ihr euch angeschaut habt. Was wäre euch lieber?

Doch auch jenseits aller Privatsphäre: Die Überwachung konnte zur Gefahr für die Gesellschaft werden. Wenn wir Glück haben, sind wir in einer Demokratie aufgewachsen, die Menschen nicht grundlos verfolgt. Aber Geschichte und Gegenwart zeigen auch, dass sich autoritäre Regierungen anders verhalten. Dann werden Menschen verfolgt, zum Beispiel, weil sie in der Opposition sind oder homosexuell. Wenn eine solche Regierung dann die Macht und Mittel hat, die Menschen zu überwachen, wenn sie weiß, was sich Menschen schreiben oder wo sie sich treffen, werden diese Mittel sehr gefährlich. Und Edward Snowden wusste auch, dass all die Informationen gespeichert werden konnten. Das bedeutete: Alles, was die Menschen im Internet machten, konnte später gegen sie verwendet werden – ob sie nun etwas getan hatten oder nicht. All das sind Gründe dafür, dass Geheimdienste demokratische Kontrolle brauchen, zum Beispiel durch Gerichte oder das Parlament. Genau das aber passierte viel zu wenig. Mehr noch: Der Geheimdienst log das Parlament an, wenn es um das Thema Massenüberwachung ging, und behauptete, sie würde nicht stattfinden.

Edward Snowden ließ all das keine Ruhe mehr, doch er konnte mit niemandem darüber sprechen. Seine Kolleg:innen reagierten auf die Überwachung frei nach dem Motto: Was will man machen?

»Ich hasste diese Frage, diese Resignation, die darin zum Ausdruck kam; dennoch fühlte sie sich so berechtigt an, dass ich mich selbst fragen musste: ›Ja, was eigentlich?‹ Als sich mir die Antwort bot, entschloss ich mich, zum Whistleblower zu werden.«[5]

Edward Snowden war der Meinung, dass die Öffentlichkeit über ein so wichtiges Thema mitentscheiden müsste. Also begann er, Beweise zu sammeln, und kopierte sie während seiner Nachtschichten heimlich auf winzige Speicherkarten. Es dauerte Stunden, es fühlte sich unerträglich lang an. »In jeder Ecke sah ich Schatten oder hörte Schritte«[6], erinnerte er sich später an die Angst, erwischt zu werden. Und noch hatte er die Karten nicht aus dem Büro geschmuggelt – vorbei an Scannern und bewaffneten Wachleuten.

Vielleicht kennt ihr die sogenannten Zauberwürfel. Sie bestehen aus kleinen Quadraten in unterschiedlichen Farben, und man kann sie in sich drehen, sodass die unterschiedlichen Farben – Rot, Blau, Weiß, Grün, Gelb und Orange – entweder komplett durcheinander sind oder so geordnet, dass jede Seite des Würfels eine Farbe hat. Das ist das Ziel dieses 3-D-Puzzles. Mit genau so einem Würfel lenkte Edward Snowden die Wachleute ab, indem er mit ihnen über das Spielzeug plauderte, während er das NSA-Büro verließ. Was jedoch noch wichtiger war: Unter den farbigen Abdeckungen des Würfels hatte er die Speicherkarten versteckt. Andere Karten schmuggelte er in seinen Socken oder im Mund, sodass er sie im Notfall schnell schlucken konnte. Das klingt nach einem Abenteuer. Für Edward Snowden aber stand alles auf dem Spiel: Das, was er da tat, war eine Straftat, die ihm Job und Freiheit kosten konnte.

Um die Informationen endgültig an die Öffentlichkeit zu bringen, wandte sich der Whistleblower schließlich an die Journalist:innen Laura Poitras und Glenn Greenwald. Er schrieb ihnen nur anonym und mit verschlüsselten Nachrichten. Dafür fuhr er nachts mit seinem Auto über die hawaiianische Insel, auf der er lebte, und loggte sich in wechselnde Netzwerke ein. Dann parkte er, den Motor im Leerlauf, und schrieb hinter dem Lenkrad E-Mails – und überlegte dabei, wie er Lindsay all das erklären sollte, was nun folgte.

Denn nach der Veröffentlichung würde nichts mehr sein wie zuvor. Whistleblower zu werden bedeutete für Edward Snowden auch, sein Leben und seine Familie hinter sich zu lassen. Ständig hatte er das Gefühl, alles zum letzten Mal zu tun: beim indischen Imbiss zu essen oder in den Nachthimmel zu blicken, auf der Suche nach Sternschnuppen.

Schließlich war der Tag gekommen. An ihrem letzten gemeinsamen Morgen drückte Edward Snowden seine ahnungslose Freundin Lindsay noch einmal fest an sich und sagte ihr, dass sie der beste Mensch sei, der ihm je begegnet sei. Und als die Tür hinter ihr ins Schloss gefallen war, weinte er das erste Mal seit Jahren. Dann meldete er sich krank, reiste ab und landete schließlich am 20. Mai 2013 in Hongkong.

Hier sitzt Edward Snowden nun also im Hotelzimmer. In den letzten Tagen hat er sich überlegt, wie man all die komplizierten Themen verständlich erklären kann. Erst den Journalist:innen, dann der ganzen Welt. Er ist angespannt. »Bitte kommt«, fleht er innerlich. Doch es dauert, und der Mai wird zum Juni. Am 2. Juni kommen Laura Poitras und Glenn Greenwald schließlich an. Sie erkennen den Whistleblower am verabredeten Treffpunkt im Hotelrestaurant daran, dass er einen Zauberwürfel in der Hand hält. Einen der Sorte, mit dem er auch die Informationen aus der NSA-Zentrale herausgeschmuggelt hat.

Auf seinem Hotelzimmer legen sie ihre Telefone in die Minibar, damit sie nicht abgehört werden können. In den nächsten Tagen sitzen die drei und Ewan McAskill, ein weiterer Journalist, in Edward Snowdens Zimmer und reden über das, was er da vor ihnen ausbreitet. Über die Geheimprogramme, die fehlende Kontrolle der Geheimdienste, darüber, was ihn zum Whistleblower gemacht hat. Gleichzeitig erscheinen die ersten Artikel mit den Enthüllungen. In Nachrichtensendungen auf der ganzen Welt sind sie Thema. Es betrifft schließlich alle: Privatmenschen, aber auch Regierungen weltweit. Teilweise, weil damit offensichtlich wird, wozu Geheimdienste in der Lage sind. Teilweise, weil die USA auch befreundete Staaten ausspioniert haben.

Und während die Aufregung überall groß ist, erzählt Edward Snowden weiter. Schließlich entscheidet er sich, dass es an der Zeit ist, sich der Öffentlichkeit zu erkennen zu geben. Er will sich nicht verstecken, schließlich ist er nicht der Meinung, etwas Falsches getan zu haben – im Gegenteil. Außerdem findet er, die Öffentlichkeit verdiene zu erfahren, was ihn antreibt. »Mein Name ist Ed Snowden, ich bin 29 Jahre alt«[7], mit diesen Worten beginnt das Video, das den jungen Mann, blass und mit eckiger Brille, weltberühmt macht. Es ist auf der ganzen Welt zu sehen, in Nachrichtensendungen, auf Webseiten, ja sogar auf großen Videotafeln in den Straßen Hongkongs.

Spätestens jetzt ist Edward Snowden das Gesicht der Enthüllungen, einer der berühmtesten Whistleblower der Geschichte, über dessen Rolle in den nächsten Tagen, Wochen, Monaten und Jahren viel diskutiert wird. Der unscheinbare junge Mann wird zu einem Symbol und für viele auch eine Heldenfigur, die nicht wirklich mit seinem bedächtigen Auftreten, seiner ruhigen Stimme zusammenpassen will. Es wirkt eher so, als sei Edward Snowden ein Mann, dem sein Gewissen keine andere Wahl gelassen hat. In der Zeit nach den Enthüllungen hat fast jede:r eine Meinung zu ihm. Viele Menschen feiern seinen Mut, seine Kompromisslosigkeit im Kampf für das Grundrecht auf Privatsphäre und gegen Überwachung. Andere machen ihm schwere Vorwürfe, nennen ihn einen Verräter, einen Spion für fremde Mächte oder sind der Meinung, dass seine Enthüllungen gefährlich sind, weil nun eine breite Öffentlichkeit Macht und Möglichkeiten von Geheimdiensten kennt. Der damalige US-Präsident Barack Obama sagt, Snowden sei kein Patriot. Viel eher hätte er sich doch in den USA der Debatte stellen sollen. Donald Trump, der später US-Präsident werden wird, fordert unmittelbar nach den Enthüllungen sogar die Todesstrafe für den Whistleblower.

Offiziell wird Edward Snowden unter anderem wegen Spionage und Diebstahls von Regierungseigentum angeklagt. Die Regierung will ihm in den USA den Prozess machen. Doch er fürchtet, dass es keinen fairen Prozess geben wird – es geht schließlich um Staatsgeheimnisse, und so würde auch bei einem Gerichtsprozess der Schutz der Öffentlichkeit fehlen. Also flieht er wieder.

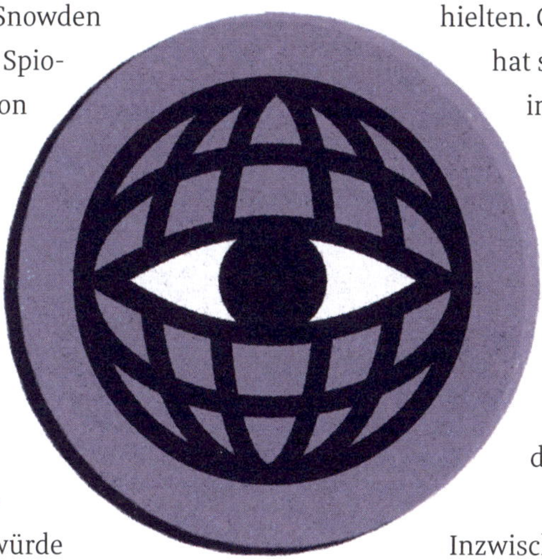

In der Allgemeinen Erklärung der Menschenrechte ist festgelegt, dass Menschen ein Recht auf Asyl, also auf Schutz, haben. Das gilt zum Beispiel, wenn Menschen vor Krieg oder politischer Verfolgung fliehen. Edward Snowden bittet bei über 20 Staaten um Asyl, doch die meisten von ihnen, darunter auch Deutschland, lehnen ab. Sie wollen es sich nicht mit den USA verscherzen. Schließlich sieht es so aus, als könnte er tatsächlich Asyl in Ecuador bekommen. Über Russland und Kuba soll er dorthin gelangen.

Doch in Moskau erfährt Edward Snowden, dass sein Pass für ungültig erklärt worden ist. Schließlich erhält er Asyl in Russland. Eigentlich will er dort nicht bleiben, doch bis heute lebt Edward Snowden in Moskau. Das war eine Bestätigung für die Menschen, die ihn für einen russischen Agenten hielten. Gegen diesen Vorwurf hat sich Edward Snowden immer gewehrt. Er habe sich geweigert zu kooperieren, als er vom russischen Geheimdienst angesprochen worden sei. Außerdem habe er ja zuerst in anderen Ländern um Asyl gebeten.

Inzwischen lebt auch Lindsay Mill in Moskau. Die beiden haben zwei Kinder, und seit 2022 ist Edward Snowden russischer Staatsbürger. Diese Entscheidung hat für viel Kritik gesorgt. Denn seit seiner Flucht aus Hongkong ist viel passiert: Der russische Präsident Wladimir Putin wurde immer brutaler, er unterdrückte Bürger:innen und Demokratiebewegungen in seinem Land. 2022 überfiel die russische Armee die Ukraine und begann einen grausamen Krieg. Wie konnte Edward Snowden da nur Bürger dieses Landes werden?

Der Whistleblower hat das schon 2020 erklärt: »Nach der jahrelangen Trennung von unseren Eltern haben meine Frau und ich kein Interesse daran, von unserem Sohn getrennt zu werden.«[8]

Auch heute, über zehn Jahre nach den Enthüllungen und weit weg von den USA, setzt sich Edward Snowden für mehr Privatsphäre im Netz und gegen eine unbegrenzte Überwachungsmacht von Geheimdiensten ein. Er engagiert sich für Pressefreiheit und berichtet in Video-Interviews von seinen Überzeugungen und Ideen.

Doch was hat sein Handeln bewegt? Nach den Enthüllungen verlangten viele Parlamente Untersuchungen. Es sollte endlich mehr Licht in die weitreichenden Möglichkeiten der Geheimdienste gebracht werden. Es wurden Gesetze verabschiedet, die Geheimdienste noch strenger kontrollieren sollten. Auch in den USA musste der Präsident deren Macht einschränken. In Europa wurden Datenschutzgesetze für mehr Privatsphäre im Netz beschlossen. Und die großen Tech-Konzerne, die jahrelang mit den US-Geheimdiensten zusammengearbeitet hatten, verschärften in den Jahren nach Edward Snowdens Enthüllungen ihren Schutz gegen Überwachung. Trotzdem wurde der Konzern Meta, zu dem unter anderem Facebook gehört, 2023 zu einer Rekordstrafe von 1,2 Milliarden Euro verurteilt – wegen der Beteiligung an der Massenüberwachung.

Vor allem aber hat sich durch die Enthüllungen von Edward Snowden die Debatte über Datenschutz und Privatsphäre verändert. Den Menschen wurde klar, welche Möglichkeiten es gibt, online überwacht zu werden – und welche Spuren wir online und bei unseren Internetanbietern hinterlassen. Diese Debatte ist noch lange nicht am Ende – aber dank Edward Snowden können wir sie aufgeklärter führen.

JULIA STEPANOWA UND WITALI STEPANOW

WHISTLEBLOWER:INNEN ÜBER RUSSISCHES STAATSDOPING

»Ich habe einfach die beschämende Wahrheit aufgedeckt, mit der sich unser Land nicht auseinandersetzen will. Und der einzige Grund, warum ich die Wahrheit über all das gesagt habe, war der Versuch, dem ein Ende zu setzen.«[9]

Im Herbst 2014 geht Julia Stepanowa aufs Ganze. Die russische Profisportlerin, sie ist 800-Meter-Läuferin, soll sich in einem Trainingslager richtig fit machen. Stattdessen filmt sie mit einer versteckten Kamera. Auf keinen Fall darf Julia Stepanowa erwischt werden, während sie aufnimmt, wie ihr Trainer ihr eine ganze Hand voll Pillen übergibt. Fast wirft er sie ihr vor die Füße. Die ganze Zeit läuft die Handykamera heimlich mit, während Julia Stepanowa mit den Tabletten ins Nebenzimmer geht und jede Pille abfilmt. Diese verdeckten Filmaufnahmen sind ein letzter Beweis für einen der größten Sportskandale der Geschichte.

Nach dem Trainingslager kehrt Julia Stepanowa nach Moskau zurück. Dort warten ihr Mann, Witali Stepanow, ihr kleiner Sohn – und gepackte Koffer. Die Stepanows müssen schnell das Land verlassen. In Russland, glauben sie, ist es zu gefährlich für sie. Denn Julia Stepanowa und Witali Stepanow sind Whistleblower:innen.

In Berlin kommen sie in der Wohnung des Investigativjournalisten Hajo Seppelt unter. Ein paar Tage später wird dessen Film gesendet, in dem die Stepanows eine zentrale Rolle spielen. Denn sie wollen wenigstens versuchen, etwas zum Besseren zu verändern, und öffentlich machen, was falsch läuft im russischen Leistungssport: das systematische Doping.

Wenn es um Sport geht, dann geht es fast immer auch um den Wettkampf und das Gewinnen. Gerade beim Leistungssport sind die Athlet:innen bereit, dafür sehr viel zu opfern. Trotzdem gibt es Regeln. Eine davon: Der Wettbewerb muss fair sein. Natürlich können Sportler:innen unterschiedlich gut trainieren, die einen eine bessere Taktik haben oder die anderen mal einen schlechten Tag. Aber eine Sache ist im Sport nicht erlaubt: sich einen Vorteil mit verbotenen Medikamenten zu verschaffen. Das geht auf unterschiedliche Weise. Manche Mittel sorgen für mehr Sauerstoff im Blut. Dadurch wird man nicht so schnell müde. Andere Medikamente lassen die Muskeln schneller wachsen.

Das ist unfair und kann auch für die Gesundheit der Sportler:innen gefährlich werden. Genau deshalb sind diese sogenannten Dopingmittel verboten. Wer sie als Sportler:in trotzdem nimmt und dabei erwischt wird, riskiert eine lange Sperre. Um Doping zu entdecken, gibt es Organisationen, die die Sportler:innen unangekündigt kontrollieren. Weltweit hat hier die Welt-Anti-Doping-Agentur (WADA) das Sagen. Die entsprechende Organisation in Russland heißt RUSADA, das Kürzel für Russische Anti-Doping-Agentur. Sie spielt für die Geschichte der Stepanows eine wichtige Rolle.

Trotz der Verbote und Kontrollen wurden russische Sportler:innen gedopt. Das lernte auch Julia Stepanowa schnell. Mit 14 Jahren hatte sie im Fernsehen die Sportler:innen bei den Olympischen Spielen in Sydney auf Rekordjagd gehen sehen. Das wollte Julia Stepanowa auch. Mit 17 stellte sich für sie vor allem der 800-Meter-Lauf als Paradedisziplin heraus. Doch würde Training allein reichen, um es bis zu den Olympischen Spielen zu schaffen?

Von anderen Sportler:innen hatte Julia Stepanowa einiges aufgeschnappt:

»Im Speisesaal des Trainingslagers sprachen die Mädchen über die Pillen und die Spritzen. Das macht doch jede:r, sagten die Mädchen. Man kann nicht in der Nationalmannschaft sein, ohne diese Dinge zu nehmen. Wenn du sie nicht nimmst, hast du keine Zukunft im Sport.«[10]

Daran erinnerte sich Julia Stepanowa später in einem Interview. 2006, mit 20 Jahren, begann auch sie mitzumachen. Um nach einer Krankheit wieder auf die Beine zu kommen, überzeugte ihr Trainer einen Arzt, sie mit Steroiden zu behandeln. Diese Mittel sorgen dafür, dass man nicht nur schneller, sondern auch ausdauernder wird – also alles, was eine 800-Meter-Läuferin braucht. Und so wurde Julia Stepanowa Teil des Dopingsystems. Regelmäßig bekam sie das Hormon Testosteron, das zum Beispiel die Muskeln schneller wachsen lässt und die Erholung beschleunigt. Später kam auch EPO dazu, ein Mittel, das dazu führt, dass mehr Sauerstoff in die Muskeln gelangt. Das fördert die Ausdauer.

So wurden die Leistungen von Julia Stepanowa immer besser. Zu Beginn brauchte sie noch 2 Minuten und 15 Sekunden für die 800 Meter. Rund zwei Jahre später waren es fast 15 Sekunden weniger. Ein gigantischer Fortschritt, der ihr auch den Sieg in den nationalen Meisterschaften ihrer Altersgruppe bescherte. Und während Julia Stepanowa mit Doping immer besser wurde, begegnete sie einem Menschen, der so ganz anders auf die Welt blickte. Sein Name war Witali Stepanow.

Witali Stepanow arbeitete für die Russische Anti-Doping-Agentur RUSADA. Dort hatte er einen steilen Aufstieg hinter sich. Er arbeitete nicht nur als Kontrolleur, sondern beriet auch den RUSADA-Chef. Witali Stepanow war stolz auf seinen Job, immerhin trug er dazu bei, dass der Sport »sauberer« war, ohne Betrug. Zumindest glaubte er das, bis er 2009 Julia Stepanowa kennenlernte. Bei ihrem ersten Date saßen sie einfach in Witali Stepanows Auto und sagten einander die Wahrheit. Die Doperin Julia erzählte dem Dopingjäger Witali davon, wie verbreitet Doping wäre und sogar von der RUSADA mitvertuscht würde. Sie sagte ihm, dass laut ihrer Trainer:innen alle Nationen dopen würden. Und als Witali ihr das nicht glaubte, hielt sie ihn für naiv. Später sagte Witali, dass da zwei Idiot:innen im Auto gesessen hätten.

Kaum drei Monate später heirateten sie – trotz aller Differenzen.

Witali fand Doping immer noch falsch, während Julia weitermachte – mit dem Sport und mit dem Doping, das ihr auch zum Aufstieg in das russische Nationalteam verhalf. Dort wurde sie von einem Arzt betreut, der nach außen hin vorgab, gegen Doping zu kämpfen. Er hielt sogar Vorträge darüber. Doch hinter den Kulissen half er dabei, russische Sportler:innen zu dopen. Julia Stepanowa sah in der Praxis des Arztes Athlet:innen aus anderen Sportarten, Welt- und Europameister:innen, Schwimmtrainer:innen.

Das Dopingsystem in Russland war offenbar sehr groß – und es war ausgeklügelt. Dazu muss man wissen, dass Doping nicht nur im Wettkampf selbst hilft, sondern auch schon beim Training. Wer immer ans Limit oder darüber hinausgehen kann, verschiebt diese Leistungsgrenze und wird dadurch besser. So wurden die russischen Sportler:innen während des Trainings gedopt, doch man hörte rechtzeitig vor internationalen Wettkämpfen damit auf,

Julia Stepanowa wurde als Leichtathletin Teil eines Dopingsystems in Russland, das ihr Mann Witali Stepanow zu bekämpfen versuchte. Gemeinsam machten sie einen der größten Sportskandale der Geschichte öffentlich.

damit die Sportler:innen nicht bei internationalen Kontrollen erwischt wurden.

Bei Dopingkontrollen wird der Urin auf verbotene Medikamente hin untersucht. Um zu verhindern, dass Sportler:innen im Training dopen, werden sie unangekündigt kontrolliert. Für diesen Fall sollten die Sportler:innen »sauberen« Urin abgeben, bevor sie im Training mit dem Doping begannen. Und wenn doch einmal eine positive Probe auftauchte, gab es Mittel und Wege, dass die Dopingproben im Labor verschwanden oder ausgetauscht wurden. Es kam sogar vor, dass das Sportministerium forderte, bestimmte positive Proben verschwinden zu lassen. Das galt vor allem für Superstars oder hoffnungsvolle Talente.

Doch warum ein solches System aufbauen? Dafür gibt es verschiedene Erklärungen. Zum einen verdienten die Beteiligten gut daran. Denn um Proben verschwinden zu lassen, flossen Bestechungsgelder. Die Strippenzieher:innen ließen sich wiederum die Tests von den Sportler:innen selbst bezahlen. Immerhin hingen deren Karrieren von ihrem Erfolg ab.

Und es ging auch um Politik. Wenn eine Nation herausragende Ergebnisse im Sport vorweisen kann, dann wird das immer auch Teil der eigenen Erfolgsgeschichte. Besonders wichtig ist das in Staaten, in denen es weniger oder keine demokratische Mitbestimmung gibt. Die Herrscher:innen dort wollen oft mit Erfolgen im Sport zeigen, dass sie das Beste für das Land wollen – und erreichen können. So auch in Russland. Schon Jahre vor dem Angriff auf die Ukraine zeigte sich der russische Präsident Wladimir Putin als brutaler Herrscher. Im Land unterdrückte er Andersdenkende und beschnitt die Pressefreiheit. Auch gegenüber anderen Ländern wurde Putin aggressiver. Julia Stepanowa fasste es später einmal so zusammen: »Das Ziel unseres Staates ist es zu beweisen, dass Russland größer und besser ist als jedes andere Land auf der Welt. Auf jedem Gebiet.«[11] Unter anderem auf dieses Ziel war das Dopingsystem ausgelegt.

Sportliche Erfolge können aber auch andere Länder blenden und ablenken. Im Januar 2014 fanden in der russischen Stadt Sotschi die Olympischen Winterspiele statt. Das russische Nationalteam gewann insgesamt 33 Medaillen, darunter 13 goldene. Das machte Russland zur erfolgreichsten Nation – mithilfe von Doping, wie sich später herausstellen sollte. Doch bis dahin strahlte der Glanz der Medaillen und der Olympischen Spiele auf das Land ab.

Schon einige Jahre vor den Olympischen Spielen in Sotschi kämpfte Witali Stepanow gegen das Doping an. Bei Sitzungen der RUSADA sagte er offen seine Meinung, gleichzeitig wandte er sich heimlich an die Welt-Anti-Doping-Organisation WADA, um dort auf seinen Verdacht hinzuweisen. Doch es passierte nichts, außer dass er das Gefühl hatte, dass er und seine Frau Julia bei Wettkämpfen komisch angesehen wurden. 2011 schließlich wurde Witali Stepanow entlassen – wegen Umstrukturierungen, wie es hieß.

Währenddessen wurde Julia Stepanowa nicht nur Teil des Nationalteams, sie schnitt auch bei internationalen Wettbewerben gut ab und wurde zum Beispiel Zweite bei den Halleneuropameisterschaften in Paris 2011. Von den Preisgeldern und dem Gehalt, das sie bekam, konnte sie in Russland gut leben. Schließlich brauchte sie für die 800 Meter weniger als zwei Minuten. Erwischt wurde sie lange Zeit nicht. Das System funktionierte – bis es für Julia Stepanowa bergab ging.

Eigentlich stand sie kurz vor der Teilnahme an den Olympischen Spielen 2012 in London – einer der größten Erfolge in einem Sportler:innen-Leben. Doch dann verletzte sich Julia Stepanowa. Und es kam noch schlimmer: 2013 wurden die auffälligen Blutwerte der Sportlerin bemerkt. Sie wurde für zwei Jahre gesperrt, und auch ihre internationalen Medaillen wurden ihr im Nachhinein wieder aberkannt.

Wieder sagten Julia Stepanowas Trainer:innen ihr genau, was sie zu tun hatte: Die Sperre abwarten, sich erholen, für die Olympischen Spiele 2016 in Rio de Janeiro trainieren und nichts über das Dopingsystem sagen. Doch für Julia Stepanowa brach eine Welt zusammen. Sie fühlte sich im Stich gelassen. Während sie bestraft wurde, konnten die Strippenzieher:innen einfach weitermachen. Sie schloss daraus, dass man sie wieder belügen und allein lassen würde. Dabei hätte sie lebenslang gesperrt werden können, wenn sie ein zweites Mal erwischt worden wäre. Und so dachte Julia Stepanowa an ihren verrückten Ehemann, der nicht davor zurückschreckte, sich an die WADA zu wenden. Schließlich beschlossen die Stepanows, gemeinsam zu Whistleblower:innen zu werden.

Nach außen hin hielt sich Julia Stepanowa an die Vorgaben der Trainer:innen – im Hintergrund aber sammelte sie Informationen, um über das Dopingsystem zu berichten, und schrieb einen Brief an die WADA, in dem sie alles gestand. Doch weil das zunächst keine wirklichen Konsequenzen zu haben schien, suchten die Stepanows den Kontakt zu Hajo Seppelt. Sie berichteten ihm alles. Heimlich – damit der Bruder von Witali Stepanow, der mit ihnen in der Moskauer Wohnung lebte, nichts mitbekam – gaben sie Interviews im Schlafzimmer. Und Julia Stepanowa erklärte sich bereit, heimliche Handy-Aufnahmen zu machen.

»Jedes Mal, wenn ich mit meinem Telefon etwas aufgenommen habe, war ich nervös. Besonders wenn die Leute auf das Telefon geguckt haben, hatte ich jedes Mal Sorge, dass sie Verdacht schöpfen. Das hätte uns große Probleme bereitet in Russland.«[12]

Die kurz vor ihrer Flucht gemachten Aufnahmen und einige andere Mitschnitte wurden zu einem zentralen Teil von Hajo Seppelts Dokumentarfilm über Doping in Russland. Der Film erschütterte die Sportwelt, und der Journalist nannte die Stepanows »die größten Whistleblower in der Geschichte des Sports«.[13]

Für ihren Mut bezahlten die Stepanows einen hohen Preis. Nach den Enthüllungen wurden sie in Russland als Verräter:innen bezeichnet, im Internet forderten Menschen sogar ihre Hinrichtung. Zu ihrem Schutz mussten sie immer wieder umziehen. 2016 wurde sogar die WADA gehackt, um an die Adresse der beiden zu gelangen, die Stepanows fürchteten um ihr Leben. Inzwischen leben sie in den USA, ihren genauen Wohnort halten sie geheim. Auch Julia Stepanowas Karriere als Sportlerin war nach der Dopingsperre nicht mehr die gleiche. Eigentlich wollte sie unter neutraler Flagge an den Olympischen Spielen 2016 in Rio de Janeiro teilnehmen, wegen ihrer Beteiligung am Dopingsystem wurde ihr das jedoch verboten.

Ihre Enthüllungen hatten aber auch Erfolg: Die WADA leitete Untersuchungen gegen Russland ein. Rund zwei Jahre später wurden zwei Berichte veröffentlicht, die das Ausmaß des Dopingsystems beschrieben: wie positive Proben ausgetauscht werden konnten, sodass gedopte Sportler:innen nicht entdeckt wurden. Die Berichte zeigten auch auf, dass das Sportministerium und der russische Geheimdienst beteiligt waren. Dass die große Politik mitmischte, war nun auch offiziell nachgewiesen. Außerdem wurde die Schätzung laut, dass rund 1000 Sportler:innen entweder selbst gedopt worden waren oder von dem System profitiert hatten. Russland widersprach der Darstellung. Trotzdem wurden viele russische Sportler:innen gesperrt. Und die, die nicht gesperrt wurden, durften nicht mehr als Teil der russischen Nationalmannschaft teilnehmen, sondern mussten unter neutraler Flagge antreten.

Vielen Kritiker:innen gingen diese Maßnahmen nicht weit genug. Fest steht jedoch, dass die Enthüllungen von Julia Stepanowa und Witali Stepanow viel zum Kampf gegen Doping und für einen saubereren Sport beigetragen haben. Sie haben einen großen Einblick in das Dopingsystem in Russland gegeben und gezeigt, wozu Staaten bereit sind, um mit Sport Politik zu machen. Und sie haben gezeigt, dass man mit Mut etwas dagegensetzen kann.

SPOT 1

Laut werden! Was tun Whistleblower:innen?

Wenn ihr euch einmal umhört, wird es euch vielleicht ähnlich ergehen wie uns bei unseren Recherchen: Die meisten haben wahrscheinlich schon von Whistleblower:innen gehört, aber niemand weiß genau, was sie eigentlich tun. Darum haben Menschen unterschiedliche Vorstellungen:

- Einige denken bei Whistleblower:innen an »Petzen« – weil sie andere verpfeifen?
- Manche betrachten sie als »Held:innen des 21. Jahrhunderts«, als »Revolutionär:innen«, die Machtstrukturen infrage stellen.
- Für viele Menschen sind Whistleblower:innen so etwas wie das Gewissen der Gesellschaft, die die **Demokratie** verteidigen.
- Andere bezeichnen sie als »Verräter:innen« oder »Nestbeschmutzer:innen«, die im Extremfall die Gesellschaft schwächen.
- Wieder andere halten sie für »Wichtigtuer:innen« und »Egoist:innen«, denen es nur um Ruhm oder Geld geht.

Fest steht: Whistleblower:innen beeinflussen die Gesellschaft im Großen wie im Kleinen, denn sie machen der Öffentlichkeit brisante und darum oft geheim gehaltene Informationen zugänglich und setzen damit Veränderung in Gang.

Was decken Whistleblower:innen auf?

- Überwachung
- Korruption
- Menschenrechtsverletzungen
- Umweltskandale
- Wirtschaftsskandale
- Finanzskandale
- Skandale im Gesundheitswesen
- Waffenhandel
- Politische Affären

Das wirft große Fragen auf: Geht es bei dem, was aufgeklärt wird, um das Wohl der Allgemeinheit? Geht es um die Macht der Mächtigen? Geht es um Gier? Gibt es Geheimnisse, die zu Recht bestehen?
Und überhaupt: Wie viel **Transparenz**, wie viel Durchsichtigkeit und Sichtbarmachen ist für ein Zusammenleben gut?

Die Definition des Vereins »Whistleblower-Netzwerk« lautet:

»Whistleblower:innen sind Menschen, die illegales Handeln, Missstände oder Gefahren für Mensch und Umwelt in ihrem Arbeitsumfeld aufdecken. Sie tun dies intern innerhalb ihres Betriebes, ihrer Dienststelle oder Organisation oder auch extern gegenüber den zuständigen Behör-

den, Dritten oder auch der Presse, um mit den Hinweisen die Möglichkeit zur Beseitigung der Missstände zu eröffnen.«[14]

Whistleblower:innen sind also Teil eines Systems, aus dem heraus sie erst etwas entdecken, dann aufdecken. Ihnen geht es nicht um private oder persönliche Interessen, sondern um gesellschaftliche. Whistleblower:innen treten in Erscheinung, wenn sie das Gemeinwohl gefährdet sehen.

Wo findet die Arbeit von Whistleblower:innen statt?

- In Regierungen und Behörden
- In Unternehmen
- In Institutionen und Organisationen
- Bei Geheimdiensten, Polizei und Militär

Weil sie selbst nicht weiter stillschweigend wegschauen wollen, werden sie laut. Dafür zahlen sie einen hohen Preis: Den meisten wird gekündigt, innerhalb des jeweiligen Systems – etwa eines Unternehmens oder einer Behörde – schlägt ihnen oft nicht nur von oben, sondern auch von Seiten der Kolleg:innen Misstrauen bis Feindschaft entgegen.

Auch viele Staaten betrachten Whistleblower:innen skeptisch. Selbst in Demokratien werden sie immer wieder als gefährlich eingestuft. Wenn Whistleblower:innen aufdecken, was nicht an die Öffentlichkeit gelangen soll, wenn sie sogenannte **Staatsgeheimnisse** offenlegen, erklären Regierungen sie manchmal zu Verräter:innen, zu Verbrecher:innen oder sogar zu Staatsfeind:innen, die verfolgt und mit aller Härte bestraft werden.

Und doch gibt es Whistleblower:innen überall auf der Welt. Sie sind in allen Gesellschaftsschichten, Geschlechtern, Generationen zu finden, und sie alle verbindet eines: Sie kommen an den Punkt, an dem sie etwas tun müssen. Sie wollen die **Wahrheit** (→ Spot 4, Seite 80) ans Licht bringen. Das erfordert Mut. Whistleblower:innen sind selbst Ans-Licht-Bringer:innen. Nichts anderes meint übrigens der Begriff Aufklärung. Darum lässt sich sagen: Whistleblower:innen sind Aufklärer:innen.

Welchen Gefahren setzen Whistleblower:innen sich aus?

- Viele Whistleblower:innen riskieren ihre berufliche Existenz.
- Sie werden oft ausgegrenzt, gemobbt, strafversetzt.
- Oft setzen Whistleblower:innen ihre bisherige Lebensform, ihre Familien und Freundschaften aufs Spiel.
- Sie riskieren ihre physische und psychische Gesundheit.
- Sie riskieren, sich strafbar zu machen – oft drohen ihnen hohe Gefängnisstrafen.
- Manche Whistleblower:innen müssen untertauchen oder ihre Heimat verlassen.
- Manche riskieren ihre Freiheit.
- Manche riskieren ihr Leben.

JÓHANNES STEFÁNSSON

FISHROT-WHISTLEBLOWER

»Die Menschen beachten die Opfer von Korruption viel zu wenig.«[15]

Er ist das, was man einen Weltenbummler nennen könnte. Allerdings nicht zu Land, sondern zu Wasser. Schon sein Vater war als Fischer zur See gefahren – Jóhannes Stefánsson trat in seine Fußstapfen. Er war 20 Jahre alt, als er das erste Mal auf einem norwegischen Fischerboot anheuerte. Später war er oft monatelang auf Fabrikschiffen unterwegs. Das sind riesige, schwimmende Fischfabriken. Direkt an Bord wird verarbeitet, was zuvor mit gigantischen Schleppnetzen aus dem Meer geholt worden ist und später in den Regalen der Supermärkte steht: Thunfisch in Dosen, abgepackte Krabben, Lachs und vieles mehr. Dass wir heute jederzeit verschiedenste Fischprodukte kaufen können – dafür sorgt inzwischen eine ganze Industrie, die Fischindustrie. Von dem reichlich romantischen Bild des einsamen Fischers, der in den frühen Morgenstunden auf seinem Kutter aufs Meer hinaustuckert und seine Netze auswirft, ist das weit entfernt, und wie so oft geht es auch in der Fischindustrie um die Steigerung des Ertrags.

Das Meer war der Arbeitsplatz von Jóhannes Stefánsson. Auf hoher See, vom Indischen bis zum Arktischen Ozean, war er unterwegs, bis er bei dem isländischen Fischereikonzern Samherji angestellt wurde und in Marokko zu arbeiten begann. Das war im Jahr 2007. Jóhannes Stefánsson war 34 Jahre alt.

Mit einem Jahresumsatz von Hunderten Millionen US-Dollar ist Samherji nicht nur der größte Fischereikonzern Islands, sondern einer der größten der Welt. Und einer der mächtigsten. In Namibia wollte das Unternehmen seine Geschäfte ausbauen. Ein leidenschaftlicher junger Mann wie Jóhannes Stefánsson, der sein Handwerk von der Pike auf gelernt hatte, war dafür wie gemacht. Als er 2011 in Namibia ankam, war er begeistert von dem Land, den Leuten und von seiner neuen Aufgabe: Das erste Mal in der Position eines Managers wollte er dieses noch so junge Land im südlichen Afrika unterstützen. Das hatte sich von deutschem Kolonialismus und südafrikanischer Apartheid befreit und schließlich am 21. März 1990 seine Unabhängigkeit erlangt.

Jóhannes Stefánsson wollte dabei sein, wenn es darum ging, Arbeitsplätze zu schaffen, eine eigene Fischindustrie mit Kühlhallen, Trockenfischfabriken und Fischläden aufzubauen – so, wie es die Samherji-Manager versprochen hatten. Die wollten zudem Stipendien für Studierende einrichten und ganz allgemein die Lebensbedingungen der Menschen in Namibia verbessern. Für Jóhannes Stefánsson wurde das zur Mission.

2021 – 14 Jahre später – stellt er sich vor laufender Kamera so vor:

»Ich lebe in Island. Keine Frau, keine Kinder. Ich bin Fishrot-Whistleblower. Mein Leben dreht sich um den Fishrot-Skandal und um Korruption.«[16]

Fishrot heißt »fauliger Fisch«. Der stinkt bekanntlich zum Himmel. Was war passiert?

Die Gewässer vor Namibia sind reich an Makrelen. Wer wie viel fischen darf, wird durch Gesetze geregelt. Um zu verhindern, dass die Meere leer gefischt werden und es irgendwann keine Fische mehr gibt, hat man sich auf sogenannte Fischfangquoten geeinigt. Die sorgen dafür, dass sich Fischbestände immer wieder erholen können und somit erhalten bleiben. Ob zu Land – in der Landwirtschaft – oder zu Wasser – in der Fischindustrie: Dieses Ziel eines nachhaltigen Wirtschaftens ist wichtig. Denn am Ende geht es immer auch um die Ernährung der Weltbevölkerung.

Fischfangquoten regulieren also, wie viel gefischt werden darf. Entsprechend werden Genehmigungen vergeben. Die sollten vor allem an namibische Firmen gehen – nicht zuletzt, um die Wirtschaft im Land anzukurbeln. Immerhin ist der Fischfang für Namibia eine wichtige Einnahmequelle.

Genau an diesem Punkt setzte Samherji an: Von Anfang an arbeitete es eng mit denen zusammen, die in Namibia etwas zu sagen hatten, um an die Genehmigungen zum Fischen ranzukommen. Dafür war dem isländischen Unternehmen jedes Mittel recht.

Auch Jóhannes Stefánsson war bei Treffen mit hochrangigen Politiker:innen dabei, etwa mit dem Fischereiminister Bernhard Esau. Als er für dessen Schwiegersohn eine Sporttasche mit 60 000 US-Dollar über den Tisch schob, rechtfertigte er das vor sich noch mit der Binsenweisheit »Andere Länder, andere Sitten«. Anscheinend machte man in Namibia auf diese Weise Geschäfte. Oder?

Er jedenfalls tat, was man von ihm erwartete: Er handelte neue, günstige Fangverträge aus und verteilte im Namen der Firma sogenannte Beraterhonorare. Dass die Genehmigungen zum Fischen viel günstiger als üblich an Samherji verkauft wurden und er in Wirklichkeit Schmiergelder (→ Korruption) auszahlte, begriff er erst sehr viel später.

Oder wollte er es nicht sehen? Zumindest wird Jóhannes Stefánsson nie einen Hehl daraus machen, dass er selbst einige Jahre auf der Seite der Täter stand:

Bestechung, Geldwäsche, Steuerhinterziehung – das alles habe er mitgemacht.

Wäre es nach Samherji gegangen, hätte das Unternehmen die Küsten Namibias leer gefischt. Doch damit nicht genug. Es hatte die Fischfangrechte zu Spottpreisen ergattert, machte ungeheure Gewinne – aber Steuern zahlen? Lieber nicht. Da war es nur konsequent, auch keines seiner sonstigen Versprechen einzulösen. Samherji bekam ja auch so, was es wollte. Eine Zeit lang redete Jóhannes Stefánsson sich diese Situation noch schön. Er wollte loyal bleiben. Er erinnerte sich an das, weswegen er angetreten war, und hielt sich daran fest: Er wollte Jobs schaffen, die Infrastruktur für die Fischindustrie mit aufbauen, den Nachwuchs fördern. Er wollte doch, dass es den Menschen in Namibia besser ging. Sie sollten endlich von dem leben können, was ihr Land ihnen bot. Zum Beispiel vom Reichtum der Meere. Stattdessen sah er, wie sie immer mehr litten.

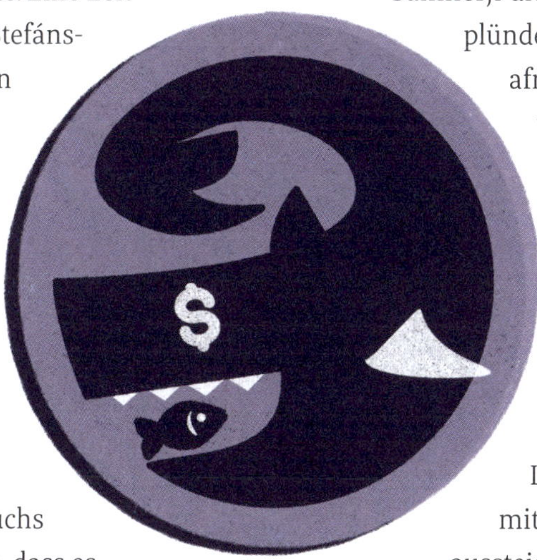

»So viele Menschen haben so viel bezahlt. Sie haben alles verloren. Es ist einfach schrecklich«[17], wird er später sagen.

Auf der einen Seite flossen gigantische Summen an Bestechungsgeldern, auf der anderen Seite lebte jede:r Dritte in Namibia nach wie vor in Armut. Irgendwann konnte Jóhannes Stefánsson die Augen vor der Wahrheit nicht mehr verschließen: Wie er es sah, schmierte Samherji die Mächtigen und plünderte systematisch das afrikanische Land. Er wusste: Das ist schlecht. Wir tun Schlechtes.

»Das macht was mit dir. Das berührt dich. Also beschloss ich, etwas zu tun.«[18]

Lange genug hatte er mitgemacht, nun wollte er aussteigen. Er wollte das Unternehmen verlassen – doch er wollte nicht gehen, ohne die Praktiken von Samherji öffentlich zu machen.

Jóhannes Stefánsson wurde zum Whistleblower. Dafür bereitete er sich

---

Jóhannes Stefánsson deckte 2019 einen der größten Fischereiskandale der Geschichte und zugleich einen der größten Korruptionsskandale in der Geschichte Islands und Namibias auf. Er nahm es mit dem isländischen Konzern Samherji auf und legte sich mit einer ganzen Industrie an. Für seine Enthüllung wurde er, eigenen Befürchtungen nach, vergiftet. Heute lebt er in Reykjavík in Island.

gründlich vor. Im Nachhinein wurde er für sein strategisches Vorgehen vielfach gerühmt, denn durch seine Vorsicht und Weitsicht ließ sich einer der größten Bestechungsskandale in der Geschichte der Fischerei in Namibia und in Island nachvollziehen.

Als Direktor der Namibia-Geschäfte Samherjis hatte er Einsicht in das, was hinter den Kulissen lief, er hatte Zugang zu vertraulichen Dokumenten. Systematisch und über Monate hinweg sicherte er Zehntausende Mails, Notizen und Kontoauszüge von Firmenservern. Nach außen hin arbeitete er weiter für Samherji, heimlich sammelte er Beweise gegen den Konzern. Er dokumentierte alles, was die Geschäftspraktiken von Samherji belegte, arbeitete mit der Antikorruptionsbehörde der namibischen Regierung zusammen, die ihrerseits im Geheimen weiterermittelte. Denn die Bestechungen reichten bis in die obersten politischen Etagen: Versteckte Kameraaufnahmen zeigen, wie einige Minister von Namibia neue iPhones regelrecht bestellen und unverhohlen weitere Schmiergeldzahlungen fordern.

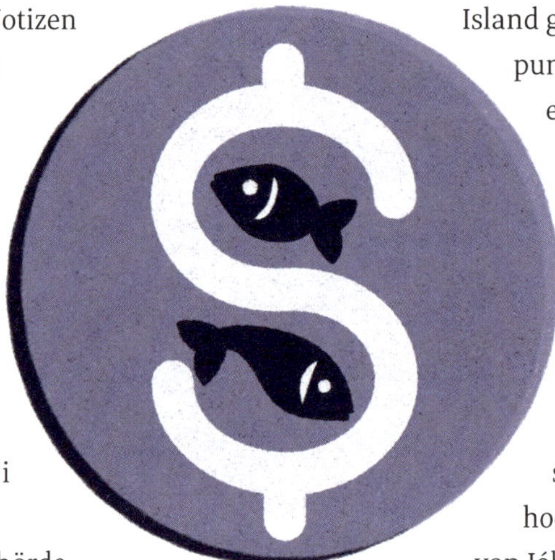

Kurz bevor Jóhannes Stefánsson 2019 an die Öffentlichkeit ging, traf er sich mit einer Expertin, die selbst als Mitglied des Europäischen Parlaments gegen Korruption und Steuerhinterziehung und für den Schutz von Whistleblower:innen gekämpft hat: Die Anwältin Eva Joly berät ihn bis heute in allen rechtlichen Fragen.

Jóhannes Stefánsson gab sein umfassendes Material nicht nur an WikiLeaks (→ Spot 7, Seite 132) und an die Presse weiter – er leitete seine ausführlichen Recherchen und Beweise auch an die Staatsanwaltschaften von Island und Namibia weiter. In Namibia wurde ihm dafür Straffreiheit zugesichert. In Island gab es zu dem Zeitpunkt noch nicht einmal ein Whistleblowerschutzgesetz (→ Spot 8, Seite 150).

Als Ende 2019 der Bestechungsskandal als sogenannte Fishrot-Affäre aufflog, schlugen die Wellen hoch: Die Enthüllungen von Jóhannes Stefánsson stanken tatsächlich zum Himmel. Im November traten der Justiz- und der Fischereiminister Namibias zurück. Trotzdem gingen Tausende Namibier:innen auf die Straße und machten ihrer Empörung Luft. Sie wussten jetzt, dass einige wenige sich auf dem Rücken der Mehrheit bereichert hatten. Auf ihrem Rücken. Ihre Armut stand in direktem Zusammenhang mit der Gier einiger Mächtiger – und zwar sowohl in ihrem eigenen Land als auch in Island. Sie protestierten gegen ihre Regierung, Jóhannes Stefánsson aber feierten sie als

Helden. Wie David gegen Goliath hatte er es als einzelner Mensch mit einem der mächtigsten Fischereikonzerne aufgenommen und dafür alles riskiert: seine Stelle, seine Karriere, sein Geld, sogar seine Gesundheit.

Die Regierung Namibias griff durch. Ermittler:innen und Staatsanwält:innen handelten umgehend und verhafteten die Verantwortlichen. Seitdem sitzen einige der mächtigsten Männer im Gefängnis, darunter der ehemalige Fischereiminister Bernhard Esau und sein Schwiegersohn, der Ex-Justizminister, sowie der ehemalige Generalstaatsanwalt und der Direktor des Nationalen Fischereiunternehmens Fishcor. Die Staatsanwaltschaft Namibias konnte beweisen, dass sie mehr als zehn Millionen US-Dollar an Schmiergeldern bekommen hatten. Insgesamt waren 560 Millionen Euro an verdächtigen Geldern geflossen. Zu den Anklagepunkten gehören Betrug, Bestechung, Korruption, Erpressung, Geldwäsche und Steuerhinterziehung.

Die Staatsanwaltschaft in Island hingegen ließ sich zunächst Zeit. In dem kleinen Land ist Samherji groß und mächtig. Es ist der wichtigste Arbeitgeber, niemand hatte, so schien es, Interesse daran, gegen das Unternehmen zu ermitteln, auch wenn die isländische Bevölkerung schockiert auf die Enthüllungen reagierte.

Niemand – außer Jóhannes Stefánsson. Und das, obwohl der Whistleblower in Island als Tatverdächtiger wohl selbst vor Gericht gestellt werden wird – zusammen mit dem Samherji-Firmenchef und acht weiteren leitenden Mitarbeitenden des Unternehmens. Das gab im Januar 2020 immerhin seinen Rückzug aus Namibia bekannt, ansonsten aber bestritt Samherji alle Vorwürfe.

Bestechung? Steuerhinterziehung? Die Plünderung der Fischbestände an den Küsten Namibias für den eigenen Profit? Damit ein reiches Unternehmen noch reicher wird? Das seien alles haltlose Vorwürfe eines einzigen Mitarbeiters, der völlig aus dem Ruder gelaufen sei.

In einem aufwendig produzierten YouTube-Video sitzt Firmenchef Thorsteinn Már Baldvinsson vor der malerischen Kulisse Islands. Die schneebedeckten Berge und glitzernden Seen schweigen, während er öffentlich alle Verantwortung oder gar Schuld von sich und dem Unternehmen weist. In Hemd und Kragen, mit sonorer Stimme und unbewegter Miene kehrt er den Spieß um und bezeichnet Jóhannes Stefánsson als Alkoholiker und Drogenabhängigen, der einen persönlichen Rachefeldzug geführt und alle Straftaten ganz alleine begangen habe. Die Firma habe 2016 die Kontrolle über ihn verloren, sagt der Firmenchef.

Jóhannes Stefánsson ist in einem anderen Video zu sehen. Auch er trägt Hemd und Kragen. Seine grauen Haare sind nach hinten gegelt. Aufrecht sitzt er da, wie schon bei seinen Enthüllungen ist er hervorragend vorbereitet, spult Zusammenhänge, Zahlen, Namen, Daten aus dem Gedächtnis ab.

Sieben Jahre ist es her, dass er aus dem Unternehmen ausgestiegen ist, vier Jahre, dass er als Whistleblower an die Öffentlichkeit gegangen ist. Er weiß alles, hat sämtliche Details parat, und nichts an seinem Auftreten verrät, dass er schwere gesundheitliche Probleme hat.

Am 20. Dezember 2016 war er das erste Mal zusammengebrochen. Da hatte er Namibia bereits verlassen und von Südafrika aus seine Enthüllungen weiter vorbereitet. Seitdem spielt sein Körper verrückt. Er befürchtet, dass er vergiftet worden ist.

Heute wohnt Jóhannes Stefánsson bei seiner Schwester in Reykjavík in Island und versucht dort, wieder zu Kräften zu kommen. Als Anerkennung für seinen Mut bei der Aufdeckung des Fishrot-Skandals wurde er mit dem »Win Win Gothenburg Sustainability Award 2021« ausgezeichnet. Zur Verleihung in Göteborg in Schweden hat er sich hingeschleppt, dass er den Preis persönlich in Empfang nehmen konnte, war ihm wichtig. Denn auf den ersten Blick hat Jóhannes Stefánsson zwar alles verloren: seine Arbeit, sein Geld, seine Gesundheit. Aber die Bedeutung seiner Enthüllungen und die aller anderen Whistleblower:innen sieht er durch den Preis anerkannt und wertgeschätzt:

»Das zeigt, dass wir Whistleblower:innen das Richtige tun, obwohl wir dafür oft behandelt werden wie Ausgestoßene.«[19]

Jóhannes Stefánsson selbst ist sich ohnehin sicher, das Richtige getan zu haben. Er habe sich dazu entschlossen, diesen Kampf zu führen, mit allen Opfern, die das bedeuten kann. Zum Opfer machen lässt er sich hingegen nicht. Im Gegenteil: Jóhannes Stefánsson will seine Erfahrungen weitergeben. Er will, dass Menschen daraus lernen. Er sagt, das würde ihm helfen, gut aus der Sache rauszukommen.

Und er hat eine neue Mission: Er will für Gerechtigkeit sorgen. Die Verantwortlichen sollen ihre Strafe bekommen. Einem weiteren Fishrot-Prozess fiebert er darum entgegen. Um dort aussagen zu können, will er, wenn er es irgendwie schafft, sogar noch mal nach Namibia reisen. »Zufrieden werde ich erst sein, wenn das von Samherji außer Landes gebrachte Geld zurückgeflossen ist nach Namibia«[20], sagt er.

Er tut es für die Menschen dort.

ANDREA WÜRTZ

WHISTLEBLOWERIN IN EINEM PFLEGE-SKANDAL

»Die Würde des Menschen hat kein Ablaufdatum.«[21]

Für die meisten von euch ist das Thema Pflege wahrscheinlich sehr weit weg. Pflege hat doch vor allem mit alten Leuten zu tun, oder? Vielleicht leben eure Großeltern in einem Alten- oder Pflegeheim, und ihr besucht sie dort ab und zu? Vielleicht habt ihr in den Nachrichten auch schon einmal vom sogenannten Pflegenotstand gehört, also von dem Problem, dass es in Deutschland viel zu wenig Pfleger:innen gibt, um die Menschen gut zu versorgen? Davon abgesehen aber ist Pflege für viele Schnee von morgen.

Ganz anders war das bei Andrea Würtz: Sie war eine Teenagerin, als sie sich notgedrungen mit dem Thema befassen musste, denn ihre Mutter war an Krebs erkrankt. Mit 13 Jahren lernte Andrea Würtz, subkutan, unter die Haut, Spritzen zu setzen. Nur so konnte sie ihrer Mutter trotz Krankheit ein Leben zu Hause ermöglichen. Als ihre Mutter starb, war Andrea Würtz 19 Jahre. Seitdem weiß sie, wie wichtig gute Pflege ist, und sie weiß, wie groß die Verantwortung auf Seiten der Pflegenden ist. Wenn da etwas nicht stimmt, wird es gefährlich. Lebensgefährlich.

Im Jahr 2020 hält Corona die Welt in Atem. Noch ist das Virus kaum erforscht, über Ansteckungswege ist wenig bekannt. Darum werden zunächst vor allem gefährdete Gruppen der Gesellschaft besonders geschützt. Dazu gehören auch alte Menschen. In der Folge werden bundesweit systematisch Coronatests in Alten- und Pflegeheimen durchgeführt. Sie finden unangekündigt statt. Das wird wichtig werden.

Solche Tests ordnet auch das Gesundheitsamt Miesbach in Oberbayern im Mai 2020 in der Seniorenresidenz Schliersee an, nachdem es dort im April einen Corona-Vorfall gegeben hat.

Andrea Würtz, Mitarbeiterin des Gesundheitsamtes, ist Teil des mobilen Testteams. Es ist ein warmer Tag, sie erinnert sich, wie sie unter dem Schutzanzug geschwitzt hat. In dieser Montur wird sie in den folgenden sechs Wochen beinahe täglich in der Seniorenresidenz antreten. Das Coronavirus hat sich weiter ausgebreitet, Andrea Würtz arbeitet an der Eindämmung mit und ist deswegen da. Aber was sie zu sehen bekommt, widerspricht nicht nur den üblichen Hygienestandards. Was sie sieht, wird sie später als Verletzung der Menschenrechte öffentlich machen.

Schliersee ist ein schöner Ort. Die Hauptstraße schlängelt sich den Berg hinab, unten im Tal glitzert der See, die Häuser scharen sich um die Kirche und vollenden das idyllische Bild.

Doch kaum betritt Andrea Würtz die Seniorenresidenz Schliersee, ist es, als betrete sie eine andere Welt. Zunächst fallen ihr die verschmutzten Zimmer auf, die verklebten Fußböden, verdreckten Waschbecken und Toiletten. Sogar hinter ihrer Maske nimmt sie den intensiven Geruch wahr. Es stinkt nach Erbrochenem, nach Urin und Kot. Sie merkt, dass in diesem Heim etwas überhaupt nicht stimmt.

In den Betten liegen vernachlässigte alte Menschen. Sie sind ungewaschen, ungepflegt, manche sind halb verhungert und verdurstet. Sie liegen in ihren Exkrementen, einige haben sich wund gelegen. Manche rufen um Hilfe, andere starren nur noch an die Zimmerdecke. Sie sind vereinsamt, verängstigt, verwahrlost. Noch Jahre später ist Andrea Würtz das Entsetzen anzuhören, wenn sie die Zustände beschreibt. Sie sucht nach passenden Worten. »Es war grotesk«[22], sagt sie schließlich. Die Bilder der alten Menschen, die nur noch Haut und Knochen sind, verfolgen sie bis heute.

Zwar ist es kein Geheimnis, dass Pfleger:innen chronisch überarbeitet und massiv unterbezahlt sind, sogar einzelne Übergriffe und Gewalt gegen Pflegebedürftige sind bekannt – doch dass in einem so reichen Land wie Deutschland derartige Zustände in einem Seniorenheim Wirklichkeit sind, macht Andrea Würtz fassungslos. Um die 3000 Euro im Monat kostet ein Platz in einem durchschnittlichen Heim. Da darf man doch zumindest eine zuverlässige Versorgung und Respekt erwarten? So etwas wie in der Seniorenresidenz Schliersee darf nicht geschehen.

»Wer gibt uns das Recht, Menschen so zu behandeln?«[23], fragt Andrea Würtz. Sie weiß, dass sie handeln muss. Sie spricht mit der Heimleitung, macht Meldung beim Gesundheitsamt und wendet sich an die Regierung von Oberbayern. Sie dokumentiert alles, was sie sieht. Sie warnt, informiert, berichtet. Dabei ist sie nicht allein, auch andere Helfer:innen werden die Zustände später als unhaltbar beschreiben.

Die Betroffenheit ist groß, Hilfe muss schleunigst her, darin sind sich alle einig. Das Rote Kreuz richtet Quarantänezonen ein, ehrenamtliche Helfer:innen springen ein, schließlich leistet sogar die Bundeswehr Amtshilfe. Doch die Maßnahmen reichen nicht aus, um das Leid der Bewohner:innen zu beseitigen. Und wirklich verantwortlich fühlt sich niemand. Pfleger:innen schauen weg und schweigen. Sie haken Pflegetätigkeiten ab, die nie ausgeführt worden sind:

»In Schliersee waren Hausmeister als Pflegekräfte eingeteilt. Sogar eine verstorbene Mitarbeiterin stand noch im Dienstplan.«[24]

Vor der eigenen Überforderung verschließen Mitarbeitende die Augen. Die Angst überwiegt. Wer Mitleid hat, meldet sich krank, schmeißt hin, kündigt – oder resigniert, verdrängt und führt weiterhin irgendwie aus, was die Heimleitung vorgibt. Die wiederum ächzt unter dem Kostendruck des privat geführten Heims, denn dahinter steht ein Unternehmen, das mit Pflege Gewinne erzielen will. Der italienische Pflegeheim-Betreiber schließlich klagt über die wirtschaftlichen Verhältnisse: Die Pflege muss sich auszahlen, entsprechend wird gespart, wo es nur geht. Die Qualität der Pflege, die Gesundheit und das Wohlbefinden der Menschen kommen danach. »Es ist grotesk«[25], sagt Andrea Würtz.

Weil in den Trinkbechern der alten Menschen Pilze wachsen, finden schließlich Lebensmittelkontrollen in der Seniorenresidenz statt. Die Soldat:innen der Bundeswehr, die zur Unterstützung angefordert wurden, versuchen die Mäuseplage im Heim in den Griff zu bekommen.

Bei einer ihrer Heimbegehungen beobachtet Andrea Würtz, wie eine Pflegerin eine alte Dame zwingen will zu essen. Weil gerade kein kleiner Löffel zur Hand ist, nimmt sie einen viel zu großen, die Bewohnerin kann den Mund gar nicht so weit aufmachen. Andrea Würtz schreitet ein: »Diese Pampe hätte niemand gegessen!«[26], sagt sie, organisiert frisches Essen und füttert die alte Dame vorsichtig mit einem passenden Löffel. »Sie schickt der Himmel«, sagt die.

Andrea Würtz protokolliert weiterhin Misshandlungen, Verletzung der Sorgfaltspflicht, Menschenrechtsverletzungen und empfiehlt mit anderen Beteiligten die Evakuierung der Bewohner:innen.

Andrea Würtz arbeitete unter anderem in der Tagespflege und als Hygienebeauftragte, bevor sie zum Gesundheitsamt Miesbach wechselte. Im April 2020 deckte sie als Whistleblowerin einen der größten Pflegeskandale der bundesdeutschen Geschichte auf und sorgte dafür, dass das »Skandalheim von Schliersee« geschlossen wurde. Bis heute kämpft sie für Reformen in der Pflege.

Weil sie Gefahr für Leib und Leben sieht, drängt sie auf eine Schließung des Heims.

Die Behörden sehen das anders. Sie ordnen zwar häufigere Kontrollen an, doch die sind immer angekündigt. Es ist Teil des Problems, findet Andrea Würtz. Denn so kann das Heim sich vorbereiten: In der Seniorenresidenz Schliersee wird rechtzeitig sauber gemacht, und die alten Menschen, denen es infolge der mangelhaften Versorgung besonders schlecht geht, werden ins Krankenhaus verlegt.

Die Behörden finden, dass hier ein Bemühen um Verbesserung der Situation zu erkennen ist. Das reicht als Begründung, um das Heim nicht zu schließen.

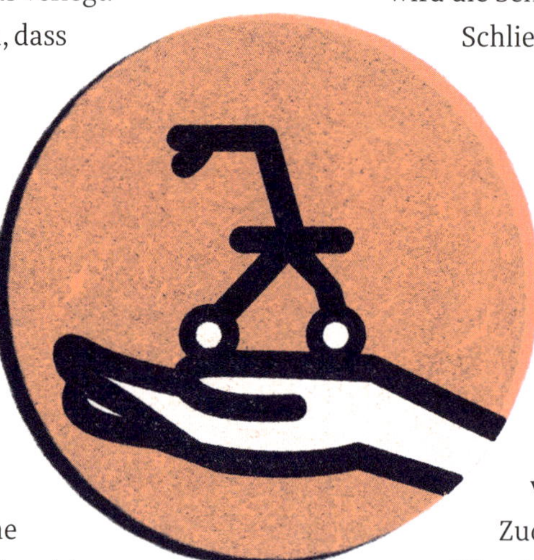

Dann passiert, wovor Andrea Würtz immer wieder gewarnt hat: Eine weitere Heimbewohnerin stirbt. Danach geht Andrea Würtz an die Öffentlichkeit.

Mit einer anonymen Mail wendet sie sich an den Bayerischen Rundfunk. Die ersten Informationen, die sie weitergibt, unterschreibt sie mit drei Kreuzen: XXX. Zwei Journalistinnen antworten und beginnen, für einen Dokumentarfilm zu recherchieren. Das Investigativteam spricht mit Angehörigen und einem Hinterbliebenen, es interviewt Pflegekräfte sowie Vertreter:innen der Heimleitung und des Betreibers.

Andrea Würtz, die inzwischen unter ihrem Klarnamen Stellung bezieht, kommentiert manche der Szenen. Immer wieder müssen die Dreharbeiten unterbrochen werden. Die quälenden Bilder gehen auch den Beteiligten nah.

Im März 2021 läuft »Das Skandalheim vom Schliersee« im Fernsehen. Im September 2021, eineinhalb Jahre nach der ersten Meldung von Andrea Würtz, wird die Seniorenresidenz Schliersee geschlossen.

Infolge der Vorfälle ermittelt die Staatsanwaltschaft München gegen mehrere Beschuldigte, darunter die ehemalige Heimleiterin, wegen des Verdachts auf Körperverletzung in 88 Fällen. Zudem werden 17 Todesfälle überprüft.

Der Prozess hat bis heute noch nicht begonnen.

Und wie geht es Andrea Würtz? Noch im Sommer 2020 hat sie ihre Stelle beim Gesundheitsamt gekündigt. Dass einige ihrer Kolleg:innen sie als »Nestbeschmutzerin« mobben, macht ihr zu schaffen. Vor allem aber möchte sie im Fall einer Anklage als eine der Hauptzeuginnen unabhängig sein.

In ihrer Heimat Oberbayern bekommt sie keine Stelle mehr. Sie hat den Ruf einer

Querulantin weg, gilt als zu kritisch – dem wollen sich Arbeitgeber:innen nicht aussetzen.

Auch zukünftige Kolleg:innen fühlen sich den angeblichen Ansprüchen der Whistleblowerin teilweise nicht gewachsen.

Auf der Straße sprechen Menschen sie an: »Na, Sie trauen sich ja was!«, sagen sie. Zuspruch vor Ort bekommt sie selten, aber sie erhält zahllose Zuschriften von Betroffenen und Kolleg:innen, die sich noch nicht getraut haben, an die Öffentlichkeit zu gehen.

Sie lässt sich juristisch beraten. Ihre Familie ist für sie da. Sonst, sagt Andrea Würtz, wäre es kaum gegangen. Als ihre Schwiegermutter Unterstützung braucht, soll ihr ein Aufenthalt in einem Heim erspart bleiben. Und so zieht Andrea Würtz mit ihrem Mann in die Pfalz, um in der Nähe zu sein, und arbeitet fortan in seiner Firma mit.

Es ist eine der vielen Konsequenzen, die das Leben von Andrea Würtz verändert haben. Trotzdem hat sie ihren Schritt nie bereut:

»Ich hätte nicht mehr in den Spiegel schauen können, wenn ich das so hingenommen hätte. Man muss entscheiden, ob man sich dem System des Wegduckens anschließen möchte und sagt, ich kleines Licht kann eben nichts ändern. Ich bin der Meinung: Man kann eben doch etwas ändern.«[27]

Die Seniorenresidenz Schliersee ist kein Einzelfall. Laut einem Untersuchungsbericht sind 2019 allein in Bayern 173 Heime negativ aufgefallen.

In Augsburg wurde unter anderem aufgrund der Aufklärungsarbeit von Andrea Würtz ein weiteres Heim des italienischen Pflegeheim-Betreibers geschlossen.

Im November 2022 wird Andrea Würtz mit dem »Franziskus Pflegepreis« ausgezeichnet. Und sie macht weiter: Das Leid der Menschen treibt sie an. Sie macht Menschenrechtsorganisationen auf das Thema aufmerksam, gibt zahlreiche Interviews, tritt in Fernsehsendungen und Talkshows auf und arbeitet an Investigativreportagen mit. Als Sachverständige formuliert sie seitenlange Eingaben, sie sucht den Austausch mit der Politik, bietet Krisen- und Expert:innen-Gespräche an, spricht vor dem Bayerischen Landtag und im September 2023 in Brüssel. Denn das Problem schlechter Pflege macht nicht an Landesgrenzen halt.

Dabei wäre eine konkrete Verbesserung zum Schutz der Bewohner:innen so einfach: die Ankündigung der Heim-Überprüfung endlich abzuschaffen.

Nach über drei Jahren fasst Andrea Würtz zusammen:

»Mit schlechter Pflege lässt sich sehr viel Geld verdienen, und es fehlt der gesellschaftliche Wille, wirklich etwas zu ändern.«[28]

Dabei muss sich dringend etwas ändern. Darum bittet Andrea Würtz die Kolleg:innen aus der Pflege, nicht wegzuschauen, sondern den Mund aufzumachen, die eigenen Grenzen zu benennen und zu fordern, was bitter nötig ist: mehr Stellen, mehr Zeit, weniger Druck, bessere Arbeitsbedingungen.

»Je klarer und eindeutiger unser Berufsstand aufsteht, desto eher wäre auch ein gesellschaftlicher und politischer Ruck in Gang zu setzen.«[29]

Den braucht es, um endlich eine humane Pflege für alle Menschen mit Pflegebedarf durchzusetzen – unabhängig davon, wie alt sie sind. Es braucht humane Pflege für eine menschliche Gesellschaft.

Eine Pflege, die Schutz bietet und Rechte und Respekt über Gewinne und Kosten stellt. Denn die Würde des Menschen hat kein Ablaufdatum.

»Ich bin noch lang nicht fertig!«[30], sagt Andrea Würtz deshalb mit der ihr eigenen Energie und Überzeugungskraft. Sie fordert mehr Meldestellen und ein Whistleblowerschutzgesetz (→ Spot 8, Seite 150). Außerdem schreibt sie Fachbücher über Bedingungen, Verbesserungsmöglichkeiten und Reformen in der Pflege.

Dabei setzt sie vor allem auch auf die junge Generation. Sie will sie ermutigen, aus der Deckung zu treten und laut zu werden, wo auch immer Veränderung nötig ist.

SPOT 2

Pssst!
Was ist ein Geheimnis?

Woran denkt ihr beim Wort »Geheimnis«? An etwas Gutes, Schlechtes, Spannendes, Unbekanntes, Verbotenes, Überraschendes, Bedrohliches, Unheimliches? Ganz gewiss an etwas Heimliches, denn das steckt im »Geheimnis« drin.

Was aber ist ein Geheimnis? Zunächst braucht es eine Erfahrung, eine Entdeckung, eine Erkenntnis. Die muss jemand machen, um sie als Geheimnis für sich zu behalten – oder zu teilen. Aber leise und hinter vorgehaltener Hand: pssst! Denn ein Geheimnis darf nicht an die große Glocke gehängt werden, sonst ist es kein Geheimnis mehr.

Weil zu einem Geheimnis Verschwiegenheit dazugehört, gibt es immer nur einen kleinen Kreis Eingeweihter. Es ist sogar Vorsicht beim Umgang mit Geheimnissen geboten. Wer einem anderen Menschen oder einer Institution ein Geheimnis anvertraut, vertraut womöglich sich selbst mit an. Je nach Inhalt und Bedeutung des Geheimnisses liefert man sich sogar aus. Darum ist es wichtig zu wissen, wem man ein Geheimnis anvertrauen kann und wem besser nicht.

Geheimnisse und der Umgang mit ihnen begegnen uns im Alltag häufig, und meistens denkt ihr wahrscheinlich gar nicht groß darüber nach. Dabei gilt: Ein Geheimnis kann aus etwas Gutem gemacht werden, oft stecken hinter Geheimnissen aber Unrecht, Ungerechtigkeit, Gefahr.

Je nach Standpunkt kann ein Geheimnis also Unterschiedliches bedeuten.

Ihr könnt euch an dieser Stelle ja einmal fragen, warum ihr aus etwas ein Geheimnis machen würdet:

- Weil ihr jemand anderem eine Freude machen wollt?
- Weil ihr jemand anderem helfen wollt?
- Um jemandem einen Gefallen zu tun?
- Weil ihr gebeten wurdet, ein Geheimnis zu bewahren?
- Weil ihr etwas verbergen wollt, von dem ihr wisst, dass es nicht in Ordnung ist?
- Um eine Sache oder einen Menschen zu schützen?

Dass ein Geheimnis etwas Schützenswertes ist, beweist die Rechtsprechung: So dürfen Ärzt:innen keine Informationen über oder von ihren Patient:innen weitergeben, Journalist:innen müssen nicht sagen, wer ihre Quellen sind, Rechtsanwält:innen können sich auf ihre Schweigepflicht berufen, auch Firmen nehmen das Recht für sich in Anspruch, bestimmte Dinge geheim zu halten. Coca-Cola bewahrt sein Grundrezept zum Beispiel in einem Tresor auf. Und sogar Staaten haben Geheimnisse. Diese **Staatsgeheimnisse** sollen die Bürger:innen schützen. Ein Geheimnis kann also ein kostbares Gut sein.

Aber muss man jedes Geheimnis für sich behalten? Ist Weitersagen immer verboten? Manchmal vertraut ihr vielleicht euren Freund:innen oder der Familie etwas an und sagt: »Das bleibt jetzt aber unter uns!« Dazu habt ihr jedes Recht. Trotzdem kann es wichtig werden, Geheimnisse öffentlich zu machen. Dabei kommt es auf die Art, die Absicht, die Auswirkung eines Geheimnisses an.

Auch dazu könnt ihr euch wieder Fragen stellen:

- Wer macht woraus ein Geheimnis und wozu?
- Wen betrifft das Geheimnis?
- Wen schützt das Geheimnis?
- Wem nützt das Geheimnis?
- Was würde passieren, wenn das Geheimnis öffentlich gemacht wird und also kein Geheimnis mehr ist?

Ein Geheimnis kann nicht nur Unterschiedliches bedeuten – vor allem kann es unterschiedlich bewertet werden. Das liegt daran, dass hinter Geheimnissen unterschiedliche Interessen stehen.

Häufig ist die Antwort auf die Frage, wer woraus ein Geheimnis macht: der eigene Vorteil, ein wirtschaftlicher oder sonstiger Gewinn. Oft geht es um Ansehen, Macht oder darum, Ansehen und Macht zu behalten. Nicht umsonst reagieren Mächtige besonders empfindlich auf den Umgang mit Geheimnissen. Sie fürchten, ihre Macht zu verlieren, wenn zu viele Menschen genauso viel wissen wie sie.

In einigen Ländern gibt es darum **Geheimdienste**. Sie sammeln Daten, überwachen potenzielle Täter:innen, sie ermitteln, um das jeweilige Land zu schützen. Sie sind davon überzeugt, dass Staatsgeheimnisse wichtig sind, und sehen sich als diejenigen an, die den Staat schützen – gerade dadurch, dass sie an Geheimnissen festhalten. Das muss nicht falsch sein – trotzdem findet ihr in diesem Buch Beispiele von Whistleblower:innen, die sich dagegengestellt und sich mit Geheimdiensten angelegt haben. Sie waren der Meinung, dass es ein Zuviel an Geheimhaltung gibt.

Andere Whistleblower:innen haben es mit Konzernen oder Banken aufgenommen. Sie haben sich nicht an Geschäftsgeheimnisse, Bank- oder Staatsgeheimnisse gehalten, um ihre selbst gewählte Aufgabe erfüllen zu können: nämlich Geheimnisse, die anderen schaden, aufzudecken.

Pssst? Im Gegenteil.

LI WENLIANG

WHISTLEBLOWER IM KAMPF GEGEN CORONA

» In einer gesunden Gesellschaft sollte es nicht nur eine Art von Stimme geben. «[31]

Leer gefegte Straßen, verwaiste Plätze, geschlossene Schulen, ganze Städte im Lockdown, viele Kranke, viele Tote, Unsicherheit, Unwissen und sehr viel Angst: Es ist noch gar nicht so lang her, dass Corona die Menschen im Griff hatte und unseren Alltag bestimmte.

Bis heute erkranken Menschen daran, aber die Zeit, in der das Coronavirus ganze Leben ausgehebelt, Existenzen zerstört und zahllose Menschen das Leben gekostet hat, scheint fürs Erste vorbei zu sein. Trotzdem ist die Pandemie ein Ereignis, das die Menschen überall auf der Welt tief geprägt hat.

Ende 2019 nahm die Katastrophe in der Millionenstadt Wuhan in der chinesischen Provinz Hubei ihren Anfang. Hier lebte der Augenarzt Li Wenliang mit Frau und Kind. In seiner Freizeit spielte er gerne Badminton, er liebte gutes Essen. Im Zentralkrankenhaus Wuhan war er als engagierter, zuverlässiger und hochqualifizierter Kollege anerkannt. Manchmal wurde ihm zwar der Druck zu viel – aber alles war im Rahmen. Alles war gut.

Das änderte sich im Dezember 2019. In diesem Monat wurden etliche Patient:innen mit ähnlichen Symptomen in die Klinik eingeliefert. Sie hatten hohes Fieber, litten an Husten und Atemnot. Die Diagnose: Lungenentzündung. Die Klinikleitung wies die Ärzt:innen an, Abstand zu den Patient:innen zu halten und nicht mit ihnen zu sprechen. Li Wenliang wunderte sich. Warum waren die Chef:innen so nervös?

Da oft ganze Familien erkrankt waren und die Patient:innen umgehend unter Quarantäne gestellt wurden, lag die Vermutung nahe, dass es sich um einen besonders ansteckenden, aggressiven Erreger handeln musste. Welcher das sein konnte, war zu dem Zeitpunkt noch unklar, aber die Symptome passten zum SARS-Corona-Virus.

Der hatte 2002 das schwere akute Atemwegssyndrom SARS und damit die erste Pandemie des 21. Jahrhunderts ausgelöst. SARS hatte gezeigt, wie schnell sich eine Erkrankung in der globalisierten Welt von heute ausbreiten kann und wie gefährlich das ist. Lebensgefährlich.

Li Wenliang war alarmiert.

Er beobachtete die Entwicklungen, zählte die Patient:innen, tauschte sich mit Kolleg:-innen aus. Eine entscheidende Information erhielt er von der Chefin der Notaufnahme, Dr. Ai Fen. Sie hatte eine Test-Diagnose abfotografiert, mit Rotstift einen Kreis gezeichnet und die Worte »Sars-Coronavirus« daneben geschrieben. Li Wenliang ging noch einen Schritt weiter und postete am 30. Dezember 2019 eine Nachricht auf WeChat: »Vom Obst-und-Meeresfrüchte-Markt Huanan gibt es sieben bestätigte Fälle von SARS. Sie werden bei uns im Krankenhaus im hinteren Teil beim Teich in der Notaufnahme isoliert.«

Er stellte das Foto der Test-Diagnose dazu und ergänzte eine Stunde später: »Neueste Information: Coronavirus-Infektion bestätigt, der Virenstamm wird untersucht. Bitte nicht nach außen weitersagen, aber Vorsicht bei Besuchen von Familie und Verwandten.«[32]

Nahezu zeitgleich verschickte die Gesundheitskommission Wuhan eine Anweisung, wonach nur autorisierte Personen Informationen über die neuartige Lungenentzündung an die Öffentlichkeit weitergeben durften. Schnell hieß es, dass acht Personen in Wuhan mit Strafen rechnen müssten, weil sie Falschinformationen im Internet verbreiten würden. Tatsächlich hatten Kolleg:innen von Li Wenliang dessen Nachricht weitergeleitet.

Das seien alles Gerüchte, meinten die Behörden und betonten, dass es noch keine Anzeichen für eine Mensch-zu-Mensch-Übertragung oder eine Infektion des medizinischen Personals geben würde. Sie erklärten Li Wenliang zum Lügner und bestellten ihn bei der nächsten Polizeiwache ein. Dort wurde er verhört, wegen der illegalen Verbreitung von Gerüchten offiziell verwarnt und massiv unter Druck gesetzt.

Im Amt für öffentliche Sicherheit der Stadt Wuhan sollte Li Wenliang eine Unterlassungserklärung unterschreiben. Wenn er sich weigere und weiterhin die gesellschaftliche Ordnung beeinträchtige, würde er in ernste Schwierigkeiten geraten.

Am Ende der Erklärung steht:

»Wir erwarten von Ihnen, dass Sie sich beruhigen und über Ihr Verhalten nachdenken. Falls Sie sich jedoch störrisch zeigen und Ihr illegales Verhalten fortsetzen, wird Ihnen die gesetzlich vorgesehene Strafe auferlegt! Haben Sie verstanden?«[33]

Li Wenliang unterschrieb. »Verstanden« setzte er unter das Dokument. Daneben leuchtet rot der Abdruck seines Daumens.

In einem Interview, das er am 1. Februar 2020 der Zeitung *New York Times* gegeben hat, beschreibt er seine Erfahrung so: Er habe das Gefühl gehabt, dass ihm Unrecht widerfuhr.

»Aber ich musste es akzeptieren. Offensichtlich hatte ich in bester Absicht gehandelt. Ich war sehr traurig, als ich sah, wie viele Menschen ihre Lieben verloren.«[34]

Für Li Wenliang stand fest: Wuhan und die Welt hatten es mit einem neuen, hoch ansteckenden, brandgefährlichen Erreger zu tun. Der wird als Covid-19 in die Geschichte eingehen.

Doch mit seiner Warnung hatte er sich mit der chinesischen Regierung angelegt. Gegen sogenannte Gerüchte sollte hart vorgegangen werden. Offenbar wollten die Behörden in Wuhan den Ausbruch der Epidemie in den ersten Wochen noch vertuschen. Anstatt die Menschen zu warnen, zog die chinesische Regierung es vor, wesentliche Informationen zurückzuhalten.

Die Begründung: Sie wollten eine Massenpanik verhindern.

Die Konsequenz: Covid konnte sich weitere 40 Tage ungehindert ausbreiten.

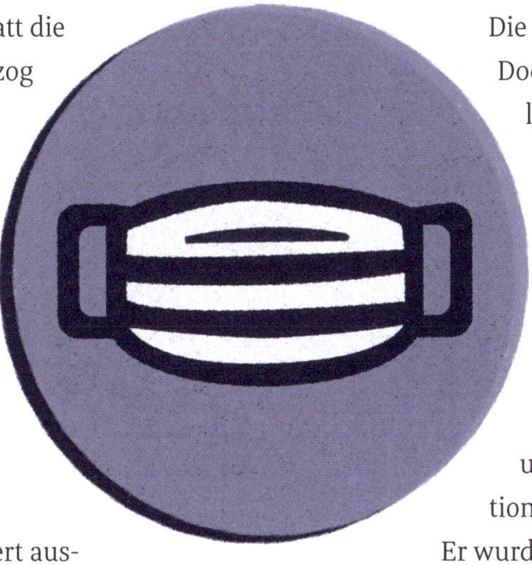

Am 21. Januar 2020 wurden im Zentralkrankenhaus Wuhan über 1500 Menschen ambulant behandelt, das waren ungefähr dreimal so viele wie sonst. Über 650 von ihnen hatten Fieber. In den Gängen spielten sich dramatische Szenen ab. Menschen bestürmten das Klinikpersonal, klammerten sich an Ärzt:innen. »Rettet unser Leben!«, riefen sie. Das Ganze hilflos mit anschauen zu müssen muss für Li Wenliang ein Schock gewesen sein. Er fand, es solle mehr Offenheit und Transparenz geben. Dafür sollte er schließlich selbst sorgen. Der Arzt war zwar zunächst zum Schweigen gebracht worden, und auch seine Kolleg:innen wussten nun, dass sie besser den Mund hielten.

Die Polizei war schnell. Doch das Netz war schneller: Auf dem Kurznachrichtendienst Weibo ging der Hashtag #WuhanSars viral. User:innen zollten Li Wenliang Respekt. Sie dankten ihm für seinen Mut und für die Informationen.

Er wurde immer populärer und für viele Menschen zum Vorbild. Weil sich sein Widerstand gegen jede Form von gelenkter Wahrheit richtete, gaben ihm die Menschen den Beinamen »Wahrheit«. Denn Li Wenliang machte sich nicht nur für die Gesundheit und das Gemeinwohl stark – er forderte grundsätzlich eine

Dr. med. Li Wenliang war Augenarzt im Zentralkrankenhaus in Wuhan und warnte als einer der Ersten vor dem Coronavirus. Die Polizei brachte ihn zum Schweigen. Selbst an Corona erkrankt, machte er Ende Januar 2020 von der Intensivstation aus seine Warnungen öffentlich. Er starb am 6. Februar 2020.

transparente Informationspolitik und das Recht auf freie Meinungsäußerung.

Damit wehrte er sich gegen ein System, das die Bürger:innen kontrollierte und mit Strafen und Zensur mundtot machen wollte. Immer weniger Menschen waren mit dieser Politik einverstanden. Der Betrug an der Bevölkerung sollte endlich aufhören.

Seine Haltung formulierte der Whistleblower so: »In einer gesunden Gesellschaft sollte es nicht nur eine Art von Stimme geben.«[35]

Damit wurde Li Wenliang zum Helden einer Nation in einer schweren politischen Krise.

Doch noch arbeitete Li Wenliang weiter wie bisher – fast. Er arbeitete nicht nur wie bisher unter Hochdruck, er arbeitete unter lebensgefährlichen Bedingungen. Denn es gab keine Schutzmaßnahmen. Auch die Möglichkeiten zu Tests und Diagnosen fehlten in den Kliniken.

Für Li Wenliang hatte diese alltägliche Arbeitssituation fatale Folgen: Am 10. Januar 2020 traten bei ihm erste Corona-Symptome auf. Obwohl er sich umgehend in einem Hotelzimmer isolierte, steckte er seine Eltern an. Doch während die sich erholten, ging es ihm schnell schlechter. Am 12. Januar wurde er stationär im Zentralkrankenhaus Wuhan aufgenommen.

Li Wenliang, der Arzt, der bisher anderen Menschen geholfen hatte, war nun selbst Patient.

Die Belastungen müssen enorm gewesen sein: Er konnte nachts nicht mehr schlafen, kämpfte gegen Depressionen, seine Familie erreichte er nur über Video-Calls.

Trotzdem entschied er sich in dieser Situation zu einem weiteren großen Schritt: Von seinem Krankenbett aus veröffentlichte er Ende Januar 2020 auf Weibo eine Kopie seiner Verwarnung durch die Polizei vom 30. Dezember 2019. Damit legte er das von den Behörden angeordnete Schweigegebot offen.

Er schrieb außerdem über seinen gesundheitlichen Zustand, über den Husten, das Fieber, schließlich über den Nachweis des Coronavirus. Dazu postete er ein Foto von sich. Es zeigt einen Mann mit Sauerstoffmaske über Mund und Nase. Mittlerweile lag Li Wenliang in einem Isolierzimmer auf der Intensivstation.

Menschen aus dem ganzen Land nahmen Anteil an seinem Schicksal. Sie schickten Genesungswünsche und Grüße. Ihr Zorn war größer als die Furcht vor Bestrafung.

Dass Li Wenliang sich trotz Strafandrohung weiterhin öffentlich zu Wort meldete, brachte ihm auch international große Anerkennung ein. Weltweit berichteten die Medien. Angesichts der überwältigenden Solidarität und Sympathie im Netz hatte die chinesische Polizei keine Chance. Die Behörden mussten reagieren. Sie entschuldigten sich offiziell bei Li Wenliang, lobten seinen Weitblick, nannten sein Handeln bewundernswert und rehabilitierten ihn vollumfänglich.

Diesen Kampf hatte Li Wenliang gewonnen.

Den Kampf gegen Covid gewann er nicht.

Am 5. Februar 2020 verschlechterte sich sein Zustand dramatisch, in der Nacht des 6. Februar stand sein Herz still, und die Atmung setzte aus. Doch das Ärzt:innenteam wurde von der Klinikleitung genötigt, Li Wenliang mit allen Mitteln wiederzubeleben.

Nach Mitternacht gab das Zentralkrankenhaus Wuhan bekannt, man kämpfe weiter um sein Leben. Innerhalb kürzester Zeit wurde der Post 2,5 Millionen Mal gelikt und 800 000-mal kommentiert. Millionen Menschen bangten mit, und als am nächsten Morgen, am 7. Februar 2020 um vier Uhr früh, der Tod von Li Wenliang bekannt gegeben wurde, trauerten sie online um ihn.

Sie posteten Blumen und Kerzen, machten ihrer Empörung und Wut Luft – es war wie ein gigantischer Trauerzug.

Der Arzt, der als einer der Ersten vor dem neuen Erreger Covid-19 gewarnt hatte, war nach nur wenigen Wochen an Corona gestorben.

Er hinterließ seine Frau und zwei Kinder, das jüngere war zum Zeitpunkt seines Todes noch nicht geboren.

Zum ersten Todestag von Li Wenliang würdigten Tausende Menschen den verstorbenen Arzt in Online-Netzwerken. Immer noch gibt es neue Nachrichten auf seiner Website.

FRANCES HAUGEN

FACEBOOK-WHISTLEBLOWERIN

»Ich glaube, dass jede Technologie mit so viel Einfluss eine öffentliche Aufsicht verdient.«[36]

Bestimmt habt ihr alle schon einmal von sozialen Netzwerken gehört. Vielleicht habt ihr selbst einen Social-Media-Account bei Instagram, Snapchat oder TikTok. Aus unserer Welt sind die sozialen Netzwerke jedenfalls nicht mehr wegzudenken. Weltweit nutzen Milliarden Menschen Social Media, um sich zu informieren, um Texte, Bilder oder Videos zu posten, um sich die Postings anderer Menschen anzusehen, zu teilen, zu kommentieren, zu liken – und gelikt zu werden.

Für die Geschichte von Frances Haugen ist vor allem Facebook wichtig. Doch wenn es um Facebook geht, dann geht es auch um Instagram. Denn beide gehören zum selben Unternehmen. Damit nutzen Milliarden Menschen auf der ganzen Welt die Angebote der Firma, die heute Meta heißt. Allein durch die Masse an User:innen, die bei Facebook und Instagram aktiv sind, haben Entscheidungen des Unternehmens weitreichende Folgen. Für einzelne Menschen – aber auch für ganze Gesellschaften und die Art, wie wir zusammenleben. Instagram und Facebook haben also eine große Verantwortung, der sie aber oft nicht gerecht werden. Das wissen wir dank Frances Haugen.

Als Frances Haugen 1984 im US-Bundesstaat Iowa geboren wurde, war an die sozialen Netzwerke von heute noch nicht zu denken. Es gab noch kein Internet im Alltag – von Smartphones ganz zu schweigen. Und so war die Jugend von Frances Haugen vor allem eine mit Büchern. Überall im Haus ihrer Eltern stapelten sie sich, sogar im Badezimmer. In der Schule tat sich Frances leicht. Sie liebte Mathe, war immer Klassenbeste und übersprang sogar eine Klasse. Mit 14 Jahren schloss sie sich dem Debattierklub an, und am Ende ihrer Schulzeit zählte sie zu den 25 besten Debattierer:innen auf ihrem Spezialgebiet: Frances Haugen hatte sich darauf spezialisiert, die moralische Dimension jeder Frage besonders zu betrachten. Dabei lernte sie auch, die Ideen und Überzeugungen zu verteidigen, an die sie glaubte.

Nach der Schulzeit studierte Frances Haugen Technische Informatik und Betriebswirtschaft. Ein Schwerpunkt dabei war zu verstehen, wie Unternehmen organisiert und geführt werden sollten. Spätestens bei ihrer Arbeit – unter anderem für Google und Pinterest – befasste sich Frances Haugen außerdem mit der Frage, wie soziale Netzwerke funktionieren. Was dabei immer eine Rolle spielte, waren Algorithmen. Sehr vereinfacht gesagt, sind das die Regeln, nach denen zum Beispiel Suchergebnisse bei Google vorgeschlagen oder Postings oder Werbung im Instagram-Feed angezeigt werden.

Internetkonzerne machen für gewöhnlich ein großes Geheimnis daraus, wie diese Algorithmen genau programmiert sind. Fest steht aber: Fast alles, was wir im Internet machen, wird durch Algorithmen gelenkt, geordnet und beeinflusst. Und Frances Haugen hatte davon so viel Ahnung wie wohl nur wenig andere. Doch sie wusste noch etwas: In einer Welt, in der die sozialen Netzwerke so weit verbreitet sind, dass sie unsere Gesellschaft prägen, haben Algorithmen eine unglaubliche Macht. Und die kann zerstörerisch sein. Wie zerstörerisch, das musste Frances Haugen persönlich erfahren.

Mit Mitte 20 erkrankte Frances Haugen so schwer, dass sie fast gestorben wäre und danach für einige Zeit nicht mehr alleine zurechtkam. Ein Freund half ihr, ging für sie einkaufen oder kochte für sie. Er war für sie da – bis Frances Haugen ihn verlor. Denn der Freund verbrachte immer mehr Zeit in den sozialen Netzwerken und kam dort in Kontakt mit Verschwörungserzählungen (→ Spot 6, Seite 114). Er glaubte zum Beispiel, dass dunkle Mächte die Politik lenken würden. Am Anfang versuchte Frances Haugen noch, mit ihm zu diskutieren. Dann brach er den Kontakt ab. »Es ist eine Sache, sich mit Falschinformationen auseinanderzusetzen«, erinnerte sich Frances Haugen später, »aber es ist eine andere Sache, jemanden darüber zu verlieren.«[37]

Wie ist so etwas möglich? Wie kann es passieren, dass Menschen sich im Internet verlieren und auf Theorien stoßen, die nichts mehr mit der Realität zu tun haben? Und wie kommt es, dass die Menschen sie dann trotzdem glauben? Diese Frage sollte in den nächsten Jahren noch viel diskutiert werden. In den USA war das zum Beispiel vor den Präsidentschaftswahlen 2016 der Fall. Damals machten vor allem in den sozialen Netzwerken Falschmeldungen die Runde. Donald Trump, der später auch die Wahl gewann, nutzte im Wahlkampf insbesondere Facebook und Twitter zur Verbreitung falscher Informationen. Man sieht: Eine Gesellschaft wird inzwischen maßgeblich durch soziale Netzwerke geprägt. Und Instagram und Facebook gehören zu den größten.

2018 bekam Frances Haugen das Angebot, für Facebook zu arbeiten. Bei einer Abteilung, deren Ziel es war, gegen Falschinformationen zu kämpfen und überhaupt dafür zu sorgen, dass Facebook die Welt besser machte statt schlechter. Nach den Erfahrungen mit ihrem Freund war der neue Job für Frances Haugen auch eine Herzensangelegenheit. An ihrem ersten Tag verspürte sie Stolz, als sie auf den neuen Arbeitsausweis mit ihrem Bild blickte. Er gewährte ihr nicht nur Zutritt in die Facebook-Zentrale in Menlo Park, einem Ort im für seine Tech-Firmen berühmten Silicon Valley. Er stand auch für Hoffnung, denn Frances Haugen glaubte an das Gute in den sozialen Netzwerken. Daran, dass sie Menschen zusammenbringen und gesellschaftliche Bewegungen ermöglichen konnten. Doch die Hoffnung und der Stolz, die Frances Haugen verspürte, als sie das riesige, an ein Dorf erinnernde Hauptquartier betrat, sollten schon bald verfliegen. Denn schnell stellte sie fest, dass ihre Abteilung viel zu klein war. Die »Civil Integrity Einheit« hatte wichtige Aufgaben, doch für die gab es viel zu wenig Mitarbeiter:innen. Das Team, das sich um den Kampf gegen Spionage auf Facebook kümmern sollte, bestand zum Beispiel aus weniger als zehn Menschen. Facebook, so ihr Eindruck, investierte nicht genug in den Schutz des gesellschaftlichen Zusammenlebens.

Frances Haugen äußerte ihre Bedenken, doch die wurden von ihrem Vorgesetzten und anderen Mitarbeiter:innen, die schon länger im Unternehmen waren, abgetan. Dabei waren die Missstände offensichtlich. Vor allem ein Problem machte ihr Sorgen: die Mechanismen, nach denen Facebook und Instagram die Postings den User:innen anzeigte. Denn die basierten sehr stark darauf, wie viele Leute ein Posting likten, teilten, kommentierten oder für später speicherten. In den Timelines wurde also nicht mehr der neueste Post besonders oft angezeigt, sondern eher einer, der viele Menschen bewegte und mit dem sie interagiert hatten. Und mehr noch: Wenn Menschen sich besonders für Beiträge interessierten, wurden ihnen häufiger ähnliche Inhalte angezeigt.

Frances Haugen stellte bei ihrer Arbeit für Facebook fest, wie schädlich die Algorithmen des sozialen Netzwerks für einzelne Menschen, aber auch für die Gesellschaft waren. Weil Facebook zu wenig dagegen unternahm, ging sie schließlich an die Öffentlichkeit.

Dieser Mechanismus kann schlimme Folgen haben. Zum einen auf persönlicher Ebene. Sieht man sich ein Fitness-Video bei Instagram an, werden einem zum Beispiel immer mehr Beiträge zu verwandten Themen gezeigt, immer mehr fitte, durchtrainierte Leute mit glatter Haut und strahlenden Zähnen. Es ist eine Spirale aus ewigem Scrollen, die am Ende dazu führen kann, dass man sich immer hässlicher fühlt – im Vergleich zu den perfekten Menschen, mit perfekten Körpern und perfekten Leben im Internet. Dieses Gefühl betrifft viele jugendliche Instagram-Nutzer:innen, besonders Mädchen und junge Frauen, und es kann womöglich so weit führen, dass sie Essstörungen entwickeln, depressiv werden oder sogar stärker darüber nachdenken, nicht mehr leben zu wollen.

Doch die Macht dieser Algorithmen betrifft auch unser Zusammenleben. Die Beiträge, die am meisten Reaktionen hervorrufen, vertreten oft besonders extreme Positionen. Postings, die etwas nachdenklicher sind, die beschreiben, dass die Welt nicht schwarz oder weiß ist, sorgen nicht für so viele Emotionen, Likes und Kommentare. Also werden extreme Meinungen häufiger gezeigt. Menschen tendieren dazu, Dingen mehr Glauben zu schenken, je häufiger sie sie sehen oder lesen. Wenn ein System die extremsten Postings übermäßig hervorhebt, werden genau diese Inhalte schneller als wahr empfunden. Frances Haugen befürchtete, dass es so »viel einfacher ist, jemanden zu Hass zu animieren als zu Mitgefühl oder Empathie. Und das destabilisiert die Gesellschaft.«[38] Zum Beispiel vor Wahlen. Das galt für die USA, aber auch für Deutschland und andere Länder.

Frances Haugen musste feststellen, dass Facebook nicht wirklich viel gegen diese Gefahren unternahm. In den USA standen 2020 die nächsten Präsidentschaftswahlen an – und noch gab es eine Reihe ungelöster Probleme, was zum Beispiel Fake News oder Hassrede betraf.

Doch wenn die Folgen so schlecht sind, warum sind soziale Netzwerke trotzdem so aufgebaut? Das hat damit zu tun, dass die großen Internetkonzerne eigene Interessen haben: Sie wollen Geld verdienen.

Für die sozialen Netzwerke bedeutet das vor allem, Werbung zu verkaufen. Deswegen versuchen sie, die Nutzer:innen möglichst lange auf der Plattform zu halten. Und genau daraufhin werden die Algorithmen ausgerichtet. Falls ihr selbst auf Social Media aktiv seid, kennt ihr vielleicht dieses Gefühl: Wenn ihr durch die Timeline scrollt, von einem Video zum nächsten, dann ist es manchmal richtig schwer, damit wieder aufzuhören. Wirklich gut fühlt sich das am Ende nicht an. Im Gegenteil. Und so erlebte Frances Haugen bei ihrer Arbeit regelmäßig »Interessenkonflikte zwischen dem, was gut für die Öffentlichkeit ist, und dem, was gut für Facebook ist.« Was ihr dabei Sorgen bereitete war, wie sich der Internetkonzern bei dieser Abwägungsfrage entschied:

»Facebook hat sich immer wieder dafür entschieden, die Dinge im eigenen Interesse zu optimieren – beispielsweise mehr Geld zu verdienen.«[39]

Diese Situation zerriss Frances Haugen, sie hatte das Gefühl, »die Demokratie im Stich zu lassen«[40]. Jeden Tag sah sie bei der Arbeit drohende Katastrophen, zu denen soziale Netzwerke zumindest beitrugen. In etlichen Meetings wurde ausgewertet, welche Postings in den verschiedenen Ländern auf der Welt besonders viral gegangen waren. Es waren schreckliche Posts voller Hass und schlimmer Bilder.

Erschwerend kam hinzu, dass gerade in ärmeren Ländern Facebook fast gleichbedeutend war mit dem gesamten Internet. Informationen wurden also vor allem auf der Plattform verbreitet und abgerufen. Gleichzeitig sprachen die Menschen in diesen Regionen oft viele verschiedene Sprachen, und es gab zu wenig Facebook-Mitarbeiter:innen, die sie alle beherrschten und gegen Hass-Postings vorgehen konnten. Eine gefährliche Kombination. Denn so führten dort Konflikte innerhalb der Gesellschaft, angestachelt von extremen Postings auf Facebook, immer wieder zu Toten. In Myanmar trugen Social-Media-Postings auf Facebook dazu bei, dass der Hass gegen Muslim:innen im Land 2017 eskalierte. Tausende Menschen wurden ermordet und vertrieben.

Frances Haugen sah, dass auch Facebook das wusste – und doch zu wenig unternahm. Sie musste mit einem Wissen leben, das die wenigsten der Menschen hatten, die sich jeden Tag in ihre Social-Media-Accounts einloggten, Beiträge posteten und darauf reagierten. Entsprechend machtlos fühlte sie sich angesichts der Geheimnisse, um die sie wusste und die das Leben anderer Menschen beeinflussten. Dieses Wissen machte auch Kolleg:innen in der »Civil Integrity Einheit« zu schaffen. Auf den Fluren begegnete sie Menschen, die keinerlei Emotionen mehr zeigten. »Psycholog:innen nennen das moralische Verletzungen. Sie entstehen, wenn Menschen Zeug:innen von etwas werden, das im Widerspruch zu ihrer inneren Vorstellung von Richtig und Falsch steht.«[41]

Frances Haugen tat erst einmal etwas, das viele in Situationen wie diesen tun würden: Sie suchte Rat und Halt bei ihren Eltern. »Wenn man eine Lüge mit sich herumträgt, von der man weiß, dass sie andere Menschen verletzen wird, dann ist das eine große Last. Dann braucht man Menschen, denen man wirklich vertrauen kann, mit denen man ehrlich sein und offen reden kann.«[42] Vor allem mit ihrer Mutter redete sie in dieser Zeit viel.

Später nannte Frances Haugen als endgültigen Auslöser für ihre Enthüllungen immer wieder ein Ereignis: Nach der Wahl 2020 in den USA, bei der auch Facebook wegen all der Diskussionen rund um Fake News unter besonderer Beobachtung stand, wurde ihre Abteilung geschlossen. Bis zu diesem Zeitpunkt hatte Frances Haugen noch Hoffnung gehabt, dass Facebook besser auf die Gefahren reagieren würde. Doch nun sah sie eine düstere Zukunft. Sie dachte an das, was in Myanmar passiert war, und an all die anderen Gewaltausbrüche, die noch kommen würden, an all den Hass. »Ich hatte das Gefühl, keine Zukunft zu haben, wenn ich stumm bliebe.«[43]

Und noch etwas gab Frances Haugen die Kraft, zur Whistleblowerin zu werden: die schwere Krankheit als junge Frau, an der sie fast gestorben wäre. Als Whistleblowerin müsse man akzeptieren, dass man alles verlieren könne.

»Du könntest dein Geld verlieren, du könntest deine Freiheit verlieren, du könntest jeden vergraulen, dem du wichtig bist. Wenn man seine Angst vor dem Tod überwunden hat, ist alles möglich. Ich glaube, es hat mir die Freiheit gegeben, mich zu fragen: Möchte ich meinem Gewissen folgen?«[44]

Und sie wollte! Sie begann Unterlagen zu sammeln, durchforstete das Intranet von Facebook und spürte die Projekte ehemaliger Kolleg:innen auf, die sie bewundert hatte. Viele von ihnen hatten Facebook frustriert verlassen. Frances Haugen sammelte Studien und Präsentationen, die nicht nur belegten, welche Probleme die sozialen Netzwerke verursachten, sondern auch, dass Facebook davon wusste. 22 000 Seiten fotografierte sie mit nicht zurückverfolgbaren Handys ab. Dabei ging es ihr auch um die Diskussionen, die die Facebook-Mitarbeiter:innen in den Kommentaren unter den Dokumenten führten. Denn Frances Haugen wollte nachweisen, dass die Studien und Analysen schon damals für glaubwürdig gehalten worden waren. Während sie Beleg um Beleg sammelte und fein säuberlich in Ordnern ablegte, fühlte sie sich immer wieder in ihre Jugend zurückkatapultiert, ganz so, als stelle sie wieder Informationen für einen Debattierwettbewerb zusammen. Doch dieses Mal ging es nicht darum, einen Wettkampf zu gewinnen. Dieses Mal ging es darum, einem der mächtigsten Konzerne der Welt in aller Öffentlichkeit zu zeigen, dass es so nicht weitergehen konnte:

»Ich wollte, dass die Öffentlichkeit genug Informationen hat, damit sie darüber entscheiden kann, welche Gesetze sie haben will, um Facebook zu regulieren.«[45]

Frances Haugen suchte Kontakt zu einem Journalisten der amerikanischen Zeitung *Wall Street Journal*. Bei ihrem ersten Treffen spazierten sie durch einen Wald und unterhielten sich abseits des Weges auf einer Picknickdecke. Ihr Gespräch, so erinnerte sie sich später, fühlte sich fast wie ein Vorstellungsgespräch an. Allerdings ein besonderes, was man alleine schon daran merken konnte, dass sie nicht einmal ihr Handy mitgenommen hatte, weil sie nicht wusste, ob sie überwacht wurde.

Bei all ihrer Arbeit an den Enthüllungen war die Whistleblowerin jedoch nicht allein. Sie suchte sich Hilfe bei der Organisation »Whistleblower Aid« (→ Spot 3, Seite 64). Dort half man ihr mit Anwält:innen, aber auch mit Kontakten zu Politiker:innen. Mit all ihren Informationen wandte sich Frances Haugen nicht nur an die Medien, sondern gleichzeitig auch an offizielle Stellen.

Im Mai 2021 kündigte sie ihren Job. Die letzte Nachricht, die die Whistleblowerin im internen Chat an ihre Kolleg:innen verschickte, klang im Nachhinein wie eine Ankündigung für all das, was noch folgen würde:

»Ich hasse Facebook nicht. Ich liebe Facebook. Ich will es retten.«[46]

Im September 2021 erschienen die ersten Berichte im *Wall Street Journal*, kurz darauf veröffentlichten Medien auf der ganzen Welt die sogenannten *Facebook Files*. Darin ging es um die Dokumente, die Frances Haugen gesammelt hatte. Plötzlich diskutierte die Weltöffentlichkeit über genau die Fragen, die auch die ehemalige Facebook-Mitarbeiterin beschäftigten und die sie bis dahin als quälendes Geheimnis mit sich herumgetragen hatte. Dabei ging es besonders viel um den auf Interaktionen ausgerichteten Algorithmus. Medien berichteten unter anderem über die Effekte des Algorithmus auf jugendliche Instagram-Nutzer:innen. Vertreter:innen von Parteien schilderten, dass sie immer extremere Politik vertreten mussten, um bei Facebook überhaupt noch wahrgenommen zu werden. Für die jeweilige Gesellschaft bedeutete das nichts Gutes, sondern Spaltung, Streit und noch härtere politische Positionen. Es war eine negative Spirale.

Soziale Netzwerke tragen eigentlich schon im Namen, dass es dort auch um Zusammenhalt gehen sollte – doch das war längst nicht mehr der Fall. Und noch etwas machten die »Facebook Files« und die Diskussion darum deutlich: Facebook wusste um die Gefahren der Plattform.

Der Konzern wehrte sich und widersprach dem Vorwurf, die Gefahren zu unterschätzen und zu wenig für die Sicherheit zu tun. Doch es half alles nichts: Frances Haugen hatte mit ihren Enthüllungen genau das erreicht, was sie wollte – eine öffentliche Diskussion. Eigentlich hatte sie dabei nur eine Rolle im Hintergrund spielen und ihren Namen geheim halten wollen. Doch schon bald wurde immer klarer, dass Facebook sowieso herausfinden würde, wer die Whistleblowerin war. Und umgekehrt war sie wie eine Anwältin für die Geschichten, die sie öffentlich machte. Da waren die Dokumente, die alles belegten, aber da war eben auch sie, die Insiderin, die von ihren Erfahrungen berichten konnte. So wurde Frances Haugen, die einem deutschen Reporter einmal gesagt hatte, sie habe es nicht so mit der Öffentlichkeit, selbst zu einem Medienstar.

Die Sache, um die es ihr ging, geriet dabei aber nie in den Hintergrund. Die Whistleblowerin erklärte die Probleme der sozialen Netzwerke nicht nur in Talkshows, Zeitungsartikeln und Interviews, sondern auch vor Politiker:innen auf der ganzen Welt. Vor dem US-Parlament, dem sogenannten Kongress, vor dem Europäischen Parlament, in Großbritannien und Frankreich klärte sie die Menschen auf. Darüber, dass die Algorithmen der sozialen Netzwerke Hass und Gewalt schürten, dass er vor allem junge Menschen krank machte, dass Facebook um all diese Gefahren wusste, aber zu wenig dagegen unternahm.

Ihr Engagement hatte Folgen: In Europa wurde bald darauf ein Gesetz verabschiedet, das Online-Plattformen strenger regulierte. Das war zwar ohnehin geplant gewesen, aber Frances Haugen wurde für den Gesetzesentwurf offiziell um ihre Expertise gebeten. Facebook benannte sich in dieser Zeit um. Die Plattformen hießen weiterhin Facebook und Instagram, doch die Firma, die hinter allem steht, heißt seitdem Meta.

Eine Gruppe von Staatsanwält:innen untersuchte die negativen Folgen von Instagram auf Kinder und Jugendliche. Und auch Meta selbst ergriff Maßnahmen. Inzwischen können Eltern besser steuern, was ihre Kinder auf Instagram machen, und eine Version von Instagram für noch jüngere Kinder, die der Internet-Konzern eigentlich geplant hatte, ging nie online. Trotzdem verklagten 41 US-Bundesstaaten Meta im Herbst 2023 wegen der Gefährdung der seelischen und körperlichen Gesundheit von Kindern und Jugendlichen.

In den Augen von Frances Haugen reicht das noch nicht aus. Sie fordert noch viel mehr Transparenz. Wir alle sollten wissen, wie die Algorithmen funktionieren, findet sie. Zumindest aber sollte es eine Aufsichtsbehörde geben, die die Algorithmen und ihre Folgen für die Menschen im Blick hat. Und es braucht einen Fokus auf die Länder, in denen Facebook die zentrale Plattform ist, weil hier die negativen Folgen besonders katastrophal sind.

Für ihren Kampf hat Frances Haugen inzwischen eine eigene Organisation gegründet. Die heißt »Beyond the Screen«, und ihr Ziel ist es, mehr Bewusstsein für die Fehler sozialer Netzwerke zu schaffen, aber auch an Lösungen zu arbeiten. Denn noch immer glaubt Frances Haugen an das Gute in den sozialen Netzwerken: »Es ist großartig, was Menschen bewegen können, wenn auch nur eine andere Person an sie glaubt.«[47]

SPOT 3

Gemeinsam stark! Was brauchen Whistleblower:innen?

Ob Pflegeskandal, Massenüberwachung oder Steuerbetrug: Die Themen der Whistleblower:innen sind sehr unterschiedlich – und doch gibt es auch Gemeinsamkeiten. Eine davon ist: Das Whistleblowing wird zu einem einschneidenden Ereignis im Leben. Das kann einschüchtern und abschrecken. Dabei sind wir auf Menschen angewiesen, die auf Missstände hinweisen. Umso wichtiger ist eine Frage: Was brauchen Whistleblower:innen, um die Wahrheit ans Licht bringen zu können?

Mit Gesetzen, die das Whistleblowing überhaupt erst legal machen (→ Spot 8, Seite 150), ist es längst noch nicht getan. Das weiß auch eine Organisation aus den USA: »Whistleblower Aid« begleitet seit 2017 Menschen in ihrem Kampf für die Wahrheit – unter anderem die Facebook-Whistleblowerin Frances Haugen.

»Im Vergleich zu anderen Organisationen unterscheidet uns der 360-Grad-Ansatz«, sagt Naomi Seligman im Interview für dieses Buch. Sie ist Vize-Präsidentin für »externe Angelegenheiten« bei »Whistleblower Aid« und selbst Whistleblowerin in einem #MeToo-Fall. Sie hat öffentlich gemacht, dass der ehemalige Bürgermeister von Los Angeles von sexuell übergriffigem Verhalten in seinem Team wusste, ohne etwas dagegen zu unternehmen. Sie kennt die Hürden für Whistleblower:innen also aus eigener Erfahrung.

Deshalb rät »Whistleblower Aid« potenziellen Whistleblower:innen, sich mit ihnen in Verbindung zu setzen, *bevor* sie erste riskante Maßnahmen ergreifen. Klient:innen von »Whistleblower Aid« bekommen dann kostenlose Hilfe von Anwält:innen. Um sich bei den Enthüllungen an Gesetze zu halten, aber auch, weil Whistleblower:innen oft durch Anzeigen der Gegenseite eingeschüchtert werden sollen. Da ist es gut, wenn man sich keine Sorgen um die Anwaltsrechnung machen muss.

Neben den juristischen Themen müssen Whistleblower:innen einige Fragen für sich selbst beantworten. Die wohl wichtigste: Was ist ihr Ziel? Bei der Antwort auf diese Frage gibt es kein Richtig oder Falsch. Das gilt auch für die Entscheidung, ob die Whistleblower:innen anonym bleiben wollen oder nicht. »Ungefähr die Hälfte unserer Klient:innen bleibt anonym«, sagt Naomi Seligman. Viele würden sich erst im Laufe der Zeit entscheiden, doch mit ihrem richtigen Namen an die Öffentlichkeit zu gehen.

Damit sich am Ende wirklich etwas verändert, sind auch Kontakte in die Politik entscheidend. Darum organisiert »Whistleblower Aid« Treffen zwischen Whistleblower:innen und US-Abgeordneten, stellt alle Informationen über die Missstände zusammen, schlägt Lösungen vor und bleibt auch dann noch ansprechbar für die Politik, wenn sich der erste große Medienrummel gelegt hat.

Den Rummel braucht es allerdings auch, um viele Menschen zu erreichen, die dann wiederum eine Veränderung fordern.

Deswegen erarbeiten Naomi Seligman und ihr Team für jeden Fall eine eigene Medienstrategie: Welche Journalist:innen kennen sich mit dem Thema aus, wem kann man vertrauen, welche Zeitung, welcher Fernsehsender passen am besten?

Von den Kontakten in die Politik bis zur juristischen und persönlichen Begleitung der Whsitleblower:innen muss alles bedacht werden. Naomi Seligman spricht deshalb von einem »sorgsam orchestrierten Tanz«, einem genauen Plan, den die Organisation für jede:n Klient:in eigens erarbeitet. Es geht schließlich darum, dass das Whistleblowing den größtmöglichen Effekt hat, und es geht darum, dass die Menschen, die zu Whistleblower:innen werden, mit allen Konsequenzen möglichst gut weiterleben können. Deswegen lautet die Devise immer: Viel mit den Whistleblower:innen reden!

Denn das Risiko ist groß: Immer wieder haben Whistleblower:innen nach ihren Enthüllungen mit psychischen Problemen und finanziellen Sorgen zu kämpfen. Im Extremfall werden sie für verrückt erklärt. Und dass sie danach für einige Verräter:-innen sind, kommt ebenfalls vor. Whistleblower:innen verlieren oft Freund:innen und Kolleg:innen, ihre Arbeit.

»Wir haben schon Tierarztrechnungen oder Miete bezahlt oder eine Therapie organisiert. Wir wollen sicherstellen, dass die Whistleblower:innen auch als Menschen betreut werden, und ihnen zeigen, dass man es auf die andere Seite schaffen kann«, sagt Naomi Seligman.

Nach ihrem eigenen Whistleblowing gab es nicht den einen Tag, an dem es sich so anfühlte, als habe sie es geschafft. Aber sie erinnert sich, ab wann es wieder bergauf ging: »Als ich angefangen habe, bei ›Whistleblower Aid‹ zu arbeiten, und das Gefühl bekam, mit meinen Fähigkeiten etwas Gutes tun zu können – und dass andere mich dafür wertschätzten.«

Es gilt also: Whistleblower:innen sollten nicht allein gelassen werden. Sie brauchen Hilfe und Unterstützung – durch Organisationen, durch Familie und Freund:innen, durch die Gesellschaft, die anerkennt, was sie tun. Denn nach ihren Enthüllungen fühlen sich Whistleblower:innen oft noch nicht sicher. Deswegen brauchen wir eine stärkere Diskussion über das Whistleblowing, meint Naomi Seligman.

DANIEL ELLSBERG

WHISTLEBLOWER DER PENTAGON-PAPIERE

»Mut ist ansteckend.«[48]

Es gibt diese eine Geste, die Daniel Ellsberg auszeichnet und sein Handeln, vielleicht sogar sein ganzes Leben, auf den Punkt bringt. Als er 1972 in den USA wegen Landesverrats vor Gericht gestellt und in Handschellen abgeführt wird, macht er hinter seinem Rücken aus Zeige- und Mittelfinger ein V für *Victory*, für »Sieg«. Als Peace-Zeichen ist es auf der ganzen Welt bekannt.

Peace heißt »Frieden«, und tatsächlich wurde Daniel Ellsberg zu einem Botschafter und Aktivisten für den Frieden. Mit der Enthüllung der sogenannten Pentagon-Papiere wurde er zu einem der berühmtesten Whistleblower und hat mit dazu beigetragen, dass der Vietnamkrieg beendet wurde.

Viele Jahre später besucht Daniel Ellsberg zusammen mit seiner Frau die *Cinema for Peace*-Gala in Berlin. Wieder reckt er seine Hände mit dem Peace-Zeichen in die Luft. Aus dem Angeklagten von einst ist ein Ehrengast geworden. Seine Finger sind inzwischen die eines betagten Mannes, knorrig und verbogen – er selbst aber ist aufrecht wie eh und je. Und so ist es immer noch weithin sichtbar: das V, der Sieg für den Frieden.

Zwischen diesen beiden Szenen liegen Jahrzehnte. An der Bedeutung der Enthüllungen von Daniel Ellsberg hat sich bis heute nichts geändert. Denn sie legten zum ersten Mal die vielleicht brisantesten und explosivsten Geheimnisse offen, die Regierungen unter Verschluss halten wollen: Militärgeheimnisse.

Auch die Pentagon-Papiere waren eine streng geheime, interne Militärstudie. 1967 hatte der damalige US-amerikanische Verteidigungsminister Robert McNamara sie in Auftrag gegeben.

Ein Team von Wissenschaftler:innen sollte herausfinden, warum die Vereinigten Staaten im Vietnamkrieg trotz der vielen Milliarden, die sie in diesen Krieg steckten, trotz der vielen Waffen und der vielen Soldat:innen, die dort kämpfen mussten, keinen Erfolg hatten. Das war für die Regierung von großem Interesse, denn sie wollte wissen, wie ein Scheitern verhindert werden könnte.

Das Team analysierte Dokumente des Verteidigungsministeriums, des Außenministeriums, der CIA und des Weißen Hauses. Die Untersuchungsergebnisse umfassten schließlich Darstellungen der politischen Beziehungen zu den Ländern Asiens, Methoden und Strategien der Geheimdienste und die Beeinflussung der politischen Verhältnisse und kriegerischen Auseinandersetzungen.

Am Ende füllten die Pentagon-Papiere 3000 Seiten mit Schilderungen der Ereignisse und 4000 Seiten mit Dokumenten, Aufzeichnungen der Beteiligten, Telegrammen und schriftlichen Anordnungen. Auf insgesamt 7000 Seiten ließ sich nachlesen, wie die USA sich immer tiefer in einen Krieg manövriert hatten, den das Land nicht gewinnen konnte, und wie die Regierung den Kongress und die Bevölkerung belogen hatte.

Benannt sind die Pentagon-Papiere nach dem Pentagon, auf Deutsch »Fünfeck«, dem Hauptsitz des Verteidigungsministeriums der Vereinigten Staaten von Amerika.

Hier begann der promovierte Wirtschaftswissenschaftler Daniel Ellsberg am 4. August 1964 als Analyst und Politikberater zu arbeiten. Einen Tag später, am 5. August 1964, bombardierten die USA Nordvietnam und griffen damit in den Vietnamkrieg ein.

Im März 1965 befahl der damalige US-Präsident Lyndon B. Johnson eine Verstärkung der Luftangriffe. Dabei kam das Pflanzenvernichtungsmittel »Agent Orange« zum Einsatz. Es entlaubte Bäume und zerstörte so die Verstecke der nordvietnamesischen Kämpfer:innen. Es zerstörte die Reisfelder, vergiftete die Wasserreservoirs, und traf damit auch die Zivilbevölkerung, also die Menschen, die in Vietnam lebten.

Elf Jahre dauerte der Krieg. Die US-amerikanische Luftwaffe warf acht Millionen Tonnen Bomben ab – mehr als doppelt so viele wie im Zweiten Weltkrieg. Besonders die berüchtigten Napalmbomben richteten entsetzliche Verluste unter den Menschen an.

1975, als der Krieg endlich vorbei war, waren mehr als 58 000 Amerikaner:innen tot und über 300 000 verwundet. Der Krieg hatte 250 000 südvietnamesische Soldat:innen, etwa eine Million nordvietnamesische Soldat:innen und Vietcong-Kämpfer:innen und mehr als zwei Millionen Zivilist:innen in Nord- und Südvietnam, Laos und Kambodscha das Leben gekostet.

Wie verheerend dieser Krieg werden würde, konnte zu Beginn niemand genau wissen, doch auch unter den US-Amerikaner:innen war er alles andere als unumstritten. Er wurde zu einem zentralen Thema der 68er-Bewegung und der Studierendenproteste in den USA: Junge Menschen gingen zu Tausenden auf die Straße, um gegen den Krieg zu demonstrieren. Sie waren davon überzeugt, dass der Vietnamkrieg falsch war und wollten sich nicht daran beteiligen. Dafür nahmen sie sogar Gefängnisstrafen in Kauf.

Auf der anderen Seite hielten weite Teile der US-amerikanischen Bevölkerung den Krieg für richtig. Denn in jenen Jahren empfand eine Mehrheit der Menschen in den USA den Kommunismus als große Bedrohung. Aus ihrer Sicht war der Kampfeinsatz vertretbar.

Auch Daniel Ellsberg war sich zunächst sicher, dass der Vietnamkrieg geführt werden musste, um Südvietnam zu unterstützen und den Sieg des kommunistischen Nordvietnam zu verhindern. Darum befürwortete er das amerikanische Engagement in einem Konflikt, der ursprünglich zwischen Nord- und Südvietnam bestand.

Seine Überzeugung bekam erste Risse, als er von 1965 bis 1967 als Beobachter des US-Außenministeriums nach Südvietnam entsandt wurde. Denn was er dort zu sehen bekam, entsetzte ihn. Er wurde Zeuge von Kriegsverbrechen und stellte zudem fest, dass die Kriegsberichterstattung, die in den USA verbreitet wurde und einen schnellen Sieg ankündigte, nicht stimmte. Sie war Propaganda – und die kam von ganz oben.

Nach seiner Rückkehr in die USA gab Daniel Ellsberg seine Informationen an das Verteidigungsministerium weiter. Er betonte, dass der Vietnamkrieg nicht zu gewinnen sei. Mehr unternahm er nicht. Noch nicht. Noch schwieg er.

Ein Jahr später lagen die Ergebnisse der Pentagon-Studie vor.

1969, noch ein Jahr später, konnte Daniel Ellsberg nicht mehr: Er entschloss sich, seine Karriere und seine Freiheit zu riskieren, um die aus seiner Sicht hintergangene Öffentlichkeit aufzuklären und »die Täuschungen und Verblendungen aufzudecken, die drei Jahrzehnte amerikanischer Außenpolitik prägten«.[49]

Aus dem Befürworter des Vietnamkriegs war ein überzeugter Kriegsgegner und Fürsprecher für den Frieden geworden. Inzwischen war sich Daniel Ellsberg sicher, dass es ein unmoralischer Krieg war. Den galt es so schnell wie möglich zu beenden. Darum entschloss er sich, die 7000 Seiten der Pentagon-Papiere öffentlich zu machen.

Daniel Ellsberg arbeitete als strategischer Analyst und Berater des Verteidigungsministeriums im Pentagon. Die Veröffentlichung der sogenannten Pentagon-Papiere 1971 machte ihn zu einem der berühmtesten Whistleblower der Welt. Seine Enthüllungen führten mit dazu, dass der Vietnamkrieg beendet wurde. Bis zu seinem Tod 2023 blieb er Aktivist für den Frieden.

Das war eine Mammutaufgabe – und es war strengstens verboten. Tausende Seiten des internen Reports über die wahren Hintergründe des Vietnamkriegs lagen im Bürosafe. Daniel Ellsberg hatte Zugang zu ihnen, weil er selbst als Wissenschaftler an der streng geheimen Militärstudie beteiligt war. Jede einzelne Seite der internen Untersuchung war gestempelt mit »Top Secret«. Jede einzelne Seite musste er in seiner Aktentasche aus dem Gebäude schmuggeln und Blatt für Blatt und von Hand fotokopieren.

Dabei war es schon kompliziert genug, überhaupt an einen Fotokopierer zu kommen, erst recht an ein Gerät, an dem ihn niemand beobachten konnte. Ein Freund und Kollege, Anthony Russo, schleuste Daniel Ellsberg schließlich in die Werbeagentur seiner Freundin ein – und dort legte Daniel Ellsberg in der Nacht vom 1. Oktober 1969 los. Um halb sechs Uhr morgens war er fertig, um 8 Uhr ging er zurück ins Büro und legte die Seiten wieder in den Safe. Das wiederholte er über Monate, so lange, bis er alles beisammenhatte: abends an den Wachleuten vorbei, »Good night, Dan«, morgens zurück, »Good morning, Dan.«

Anfangs half Anthony Russo beim Kopieren, und sogar der damals 12-jährige Sohn von Daniel Ellsberg soll mitgemacht haben, indem er Schmiere stand. Die Anspannung und Belastung über all die Zeit hinweg müssen enorm gewesen sein.

Auf der Website von Daniel Ellsberg ist nachzulesen, wie es weiterging. Zunächst habe er die Seiten an den außenpolitischen Ausschuss des Senats weitergegeben. Denn er wollte, dass der »Wahnsinn in Vietnam«, wie er es nannte, auf politischem Wege gestoppt würde. Doch nichts geschah.

»Als dann auch noch Laos und Kambodscha überfallen worden waren, gab ich die Papiere 1971 an die New York Times.«[50]

Daniel Ellsberg wandte sich an den Journalisten Neil Sheehan. Der schloss sich in einem Hotel unweit des Weißen Hauses ein und las das Material, später mietete die *New York Times* fünf Zimmer im Hilton Hotel am New Yorker Times Square und gab der Recherche einen eigenen Codenamen: »Project X.« Bis der damalige Verleger Arthur Ochs Sulzberger einer Veröffentlichung zustimmte, musste allerdings noch die Rechtsabteilung grünes Licht geben. Das geschah erst nach heftigen Debatten. Denn allen Beteiligten war klar, wie riskant die Veröffentlichung der Geheimpapiere war.

Am 13. Juni 1971 war es so weit: Die *New York Times* veröffentlichte Teile der Pentagon-Papiere und setzte die Enthüllungen sogar auf die Titelseite. Der Artikel von Neil Sheehan löste einen Sturm der Entrüstung aus. Richard Nixon, inzwischen Präsident der USA, tobte. Nach drei weiteren Folgen ließ er der Zeitung wegen der Gefährdung nationaler Sicherheit gerichtlich untersagen, weitere Teile der Pentagon-Papiere zu drucken. Eine solche Zensur hatte es in der Geschichte der USA zuvor noch nicht gegeben.

Daniel Ellsberg fragte bei 18 anderen Zeitungen nach, doch allen waren Maulkörbe verpasst worden. Nur die *Washington Post* hielt an den Veröffentlichungen fest. Der Satz der damaligen Verlegerin Katherine Graham »Wir drucken!«[51], mit dem sie sich Präsident Nixon entgegenstellte, schrieb Geschichte.

Der Oberste Gerichtshof der USA hob schließlich die Zensur auf. Die Pentagon-Papiere der Öffentlichkeit zugänglich zu machen war somit rechtens. Und so erfuhren die Menschen in den USA von den US-amerikanischen Kriegsverbrechen in Vietnam. Sie erfuhren, dass der Vietnamkrieg schon viel früher als bis dahin bekannt von der Regierung geplant worden war und dass selbst dann noch militärische Erfolge behauptet wurden, als der Krieg längst verloren war, und weiterhin US-amerikanische Soldat:innen an die Front geschickt wurden. Und sie erfuhren, dass vier US-Präsidenten sie über ihre wahren Absichten in Vietnam getäuscht hatten. Ursprünglich hatten sie behauptet, mit dem Krieg in Vietnam den Kommunismus bekämpfen zu wollen. Später mussten die enormen Kosten, die der Krieg verursachte, gerechtfertigt werden – am Ende ging es nur noch darum, dass die Regierung der USA nicht ihr Gesicht verlor.

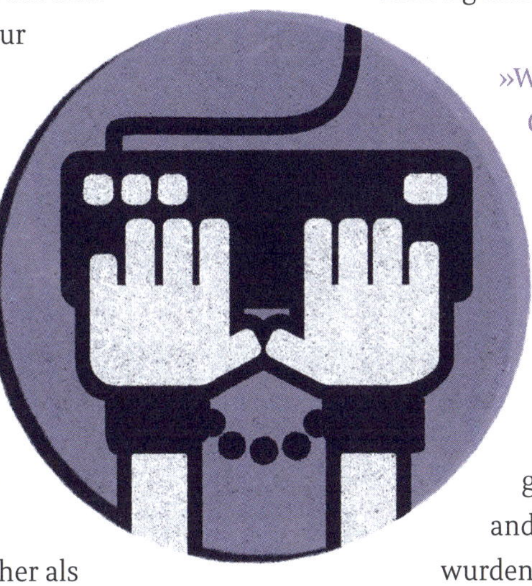

Dabei hatte sie es längst verloren. Trotzdem wurde Daniel Ellsberg vor Gericht gestellt. Wegen Spionage, Verschwörung und Diebstahls von Regierungseigentum wurde ihm 1972 der Prozess gemacht. Ihm drohte eine Haftstrafe von 115 Jahren.

Ein Journalist fragte ihn, ob er Angst habe vor einer Gefängnisstrafe. Daniel Ellsberg konterte:

»Würden Sie nicht ins Gefängnis gehen, um zu helfen, diesen Krieg zu beenden?«[52]

Nach viermonatiger Verhandlung wurde er vom Vorwurf des Landesverrats freigesprochen. Auch alle anderen Anklagepunkte wurden wegen groben Fehlverhaltens der Regierung abgewiesen. Dazu gehörte auch ein Einbruch in das Büro des Psychiaters von Daniel Ellsberg. Präsident Richard Nixon hatte dazu den Auftrag erteilt in der Annahme, Daniel Ellsberg auf diese Weise erpressen zu können.

Die Pentagon-Papiere, der Watergate-Skandal (→ Seite 100) und ein Präsident, Richard Nixon, der schließlich abdanken musste? Das alles löste in den USA eine schwere politische Krise aus. Bis heute hat sich das Land davon nicht erholt: Der Glaube daran, dass Politiker:innen anständige Menschen sind, die moralisch handeln, war und bleibt erschüttert.

Aber noch etwas wurde erschüttert und in ein neues Licht gerückt: Whistleblower:innen, die bislang von einer Mehrheit der Bevölkerung als Verräter:-innen verachtet worden waren, wurden wurden nun – zumindest auch – als Aufklärer:innen gefeiert.

2006 wurde Daniel Ellsberg in Stockholm mit dem »Right Livelihood Award«, auch bekannt als »Alternativer Nobelpreis«, ausgezeichnet, »weil er unter erheblichem persönlichem Risiko Frieden und Wahrheit an die erste Stelle gesetzt und sein Leben der Aufgabe gewidmet hat, andere zu inspirieren, seinem Beispiel zu folgen«.[53] So heißt es in der Begründung der Ehrung, die »für die Gestaltung einer besseren Welt« vergeben wird.

Daniel Ellsberg wurde zum Vorbild für nachfolgende Whistleblower:innen und für viele Menschen auf der ganzen Welt. Er selbst war übrigens ebenfalls zu seinem Handeln inspiriert worden. In einem Gespräch mit Edward Snowden, das 2018 in der Zeitung *The Guardian* erschien, erinnert er sich: Ohne das Vorbild der damals jungen US-amerikanischen Generation hätte er im Traum nicht daran gedacht, zu tun, was er schließlich getan hat.

Die jungen Menschen beeindruckten Daniel Ellsberg nachhaltig: »Ohne sie«, sagt er, »hätte es die Pentagon-Papiere nicht gegeben. Mut ist ansteckend.«[54]

Seinen Schritt hat er nie bereut. Das betont Daniel Ellsberg noch 50 Jahre nach Veröffentlichung der Pentagon-Papiere. Was er bereue, sei, dass er ihn nicht früher gegangen sei. Darum habe er oft zu Whistleblower:innen gesagt:

»Tut nicht, was ich getan habe. Wartet nicht Jahre, bis die Bomben fallen und Menschen sterben.«[55]

Als Daniel Ellsberg 2023 mit 92 Jahren starb, berichteten Medien auf der ganzen Welt darüber. Nicht über einen Verbrecher, nicht über einen Mann, der Staatsgeheimnisse verraten hatte – sondern über einen Whistleblower, der sich für den Frieden eingesetzt hat. Auch nach seinem Whistleblowing blieb Daniel Ellsberg ein Aufklärer und arbeitete als Dozent, Wissenschaftler und Autor. Zivilen Ungehorsam leistete er bis zuletzt. Er wurde Friedensaktivist und setzte sich zudem unter anderem für die Whistleblower:innen Edward Snowden und Chelsea Manning und für den WikiLeaks-Begründer Julian Assange ein.

2011 wurde er noch einmal verhaftet, als er mit einigen Hundert Aktivist:innen vor dem Weißen Haus protestierte – gegen den Krieg im Irak. Denn der Frieden hat Daniel Ellsberg nie mehr losgelassen.

MARGRIT HERBST

WHISTLEBLOWERIN IM BSE-SKANDAL

» Die Bevölkerung hat ein Recht darauf, die Wahrheit zu erfahren. Es geht um ihre Gesundheit. «[56]

Lange Zeit gehörte der Sonntagsbraten in vielen Familien genauso zum Wochenende dazu wie der *Tatort*. Fleisch zu essen war eine weit verbreitete Angewohnheit. Woher das Fleisch kam, unter welchen Bedingungen die Tiere lebten und geschlachtet wurden, interessierte kaum jemanden.

Heute sprechen wir von »glücklichen Kühen«. Statt Massentierhaltung sind immer mehr Menschen heute artgerechte Tierhaltung, Bio-Landwirtschaft und nachhaltiges, gesundes Essen wichtig. Viele ernähren sich vegetarisch oder vegan. Das war nicht immer so. Und dass sich das derart radikal geändert hat, hat auch mit einem Skandal zu tun: Vor über 30 Jahren, in den späten 1980er-Jahren, machte der sogenannte Rinderwahn (kurz: BSE) Schlagzeilen. BSE verbreitete sich in vielen Ländern Europas und der Welt und löste eine massive Krise in der Fleischindustrie aus. Und zu einer Zeit, in der der Begriff »Whistleblower« hierzulande noch weitgehend unbekannt war, wurde Margrit Herbst, eine Tierärztin in Schleswig-Holstein, zu einer der ersten Whistleblowerinnen Deutschlands.

Als erste Bilder in Umlauf kamen, war der Skandal bereits in vollem Gange: Rinder straucheln, taumeln oder fallen vor laufender Kamera um. Beim Gehen streifen die Hinterläufe aneinander, manche Tiere knicken ein. Die, die gestürzt sind, kommen nur mühsam wieder auf die Beine. Sie können kaum das Gleichgewicht halten und leiden an Koordinationsstörungen. Schreckhaftigkeit, nervöses Schlagen mit Schweif und Ohren sind weitere Symptome einer Erkrankung, die neu und bislang nur aus Großbritannien bekannt war. Die ersten BSE-Fälle waren dort im April 1985 aufgetreten, die klassische Variante von BSE wurde 1986 entdeckt.

Als Auslöser wurden tierische Eiweiße im Futter erkannt: Rinder, die als Wiederkäuer Gras und andere Grünpflanzen fressen, machte das eiweißreiche Tiermehl offenkundig krank. Bereits vor über 200 Jahren war eine BSE-ähnliche Krankheit bei Schafen entdeckt worden. Trotzdem wurde aus infizierten Schafen Tiermehl gewonnen und an Rinder verfüttert. Das soll die Seuche BSE verursacht haben.

In Deutschland war BSE noch kein Thema. Bis zu jenem Tag im Sommer 1990, an dem die Tierärztin Margrit Herbst bemerkte, dass mit einigen Rindern etwas nicht stimmte. Seit 1978 untersuchte sie Schlachtrinder für den Schlachthof Bad Bramstedt in Schleswig-Holstein. Bis 1990 hatte sie um die 140 000 Rinder begutachtet. Sie verfügte also über enorm viel Erfahrung, als ihr drei Rinder mit Bewegungsstörungen auffielen. Sie wusste: Tollwut oder Tetanus scheiden aus. Später fielen ihr Ängstlichkeit und Aggressivität bei den betroffenen Tieren auf. Bereits da befürchtete sie, dass es sich um jene Gehirnkrankheit handeln könnte, die in Großbritannien grassierte.

Eine der Hauptaufgaben von Fleischhygieneärzt:innen ist es, dafür zu sorgen, dass nur das Fleisch eindeutig gesunder Tiere in den Handel und auf die Teller der Menschen gelangt.

Weil Margrit Herbst diesen Auftrag ernst nahm, begann sie, sich wissenschaftlich mit den Auffälligkeiten der Schlachtrinder zu befassen. Sie schrieb Listen und protokollierte alle Symptome, sie hörte sich um und stellte Nachforschungen an.

Von einem Viehhändler erfuhr sie, dass er in Holland Kälber billig eingekauft hatte. Sie starben bereits nach kurzer Zeit. Das kam dem Händler seltsam vor, und so brachte er die Kadaver zur Tierärztlichen Hochschule in Hannover, um sie dort untersuchen zu lassen. Margrit Herbst, die selbst in Hannover studiert hatte, konnte sich die Untersuchungsergebnisse beschaffen. Die entsprachen genau dem, was sie selbst herausgefunden hatte.

Sie zählte eins und eins zusammen und wusste, dass sie einer großen Sache auf der Spur war – wie groß der Skandal werden und welche Konsequenzen er auch für sie haben würde, ahnte sie allerdings nicht.

Über die Schweiz gelangte sie schließlich an eine Diagnose-Liste mit sämtlichen Symptomen von BSE. Die Liste war mit einem Geheimhaltungsvermerk versehen, die Unterlagen durften nur von der Regierung ausgehändigt werden – doch warum? Wovon sollte die Öffentlichkeit nichts erfahren?

Offiziell durfte Margrit Herbst die Liste nicht nutzen, doch sie glich sie mit ihren Ergebnissen ab und stellte eine Übereinstimmung in allen wesentlichen Punkten fest. Nun war sie sich sicher, dass die Schlachtrinder, die ihr aufgefallen waren, an BSE erkrankt waren.

Margrit Herbst meldete alles ihren Vorgesetzten und forderte, die Tiere genauer zu untersuchen. Doch weder der Schlachthof

Bad Bramstedt noch ihre Vorgesetzten wollten von dem Verdacht etwas wissen. Ihre Fragen, Anfragen, Forderungen wurden abgeblockt und stattdessen die verdächtigen Rinder zur Schlachtung freigegeben. Die Anfänge des BSE-Skandals in Deutschland wurden also regelrecht vertuscht. Nach ihrer Beschwerde habe ihr der Landrat sogar nahegelegt, sich entweder zurückzuhalten oder zu kündigen, erinnert sich Margrit Herbst.

Doch die Tierärztin tat genau das Gegenteil: Sie blieb. Und sie hielt Augen und Ohren weiterhin offen. Das wurde immer schwieriger, weil sie inzwischen aus dem Stall abgezogen und in die eisige Halle ans Schlachtband versetzt worden war. Man hatte sie im wahrsten Sinne des Wortes kaltgestellt. In ihren Kontrollbereich fiel nun das Fleisch bereits geschlachteter Tiere, an dem sich BSE-Spuren nicht mehr nachweisen ließen.

Zudem war sie bei ihren Vorgesetzten als Unruhestifterin abgestempelt. Sie merkte, wie auch ihre Kolleg:innen auf Abstand zu ihr gingen. Viel später erfuhr sie, dass sie dazu angewiesen worden waren – von oben, versteht sich. Sonst wären sie womöglich selbst gefeuert worden.

Über Ausgrenzung, Mobbing und Schikane sollte Margrit Herbst mürbe gemacht werden. Sie wurde gezwungen, sinnlose und manchmal sogar gesundheitsschädliche Arbeiten durchzuführen. Ständig wurde sie kritisiert, bespitzelt und sogar bedroht. Außerdem wurde sie falschen Verdächtigungen und übler Nachrede durch eine Abgeordnete und einen Landrat aus der Region ausgesetzt.

Margrit Herbst fühlte sich im Stich gelassen und allein. Sie konnte sich niemandem anvertrauen, konnte mit niemandem ihre Ängste teilen oder ein weiteres Vorgehen besprechen. Der Stress und die Erfahrung, wie mit ihr umgegangen wurde, machten sie krank. Dennoch hörte sie nicht auf, sich zu wehren:

»Ich habe mich an den Personalrat gewandt. Nix ist passiert. Ich habe mich an die Betriebsärztin gewandt. Nix ist passiert. Ich habe mich an die Vorgesetzten in Bad Segeberg gewandt. Nix ist passiert. Es ist unglaublich, was da gelaufen ist.«[57]

Währenddessen gingen die Forschungen zu BSE weiter, wenn auch weitgehend hinter verschlossenen Türen. Noch gab es keine eindeutigen Nachweise dafür, dass der sogenannte Hirnfraß bei Tieren auf den

---

Dr. vet. Margrit Herbst war angestellte Tierärztin im Kreis Bad Segeberg in Schleswig-Holstein und untersuchte als Fachhygieneärztin Schlachtrinder. 1990 diagnostizierte sie erste BSE-Verdachtsfälle. 1994 machte sie die Verdachtsfälle von Rinderwahn öffentlich und wurde damit zu einer der ersten Whistleblowerinnen Deutschlands.

Menschen übergehen könnte, doch unabhängige Forscher:innen schlossen das keinesfalls aus. Doch die Regierungen und ihre Behörden wollten das am liebsten unter den Teppich kehren. Sogar als Landwirte in Großbritannien an der durch den BSE-Erreger ausgelösten Creutzfeld-Jakob-Krankheit starben, hielten Politiker:-innen mit Slogans wie »Rindfleisch ist sicher!« dagegen.

Keinesfalls sollte Panik unter den Verbraucher:innen ausbrechen, keinesfalls sollte der Fleischmarkt zusammenbrechen – und sei es auf Kosten der Gesundheit der Menschen.

Zurück zum Schlachthof Bad Bramstedt und zu Margrit Herbst: Als bis 1994 die Anzahl der BSE-Verdachtsfälle auf 21 Rinder angewachsen war, ging sie an die Öffentlichkeit. Sie gab Fernsehsendern und dem Magazin *Stern* Interviews und berichtete, wie gegen ihren ausdrücklichen Willen infizierte Schlachttiere freigegeben worden und in den Handel gelangt waren.

Später sagte sie immer wieder, vor BSE zu warnen, sei für sie eine Frage des Gewissens und des Pflichtbewusstseins gewesen: Es sei um die Gesundheit der Bevölkerung gegangen. Die habe ein Recht auf die Wahrheit.

Am 16. November 1994 wurde das Fernseh-Interview mit ihr ausgestrahlt. Am 15. Dezember wurde Margrit Herbst wegen des Verstoßes gegen Verschwiegenheit und Verletzung von Dienstgeheimnissen fristlos gekündigt. Da war sie 54 Jahre alt und alleinerziehende Mutter zweier Kinder, die beide noch in der Ausbildung waren.

In ihrem Beruf konnte sie nie wieder Fuß fassen, stattdessen begann der soziale Abstieg: Arbeitslosengeld, Arbeitslosenhilfe, schließlich Frührente. Margrit Herbst zog in immer kleinere Wohnungen.

Zugleich kämpfte sie sich durch die Instanzen aller möglichen Gerichte. Sie wollte ihre Stelle zurückbekommen. Vergeblich. Sie wollte ihren Ruf als Expertin wiederhergestellt wissen. Vergeblich. Politiker:innen weigerten sich, Verantwortung für das Unrecht zu übernehmen, das der Whistleblowerin zugefügt worden war.

Zuletzt kämpfte Margrit Herbst dafür, dass zumindest ihre magere Rente aufgestockt wurde. Auch das wurde ihr verwehrt.

Am 24. November 2000 wurde der erste Fall von BSE bei einem in Deutschland geborenen und aufgewachsenen Rind diagnostiziert – ausgerechnet in Schleswig-Holstein, ganz in der Nähe des Schlachthofs Bad Bramstedt, der Margrit Herbst zuvor entlassen hatte.

Im Dezember desselben Jahres erließ Deutschland ein Verfütterungsverbot von Tiermehl. Als die Politik endlich reagierte, waren zehn Jahre vergangen, seitdem Margrit Herbst vor der Gehirnkrankheit gewarnt hatte. Sie hätte zur ersten Wissenschaftlerin werden können, die BSE auf dem deutschen Fleischmarkt nachgewiesen hat, stattdessen wurde sie zu einer der ersten Whistleblowerinnen Deutschlands. Dafür wurde sie unter anderem mit dem »Weltethikpreis für Zivilcourage« und der Ehrennadel »Mutige Löwin« des deutschen Ärztinnenbundes ausgezeichnet. 2001 erhielt sie den Whistleblower-Preis der Vereinigung Deutscher Wissenschaftler.

Die gesellschaftliche Anerkennung in Form des Bundesverdienstkreuzes lehnte sie ab: »Das sollte ich bekommen unter der Voraussetzung, dass ich auf sämtliche rechtlichen Ansprüche verzichte. Das war natürlich unmöglich, es war praktisch eine Beleidigung. Man hätte mich so gut kennen müssen, dass man diesen Kuhhandel mit mir nicht machen kann.«[58]

Kuhhandel – ausgerechnet. Immer wieder sei sie sich wie eine Verbrecherin vorgekommen, erinnert sich Margrit Herbst, dabei habe sie sich nur an Recht und Ordnung gehalten. Anders verhalten würde sie sich trotzdem nicht:

»Die Frage ist, will ich ein reines Gewissen behalten oder will ich ständig mit der Schuld leben, Dinge nicht gemeldet und nicht eingeleitet zu haben.«[59]

Schätzungen zufolge sind seit Bekanntwerden von BSE etwa 800 000 infizierte Rinder in die menschliche Nahrungskette gelangt. Nicht zuletzt dank des Mutes und des Durchhaltevermögens von Margrit Herbst konnte ein Skandal aufgeklärt und beendet werden, der bei vielen Menschen für ein anderes Bewusstsein gesorgt hat. Ihr Gerechtigkeitssinn hat zu mehr Gerechtigkeit für Tier und Mensch geführt. Sie selbst wartet darauf bis heute.

SPOT 4

Echt jetzt?! Die Sache mit der Wahrheit

Das Spiel »Wahrheit oder Pflicht« klingt so, als sei Wahrheit eine Frage der Wahl und der Umgang damit ein Spiel. Ein Kinderspiel. Dabei ist die Wahrheit ein zentraler Begriff des Zusammenlebens.

Die Weltreligionen kennen alle ein Wahrheitsgebot: Wir sollen nicht lügen. Wer heute als Zeug:in vor Gericht einen Eid ablegt, schwört »nach bestem Wissen die reine Wahrheit gesagt und nichts verschwiegen zu haben«.[60] Falschaussagen sind strafbar. Ein Meineid ist ein Verbrechen.

Auch in der Philosophie gilt die Suche nach der Wahrheit seit der Antike als ein wesentliches Ziel. Für den Philosophen Platon zum Beispiel stellt das Wahre, ebenso wie das Schöne und das Gute, einen absoluten Wert dar. Die Wahrheit ist demnach eine Größe, die nicht begründet werden muss, sondern als gesetzt gilt – und zwar überall und für alle. Für die moderne Philosophie hingegen ist die Wahrheit ein unerreichbarer Zustand.

Bis heute ist die Wahrheit ein hoher moralischer Wert. Und doch ist sie nicht unumstritten. Einige Menschen zweifeln sogar gerade diejenigen an, die behaupten, die Wahrheit für sich gepachtet zu haben. Denn im Namen einer bestimmten Wahrheit wurde schon viel zu oft viel zu großes Unheil angerichtet – etwa wenn Wahrheit zum Machtmittel totalitärer politischer Regime oder religiöser Anführer:innen erklärt worden ist. Oder wenn Politiker:innen die Wahrheit, auf die sich eine Gesellschaft geeinigt hat, lächerlich machen, um die eigene Position zu stärken.

Der ehemalige US-Präsident Donald Trump ist für ein solches Spiel mit der Wahrheit bekannt: So behauptete er einmal, gegen Covid-19 helfe Bleichmittel – nur um später zu sagen, das sei »Sarkasmus von feindlichen Reporter:innen« gewesen. Was war nun die Wahrheit? Ihm doch völlig egal. Das kann Menschen verunsichern oder eine Gesellschaft spalten. Denn das, was einmal als zentraler Wert angefangen hat, wird nun zu einer Art Spielball. Je nachdem, wer sie für sich beansprucht, kann die Sache mit der Wahrheit also gefährlich werden.

Hinzu kommt, dass Menschen unterschiedliche Vorstellungen von Wahrheit haben. Wir halten meistens für wahr, was mit unseren eigenen Lebenserfahrungen, Erkenntnissen und Überzeugungen übereinstimmt. Darum kann für die einen wahr sein, was für andere unwahr ist.

Gibt es dann so viele Wahrheiten, wie es Menschen gibt? Und was bedeutet das? Wenn jede:r eine eigene Version von Wahrheit hat – ist die Wahrheit dann gar kein so großer, unumstößlicher Wert?

Ganz so einfach ist es nicht: Um die Wahrheit kommen wir nicht herum. Sie ist mehr als eine Überzeugung, als eine Ansichts- oder Glaubenssache. Wahrheit ist auch keine Privatsache – sie ist vielmehr eine gesellschaftliche Verabredung.

Doch wie lässt sich der Widerspruch aushalten, dass Wahrheit einerseits eine verbindliche Wertvorstellung ist, dass aber andererseits der Umgang mit der Wahrheit offensichtlich alles andere als einfach ist?

Worauf wir uns verlassen können, ist, dass es einen Unterschied gibt zwischen der Wahrheit, die auf Tatsachen beruht, und einer Wahrheit, die nur dadurch besteht, dass Menschen sie zur Wahrheit erklären und an sie glauben.

Sicher ist außerdem: Die Wirklichkeit ist nicht verhandelbar.

Der Begriff der Wahrheit, wie wir ihn in diesem Buch verwenden, geht von einer solchen Wirklichkeit aus: Die 20 Whistleblower:innen, die »für die Wahrheit kämpfen«, können ihre Enthüllungen mit Fakten belegen. Sie bringen die Wahrheit ans Licht – und diese Wahrheit ist Teil der Wirklichkeit.

Sie ist beweisbar.

Und sie wird überall da entscheidend, wo Menschen in Gefahr sind oder leiden und wo Gefahren und Leiden bewiesen und benannt werden können und sogar müssen, um etwas zu verändern. Die Wahrheit zu sagen ist dann eine Frage der Haltung.

»Wer die Wahrheit sagt, braucht ein schnelles Pferd«, heißt ein berühmtes Sprichwort. Es meint: Wer die Wahrheit sagt, muss schnell entkommen können, denn mit der Wahrheit macht man sich gerne mal unbeliebt.

Whistleblower:innen übernehmen diese Rolle. Sie riskieren viel, oft werden sie für ihre Aufklärung geächtet. Die Frage nach der Wahrheit ist für sie eine Frage des Gewissens: Wegschauen und schweigen können und wollen Whistleblower:innen nicht.

REALITY WINNER

WHISTLEBLOWERIN ÜBER RUSSISCHE EINFLUSSNAHME IM US-WAHLKAMPF

»Ich bin keine Verräterin. Ich bin keine Spionin. Ich bin keine Terroristin. Ich habe nichts Böses im Schilde geführt. Ich habe aus Liebe zu dem gehandelt, wofür dieses Land steht.«[61]

»Nomen est omen«, sagt ein altes Sprichwort. Der Name ist alles, der Name sagt alles. Er kann einen Wunsch ausdrücken, eine Richtung für ein Leben vorgeben, er kann Auftrag sein. Selten trifft das so zu wie bei der amerikanischen Whistleblowerin Reality Winner, die niemals Whistleblowerin werden wollte.

Der Familienname allein ist Ansage genug: *Winner* heißt »Gewinner«. Den Vornamen hat ihr Vater sich für sie ausgedacht. Sie sollte besonders stark und mutig werden – eine echte Gewinnerin.

In *Reality* klingen außerdem Realität und Wahrheit an. Hätte der Vater geahnt, wie sehr das Aufdecken von Wahrheit und das Aushalten von Realität das Leben seiner Tochter prägen und wie viel Stärke und Mut sie einmal brauchen würde – wer weiß, ob er sie anders genannt hätte?

Es ist jedenfalls ein unvergesslicher Name. Als Kind hat Reality Winner ihn gehasst. Er war eine Lachnummer, wie oft sie deswegen gehänselt wurde, hat sie irgendwann aufgehört zu zählen. Aber vielleicht hat es auch mit diesen Erfahrungen zu tun, dass Reality Winner ein Mensch der Widersprüche wurde.

Als am 11. September 2001 Terroranschläge die USA und die Welt erschütterten, war Reality Winner zehn Jahre alt. Das Ereignis, das als Nine Eleven in die Geschichte einging und Amerika für immer veränderte, wurde auch in ihrer Familie intensiv diskutiert. Ein ganzes Land stand unter Schock, die nationale Sicherheit stand endgültig an erster Stelle. Der Staat richtete seine ganze Aufmerksamkeit auf Terrorabwehr, denn ein solcher Angriff durfte nie wieder passieren. Reality Winner hingegen zog schon als Kind eine ganz andere Konsequenz: Sie brachte sich selbst Arabisch bei.

Sprachen zu lernen fiel ihr leicht. Überhaupt war sie eine gute Schülerin, ihre Mutter beschreibt sie als zugewandt, neugierig und unbekümmert. Reality Winner verbrachte viel Zeit draußen, trainierte begeistert CrossFit, und Hunde und Katzen gehörten zum Familienleben der Winners dazu. Mit ihrem Vater fühlte sie sich besonders verbunden. Mit ihm konnte sie über alles reden: Ziele, Zukunft, Zweifel, Ängste, Gott und die Welt. Man kann sich vorstellen, dass die beiden auch besprochen haben, wie es für Reality Winner nach der Schule weitergehen könnte.

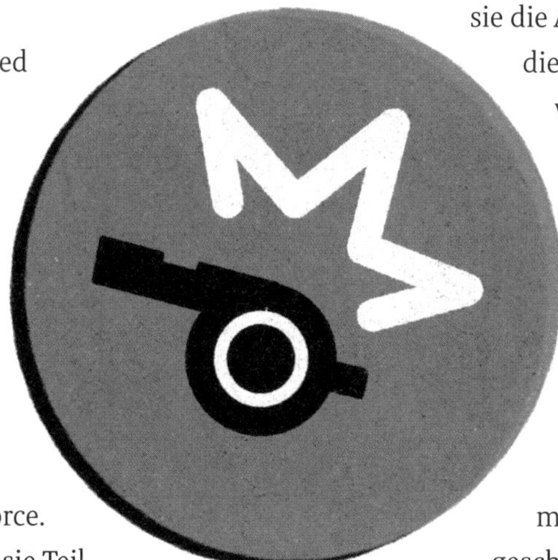

Die 19-Jährige entschied sich für eine militärische Laufbahn. Sie ging zur Armee, lernte Farsi, Dari und Paschtu, die Sprachen Afghanistans und des Irans, und arbeitete sechs Jahre als Sprachanalystin in der Air Force. Bei der Luftwaffe war sie Teil eines Drohnenangriff-Programms. Sie sichtete Dokumente in den Originalsprachen, hörte Gespräche ab, identifizierte Terrorist:innen und spürte geplante Terrorakte auf. Dieses Drohnenprogramm ist oft kritisiert worden, weil immer wieder auch Zivilist:innen und zu Unrecht Verdächtigte getötet wurden.

Wenn Drohnenangriffe auf Ziele in Afghanistan oder im Iran geflogen wurden, hatte das auch mit ihrer Arbeit zu tun. In der riesigen US-amerikanischen Überwachungsmaschinerie, die seit Nine Eleven an Fahrt aufgenommen hatte, war Reality Winner ein Rädchen.

Wie sehr sie diese Aufgabe belastete, behielt sie für sich, aber ihre Schuldgefühle wuchsen. Einmal vertraute sie sich ihrer Mutter an: »Man muss sich schon sehr sicher sein, dass man keinen Fehler gemacht hat«[62], beschrieb sie ihre Not.

Entsprechend kämpfte Reality Winner gegen Depressionen und Essstörungen. Als ihr Vater Anfang 2016 starb, ging es ihr immer schlechter, schließlich verließ sie die Armee. Für ihre »Verdienste fürs Vaterland« wurde die Soldatin mit der »Airforce Commendation Medal« ausgezeichnet – dafür, dass sie, wie auf der Urkunde nachzulesen ist, 600 Feinde getötet hat. Die Anerkennung muss einen faden Beigeschmack für sie gehabt haben.

Im November 2016 zog Reality Winner nach Augusta im US-Bundesstaat Georgia. Ein Foto aus dieser Zeit zeigt sie mit drei Waffen, die ihr gehören, eines der Gewehre hat einen pinkfarbenen Lauf. Ihren Lebensunterhalt verdiente sie als Yoga-Lehrerin. Sie bewarb sich für NGOs in Afghanistan, um mit ihren Sprachkenntnissen nun etwas ganz anderes zu tun: Sie wollte helfen. Sie blieb ein widersprüchlicher Mensch.

Nicht nur sie, auch ihr Land befand sich im Umbruch. Seit dem 8. November 2016 hieß der neue Präsident der USA Donald Trump. In den Medien wurden der Wahlkampf, die Umstände und das Ergebnis heftig diskutiert, immer wieder war von Wahlbeeinflussung die Rede. Es hieß, Russland habe mit Internet-Trollen bestimmte Wählergruppen für Trump gewinnen wollen und dafür mit Tausenden von Nachrichten auf allen möglichen Social-Media-Plattformen gezielt Lügen verbreitet. So verbreiteten sich absurde Verschwörungserzählungen wie Lauffeuer.

Reality Winner verfolgte das alles und war entsetzt. Dass Donald Trump eine große Gefahr und politische Katastrophe für ihr Land war, stand für sie fest. Auf Facebook und Twitter äußerte sie sich kritisch, am liebsten, so schrieb sie in ihr Tagebuch, würde sie das Weiße Haus abfackeln.

Im Nachhinein lesen sich solche Äußerungen wie eine stete Zuspitzung: Da ist diese junge Frau, die ihrem Leben eine andere Richtung geben möchte. Mit dem, was sie kann, mit Sprachen, möchte sie in Zukunft unterstützen, statt zu überwachen. Sie möchte kommunizieren, statt zu kämpfen, sie möchte in Krisengebiete reisen und bei der Aufbauarbeit helfen.

Weil ihre Bewerbungen aber erfolglos blieben, trat sie eine Stelle an, die der ähnelte, die sie zuvor bei der Armee ausgeübt hatte: Im Februar 2017 übernahm sie einen »Top Secret Civilian Job« für den US-Geheimdienst NSA. Wieder filterte sie Dokumente, wieder hörte sie Gespräche ab. Wieder war sie ein Rädchen im Überwachungssystem der USA.

Als ihr wenige Monate später ein Geheimdokument, datiert auf den 5. Mai 2017, in die Hände fiel, muss ihr klar gewesen sein, wie brisant das war. Schwarz auf weiß konnte sie darin die Einflussnahme Russlands auf die Präsidentschaftswahl nachlesen. Das war politischer Sprengstoff. Obwohl das Dokument höchster Geheimhaltungsstufe unterlag, druckte Reality Winner es aus, versteckte es in ihrer Strumpfhose, schmuggelte es aus ihrem Büro und nahm es mit nach Hause.

Was sie schließlich zu dem Schritt bewog, den Ausdruck anonym an das Online-Magazin *The Intercept* zu schicken – darüber lässt sich nur mutmaßen. Vielleicht war es eine Mischung aus innerer Berufung und spontaner Aktion: Man muss etwas tun – sie tat etwas. Ihre Schwester sagte später, Reality Winner habe aus persönlicher Verantwortung und moralischer Überzeugung gehandelt. Sie selbst

Reality Winner war viele Jahre Soldatin bei der US Air Force. Später arbeitete sie für die NSA. 2017 gab sie anonym Informationen über die Einflussnahme Russlands auf den US-Wahlkampf weiter. Dafür wurde sie im August 2018 zu fünf Jahren und drei Monaten Haft verurteilt. Heute lebt sie wieder in Texas bei ihrer Familie.

darf darüber bis heute nicht sprechen. Sie unterliegt einem Redeverbot.

Fest steht: Beraten lassen hat Reality Winner sich nicht, abgesichert auch nicht. Immerhin war *The Intercept* als wichtige Plattform für Enthüllungsjournalismus bekannt, doch bei Reality Winner unterliefen ihm grobe Fehler.

Der Journalist, der dem anonymen Hinweis nachgehen sollte, hielt das Dokument offenbar für eine Fälschung und übergab es zur Überprüfung ausgerechnet an einen Kontaktmann der NSA. Das war ein absoluter Tabubruch, denn im Journalismus ist Quellenschutz das höchste Gut. Um Hinweisgeber:innen zu schützen, gibt es in einigen Redaktionen eigene Sicherheitsräume und Sicherheitsexpert:innen. An die hätte der Journalist sich wenden müssen. Und niemals hätte er das komplette Dokument weitergeben dürfen.

Der NSA-Kontaktmann wiederum prüfte gründlich: Wer aus den eigenen Reihen stand hinter diesem Geheimnisverrat? Das war Landesverrat. Hochverrat. Für Reality Winner wurde es zum Verhängnis.

Denn nun lief eine andere Maschinerie an: die der Ermittlung. Die NSA schaltete das FBI ein, und es dauerte nur wenige Wochen, bis am 3. Juni 2017 ein knappes Dutzend FBI-Beamte vor Reality Winners Haus auf sie warteten. Einige von ihnen waren bewaffnet.

Reality Winner kam gerade vom Einkaufen zurück, als sie einen dunklen Van in ihrer Einfahrt stehen sah. Dann klopften auch schon zwei Männer an ihr Autofenster, stellten sich als FBI-Beamte vor und gingen mit ihr ins Haus. Dort befragten sie sie mehrere Stunden.

Dass das eine erste Vernehmung war, war Reality Winner nicht bewusst. Ohne über ihre Rechte belehrt worden zu sein, wurde sie noch am selben Tag verhaftet. Kurz darauf wurde ihre Verhaftung öffentlich bekannt gegeben – noch bevor *The Intercept* den Artikel über die Einflussnahme Russlands auf die Präsidentschaftswahl 2016 veröffentlicht hatte.

Wie es dem FBI gelungen war, so schnell auf Reality Winner als Täterin zu kommen, ist bis heute ungeklärt. Vermutlich aber hat der Farbdrucker im Büro die junge Frau verraten: Markierungen auf dem Papier führten nahezu umweglos zu ihr.

Danach verliert Reality Winner die Kontrolle über ihr Leben. Wegen Spionage wird Anklage gegen sie erhoben. Wegen Fluchtgefahr muss sie über ein Jahr in Untersuchungshaft bleiben, bis am 23. August 2018 das Urteil fällt. Ihre Social-Media-Aktivitäten, sogar ihr Tagebucheintrag wurden als Beweis für ihre »antiamerikanische Haltung« gewertet. Am Ende wird sie zu fünf Jahren und drei Monaten Gefängnis verurteilt. Es ist die höchste Strafe für Geheimnisverrat, die in den USA jemals über eine Zivilperson verhängt worden ist.

Der Staatsanwalt ist bei der Urteilsverkündung sichtlich zufrieden. Unumwunden gibt er zu, dass mit diesem Fall ein Exempel statuiert werden sollte: Mit diesem Urteil erklärten die USA Whistleblower:innen zu Feinden des Staates. Der wird sie mit allen Mitteln verfolgen und bekämpfen.

Der amerikanische Dokumentarfilm von Sonia Kennebeck bringt es auf den Punkt: »United States vs. Reality Winner«[63] heißt er. Im März 2021 wurde er das erste Mal ausgestrahlt. Ein ganzer Staat, das eigene Land, gegen einen einzelnen Menschen? Wie soll so etwas gehen?

Erst einmal gehen Bilder von Reality Winner in der typisch orangefarbenen Häftlingskleidung um die Welt. In Handschellen wird sie in den Gerichtssaal geführt.

Die nächsten Jahre verbringt sie damit, vom Gefängnis aus ihre Unschuld zu erklären. Sie sei keine Verräterin, keine Spionin, keine Terroristin. Sie habe nichts Böses im Sinn gehabt, sondern aus Liebe zu ihrem Land gehandelt. Sie wollte die Wahrheit über den Wahlkampf ans Licht bringen, weil sie fand, dass die Menschen in den USA ein Anrecht auf dieses Wissen haben. »Ich habe nicht versucht, Snowden zu sein«[64], hatte sie schon bei ihrer ersten Vernehmung erklärt. Ein einziges Mal hat sie ein einziges Dokument der Öffentlichkeit zugänglich gemacht.

Auch ihre Mutter sagt:

»Sie ist keine Spionin, sie ist eine Patriotin. Sie hat für die amerikanische Gesellschaft gehandelt. Sie hat einen Angriff auf die Demokratie offengelegt. Einen Angriff auf unser Land. Ich bin stolz auf sie.«[65]

Die nächsten Jahre verbringt Reality Winner auch damit zu überleben. In der Haft, die sie in Gefängnissen in Florida, Oklahoma und Texas verbüßt, erkrankt sie an Covid-19. Isolation und Einsamkeit müssen unerträglich gewesen sein. Nichts lenkt sie von dem ewigen Gedankenkarussell ab: Warum ich? Und: Warum tut ihr uns das an? Einmal wird sie einen Wärter danach fragen. »Weil sich niemand da draußen auch nur einen Scheißdreck für euch interessiert«, soll er geantwortet haben. Reality Winner will so nicht leben. Sie denkt sogar über Suizid nach, betäubt sich mit Drogen. Anders, sagt sie später, hätte sie die Zeit im Gefängnis nicht überstanden.

Ihre Mutter ist kurz nach der Verhaftung ihrer Tochter nach Augusta gezogen, um in ihrer Nähe zu sein. Unter dem Hashtag #FreeReality baut sie ein Netz an Unterstützer:innen auf, schreibt Petitionen und Gnadengesuche an Donald Trump und Joe Biden. Sie sorgt dafür, dass ihre Tochter mit dem unvergesslichen Namen nicht in

Vergessenheit gerät. Das, betont Reality Winner später, habe sie am Leben gehalten.

Ihre Geschichte interessiert auch andere Menschen. WikiLeaks-Gründer Julian Assange wirbt um Unterstützung für die Inhaftierte, Edward Snowden setzt sich öffentlich für sie ein. Die US-amerikanische Regisseurin Tina Sattler befasst sich intensiv mit ihrer Geschichte und ihrem Schicksal. Sie ist fasziniert von den Widersprüchen von Reality Winner, die als Soldatin sechs Jahre ihrem Land gedient hat, aber als Staatsfeindin inhaftiert wurde. Sowohl dem Theaterstück »Is This A Room« als auch dem späteren Spielfilm »Reality« legt Tina Sattler originale FBI-Tonaufzeichnungen des ersten Verhörs aus dem Juni 2017 zugrunde. Bei der Berliner Biennale im Frühjahr 2023 ist »Reality« erstmals in Deutschland zu sehen. Die Schauspielerin Sydney Sweeney wird für ihre darstellerische Glanzleistung gerühmt – die echte Reality Winner hat den Film bis heute nicht gesehen. Den Beginn ihres persönlichen Albtraums konnte und wollte sie nicht anschauen.

2021 meldete sich die mittlerweile 30-Jährige selbst zu Wort. Nach vier Jahren Haft ist sie wegen guter Führung vorzeitig entlassen worden. Sie muss eine elektronische Fußfessel tragen, ihre Bewährungsstrafe gilt noch bis November 2024. Über vieles darf sie nach wie vor nicht sprechen.

Bei der Aufnahme des Interviews ist offenbar ein Rechtsanwalt dabei. Immer wieder fragt sie ihn, ob sie dazu etwas sagen dürfe? Wenn er Nein sagt, schweigt sie. Als ihre Verhaftung zur Sprache kommt, wirkt die durchtrainierte junge Frau plötzlich scheu, fast kindlich. Als habe das alles nichts mit ihr zu tun, gibt sie betont nüchtern Auskunft:

»Ich verbiete mir jedes Gefühl, was mit dieser Tat und der Anklage zu tun hat, bis ich deutlich gemacht habe, dass ich nicht die bin, zu der sie mich gemacht haben.«[66]

Während sie das sagt, laufen ihr Tränen über die Wangen. Sie wischt sie nicht einmal weg.

Inzwischen wohnt Reality Winner wieder in ihrem Elternhaus in Kingsville und versucht, ihr Leben zurückzugewinnen. Den Absprung von den Drogen hat sie geschafft, ihr Alltag ist streng strukturiert: Sie steht sehr früh auf, ist viel draußen, trainiert hart, kümmert sich um ihre Tiere. Sie arbeitet als Fitnesstrainerin.

Das Wichtigste aber ist ihre Familie. Das ist, was zählt. Für ihr Handeln hat sie einen fürchterlichen Preis bezahlt. Aber sie hat auch etwas verändert: Die Präsidentschaftswahlen 2020 gelten als die sichersten in der US-amerikanischen Geschichte.

Was die Zukunft bringt? Reality Winner plant, eine Stiftung zu gründen. Sie hat eine neue Aufgabe: Sie will die unmenschlichen Bedingungen in amerikanischen Gefängnissen verändern.

ABDULLAH IBHAIS

WHISTLEBLOWER ÜBER SPORTSWASHING BEI DER FUSSBALL-WM IN KATAR

»Ich bin jetzt davon überzeugt, dass wir Teil des Problems sind, dass wir versuchen, unseren Namen reinzuwaschen, ohne dass sich vor Ort wirklich etwas ändert. Und das ist das Schlimmste, was passieren kann.«[67]

Am 2. Dezember 2010 steht in Zürich in der Schweiz eine große Entscheidung an. Hier hat der Fußball-Weltverband Fifa sein Hauptquartier, ein großes Gebäude mit gläserner Fassade. Und hier wird der Fifa-Präsident bekannt geben, welches Land die Fußball-Weltmeisterschaft der Männer im Jahr 2022 austragen wird. Sepp Blatter steht in einem dunklen Anzug am Rednerpult, zieht eine Karte aus einem Umschlag und verkündet: »Der Gewinner, der die Fußball-Weltmeisterschaft 2022 organisiert, ist Katar!«[68]

Die letzten Worte gehen fast unter im Jubel der Anwesenden aus Katar. Alle anderen wirken eher verhalten, es herrscht eine seltsame Stille. Eine Fußball-WM in Katar? Damit haben viele wohl nicht gerechnet, und richtig gut passt das auch nicht zusammen. Das Land hat nicht einmal zwei Millionen Einwohner, es gibt keine Fußballstadien, die groß genug sind für Weltmeisterschaftsspiele, zu den Spielen der 1. Liga Katars kommen nur wenige Hundert Leute, und im Juli, wenn die Weltmeisterschaften normalerweise stattfinden, steigt das Thermometer manchmal auf über 50 Grad. Wie soll man da Fußball spielen?

Schließlich wird das Turnier in den Dezember verschoben, was viele Fußballfans auf der Nordhalbkugel ärgert. Und es bleibt das Gefühl, dass die Fußball-WM und Katar nicht wirklich zusammenpassen.

Doch warum hat die Fifa trotzdem entschieden, das Turnier ausgerechnet hier auszutragen? Bis heute gibt es den Verdacht, dass einige der Menschen, die für Katar gestimmt haben, dafür Geld erhalten haben. Die Vorwürfe der Korruption halten sich hartnäckig, auch wenn sie nie offiziell bestätigt wurden.

Nach der Entscheidung der Fifa für Katar als WM-Austragungsort stand das Land vor einer gigantischen Aufgabe: Stadien mussten gebaut werden, Straßen, Hotels, ein neuer Hafen, Schienen, Abwasserrohre, Stromleitungen und vieles mehr – ein Riesenprojekt. Um das zu stemmen, wurde ein eigenes WM-Organisationskomitee ins Leben gerufen.

2012, die Vorbereitungen für die WM 2022 waren schon in vollem Gange, kam ein junger Mann in Katar an. Sein Name war Abdullah Ibhais, er war damals Mitte 20, und er war auf der Suche nach einem guten Leben gekommen. Der Jordanier wollte Karriere machen – in der PR. Die Abkürzung steht für *Public Relations* und heißt übersetzt »Öffentlichkeitsarbeit«. Sie soll in der Öffentlichkeit ein positives Bild von einem Menschen, einem Unternehmen oder eben einem Land zeichnen. Genau das brauchte Katar. Und so fing Abdullah Ibhais 2014 in der Abteilung für Öffentlichkeitsarbeit des WM-Organisationskomitees an. Für ihn war das ein Traumjob, auf den er stolz war. Er war von der Fußball-WM überzeugt, er glaubte, dass das Turnier die ganze Region voranbringen konnte. Immerhin war es die erste WM im arabischen Raum, darauf waren dort viele Menschen sehr stolz.

Vor allem aber war die WM für Katar ein Hauptgewinn. Damit stärkte der kleine Staat seine Rolle in der Welt. Nun konnte er nicht mehr ohne Weiteres von anderen Staaten eingeschüchtert oder sogar angegriffen werden. Außerdem sollte die Organisation der Fußball-WM ein sympathisches Bild von Katar zeichnen. Es sollte der Eindruck entstehen, dass ein Land, das ein Fußballfest organisiert, zu dem Menschen aus aller Welt anreisen und zusammen feiern, gut sein muss. Sport wurde dadurch Politik.

Diese Taktik nennt man Sportswashing – und Katar nahm dafür viel Geld in die Hand. Weil das Land Erdölvorkommen besitzt, zählt es heute zu den reichsten Ländern der Welt. Es konnte sich beispielsweise leisten, den Fußballverein Paris St. Germain mit Superstars wie Kylian Mbappé zu kaufen. Auch den FC Bayern hat das Land viele Jahre indirekt gesponsert, wogegen vor allem die Fans protestiert haben. Die WM ist ein weiteres Beispiel. Dafür soll Katar rund 200 Milliarden Euro ausgegeben haben – viel mehr als jedes andere Land zuvor.

Warum hat Katar dieses Sportswashing nötig? Obwohl viele internationale Firmen – auch aus Deutschland – in Katar Geschäfte machen, steht das Land in der Kritik. Es ist keine Demokratie, sondern eine absolute Monarchie: Die Herrscherfamilie rund um den Emir von Katar hat am Ende das letzte

Wort. Sie regiert mit strengen Regeln und Gesetzen, unter denen Menschen zu leiden haben: Homosexuelle Menschen etwa werden in Katar diskriminiert und verfolgt. Auch eine wirklich freie Presse (→ Pressefreiheit) gibt es nicht.

Und noch etwas wurde im Vorfeld der WM besonders heftig kritisiert: Die Situation der sogenannten Gastarbeiter:innen – Menschen, die aus anderen Ländern wie Nepal, Pakistan, Indien oder Bangladesch gekommen waren, um im reichen Katar Geld für ihre Familien zu verdienen. Sie arbeiteten meist unter schrecklichen Bedingungen auf Baustellen oder als Haushaltshilfen. Oft waren sie den Firmen und ihren Chefs schutzlos ausgeliefert. Sie bekamen Hungerlöhne, mussten ihre Reisepässe abgeben, waren dadurch recht- und hilflos. Denn ohne Pässe konnten sie ihren Job auch nicht einfach kündigen und wieder nach Hause zurückkehren.

Auf all diese Missstände wiesen Kritiker:innen der WM in Katar von Anfang an hin. Trotzdem verteidigten die Fifa und Berühmtheiten aus dem Sport, zum Beispiel Franz Beckenbauer oder David Beckham, das Turnier. Das Argument lautete meistens: Durch eine Großveranstaltung wie eine Fußball-WM schaut die ganze Welt auf ein Land. Schon allein deshalb würde die Regierung die schlechten Bedingungen verbessern. Aber waren die Verbesserungen wirklich groß genug? Über diese Frage wurde viel diskutiert.

Mittendrin war Abdullah Ibhais. Er machte seinen Job offenbar sehr gut, wurde befördert, und einige Jahre später saß er mit den großen Chefs, die das WM-Turnier für Katar organisierten, an einem Tisch oder tauschte sich mit ihnen in gemeinsamen WhatsApp-Gruppen aus.

Die Weltöffentlichkeit blieb aufmerksam. Die Kritik am Gastgeberland riss nicht ab. Zwar wurde das System, das Gastarbeiter:innen ausbeutete, offiziell abgeschafft, und es gab einen Mindestlohn, aber kritische Journalist:innen und NGOs zeigten, dass sich in Wirklichkeit nicht viel änderte. Nach wie vor lebten die Arbeiter:innen zu mehreren in kleinen Zimmern. Besonders auf den Baustellen, wo sie stundenlang in sengender Hitze schufteten, waren die Bedingungen sehr schlecht – so schlecht, dass sogar Menschen starben.

Eigentlich war es die Aufgabe von Abdullah Ibhais, trotzdem ein gutes Bild von Katar und der Fußball-WM zu zeichnen. »Es ist oft vorgekommen, dass wir einen Weg

---

Abdullah Ibhais arbeitete für das Organisationskomitee der Fußball-Weltmeisterschaft 2022 in Katar. Er machte öffentlich, dass auch Arbeiter auf Stadion-Baustellen von Ausbeutung betroffen waren und wie das Komitee versuchte, die Missstände zu verheimlichen.

finden sollten, unsere Geschichte zu erzählen – unabhängig von den Fakten. Und ich hatte viele, viele Diskussionen und Streit darüber. Meistens ging es nur darum, wie die Welt auf Katar schaut«[69], erinnerte er sich später in einem Interview.

Doch Abdullah Ibhais fühlte sich in dieser Rolle zunehmend unwohl. Er arbeitete zwar weiter, es ging schließlich auch um seine Frau und seine zwei Söhne. Aber im August 2019 kam der Moment, nach dem es für Abdullah Ibhais nicht weitergehen konnte wie bisher.

Obwohl die Regierung von Katar mehrfach bessere Arbeitsbedingungen im Land versprochen hatte, gab es nach wie vor Probleme. Sie waren so groß, dass mehrere Tausend Arbeiter schließlich streikten, obwohl ihnen das eigentlich verboten war. Sie arbeiteten nicht mehr und legten damit das System lahm. Mit einer Kundgebung machten sie auf ihre Probleme aufmerksam.

Für das WM-Organisationskomitee war das eine schlechte Nachricht. Die WM rückte immer näher, bald sollten Superstars wie Kylian Mbappé, Lionel Messi oder Cristiano Ronaldo in den Stadien mit dem Ball zaubern – bis dahin durften die schlechten Bedingungen der Arbeiter auf keinen Fall mehr Thema sein. Und überhaupt: Es gab doch Maßnahmen, die die Bedingungen verbessern sollten – funktionierten die etwa nicht? Arbeiteten die Menschen, die da auf die Straße gingen, überhaupt wirklich auf WM-Baustellen? Oder waren sie woanders angestellt? Dann hätte man zumindest behaupten können, dass die schlechten Bedingungen nichts mit der Fußball-WM zu tun hätten.

Das WM-Organisationskomitee wies erst einmal die Verantwortung von sich, aber Abdullah Ibhais wollte es genauer wissen und suchte das Gespräch mit den Protestierenden. »Die Arbeiter hatten kein Essen, sie hatten kein Trinkwasser, sie saßen alle außerhalb ihrer Zimmer, weil es weder eine Klimaanlage noch Strom gab. Die Arbeiter wollten bezahlt werden, mehr nicht«[70], erinnert er sich. Und er erfuhr noch etwas: Manche von ihnen arbeiteten sehr wohl auf WM-Baustellen.

Abdullah Ibhais nahm einige der Gespräche auf Video auf. In der WhatsApp-Gruppe, die er mit seinen Kolleg:innen und Chefs teilte, berichtete er, was er gesehen hatte.

Er wurde zu einem internen Whistleblower, machte also an seinem Arbeitsplatz auf Missstände aufmerksam – und trat damit auch Kolleg:innen auf die Füße. Seine Chefs wollten, dass die Vorfälle in der Öffentlichkeit so dargestellt wurden, dass Katar fein raus war. Doch Abdullah Ibhais weigerte sich. Fakten seien Fakten, erst müssten die tatsächlichen Probleme behoben werden, fand er. Katar dürfe nicht einfach lügen, und alle im WM-Organisationskomitee sollten sich eine bestimmte Frage stellen: »Sind wir wirklich Teil eines Komplotts, um die Ausbeutung der Arbeitnehmer zu vertuschen?!«[71]

Was trieb Abdullah Ibhais da an? Warum machte er es sich nicht bequem und tat, was man ihm sagte? Später sagte er, es sei die Ungerechtigkeit, die er gesehen habe. Abdullah Ibhais sah arme, hart arbeitende Menschen, weit weg von zu Hause, die alles für eine bessere Zukunft taten, aber von reichen Konzernen nicht bezahlt wurden.

»Ich meine, jede andere Person hätte die gleiche Reaktion gehabt. Das ist unfair, das muss aufhören, und ich bin nicht mehr bereit, ein Teil davon zu sein.«[72]

Diese Haltung machte Abdullah Ibhais einsam. Und sie wurde gefährlich für ihn. Im November 2019 eskortierten Polizisten Abdullah Ibhais aus dem gläsernen Wolkenkratzer, in dem er die letzten fünf Jahre gearbeitet hatte, und brachten ihn auf eine Polizeiwache. So rekonstruierte das Magazin *Josimar* den Ablauf.

In Handschellen musste er anhören, was man ihm vorwarf: Korruption. Abdullah Ibhais sagte, die Vorwürfe seien ausgedacht, um ihn zum Schweigen zu bringen. Das wiederum bestritt das WM-Organisationskomitee.

Wie er da auf der Polizeiwache saß, die Hände in Handschellen, ohne Anwalt, hatte Abdullah Ibhais Angst. Um seine Familie, seine Frau, seine Söhne. Er hatte Angst, monatelang eingesperrt zu sein, ohne dass seine Familie erfuhr, wo er war und wie es ihm ging. Deshalb unterschrieb er schließlich ein Geständnis und kam dadurch erst einmal auf freien Fuß, bis es zu einem Gerichtsurteil kam. Doch das dauerte fast zwei Jahre.

Der Gerichtsprozess gegen Abdullah Ibhais ist immer wieder kritisiert worden – von Menschenrechtsorganisationen wie Amnesty International, aber auch von seiner Familie. Seine Anwält:innen sollen zum Beispiel bei ihrer Arbeit behindert worden sein. Außerdem waren die Beweise, die angeblich gegen Abdullah Ibhais sprachen, nicht zugänglich. Er selbst hingegen konnte seine Version der Geschichte beweisen. Mit diesen Belegen wandte er sich an Menschenrechtsorganisationen. Er wurde erneut zum Whistleblower. Dieses Mal ging er jedoch an die Öffentlichkeit.

Abdullah Ibhais gab die Chatnachrichten aus der WhatsApp-Gruppe des WM-Organisationskomitees an Journalist:innen und NGOs weiter. Sie legten nahe, dass auch Arbeiter von WM-Baustellen nicht bezahlt worden waren. Und sie zeigten, dass Abdullah Ibhais das nicht einfach vertuschen wollte.

Dank der Informationen von Abdullah Ibhais konnten die Medien nun über die Vertuschungsversuche berichten. Sie machten öffentlich, dass es Katar vor allem um eine schöne Fassade ging, die Rechte von Arbeitern aber höchstens eine untergeordnete Rolle spielten. Die Fifa sei Teil dieses Systems, sagte Abdullah Ibhais in einem Interview. »Regelmäßig verlangten Mitarbeiter:innen Änderungen unserer Presseantworten, sodass der Verband für Menschenrechtsverletzungen nicht zur Verantwortung gezogen werden konnte.«[73]

Medien aus aller Welt berichteten von der Anklage gegen Abdullah Ibhais und darüber, dass die Vorwürfe gegen ihn wohl unbegründet waren. Das WM-Organisationskomitee in Katar widersprach den Berichten. Verheimlichen? Niemals! Und auf die Ermittlungen könne das Komitee auch keinen Einfluss nehmen. Menschenrechtler:innen hielten mit Recherchen dagegen, dass genau das passiert sein könnte. Weil Abdullah Ibhais zu unbequem geworden war.

Kurz nach den ersten Berichten wurde Abdullah Ibhais eingesperrt, obwohl sein Berufungsverfahren noch lief. Im Dezember 2021 fiel das endgültige Urteil: Er wurde zu drei Jahren Haft verurteilt. Seine Familie und Menschenrechtsorganisationen kämpften weiter für ihn. Nur die Fifa hielt sich weitestgehend raus.

Als die Fußball-WM 2022 schließlich stattfand, wandte sich die Familie von Abdullah Ibhais noch einmal an die Öffentlichkeit. Sie berichtete von dem unfairen Prozess, davon, wie schlecht Abdullah Ibhais im Gefängnis behandelt wurde, sogar von Folter. Und sie kritisierte das »Schweigen« und die »Gleichgültigkeit« der Fifa. Trotz der weltweiten Aufmerksamkeit wurde Abdullah Ibhais nicht freigelassen. Bis heute sitzt er im Gefängnis.

Doch dank ihm hat die Öffentlichkeit erfahren, wie wenig es bei der WM in Katar um eine Verbesserung der Zustände und Menschenrechte ging. Stattdessen stand der gute Ruf eines autoritären Staates im Vordergrund.

Wie wichtig dabei ein großes Sportereignis wie eine Fußball-WM ist – auch darauf hat Abdullah Ibhais die Aufmerksamkeit gelenkt. Darauf, wie Sportswashing funktioniert und welche Rolle ein Verband wie die Fifa dabei spielt. Abdullah Ibhais hat Sand ins Getriebe gestreut. Er hat gezeigt, dass die bloße Beteuerung, etwas gegen die Ausbeutung von Menschen zu unternehmen, nicht ausreicht.

Als Lionel Messi den WM-Pokal für Argentinien in den Himmel reckte, hatte das einerseits mit Fußball zu tun – ein Sport, den Menschen auf der ganzen Welt lieben. Doch es war genauso ein Symbol dafür, dass Sport immer auch politisch ist. Es gilt für eine Fußball-WM ebenso wie für andere Großereignisse, zum Beispiel Olympische Spiele. Abdullah Ibhais hat dazu beigetragen, dass alle das wissen.

SPOT 5

Am anderen Ende der Leitung: Journalismus und Whistleblowing

Eine anonyme Nachricht im Postfach, in der jemand sensationelle Informationen verspricht. Wie soll man da reagieren? Mit dieser Frage sind gerade Journalist:innen häufig konfrontiert. Denn Whistleblowing und Journalismus hängen oft zusammen. Für viele Whistleblower:innen sind die Medien die beste Chance, eine große Öffentlichkeit zu erreichen und dadurch Veränderung anzustoßen. Umgekehrt profitiert der investigative Journalismus, der bisher unbekannte Missstände ans Licht bringt.

Doch wie funktioniert die Arbeit mit Whistleblower:innen? Das erzählt Daniel Drepper in einem Interview für dieses Buch. Der Investigativjournalist leitet den Rechercheverbund aus NDR, WDR und *Süddeutscher Zeitung*. Er und sein Team recherchieren zu den verschiedensten Themen von #MeToo-Fällen bis zu Skandalen im Gesundheitssystem. Sie haben häufig mit Whistleblower:innen zu tun, wobei Daniel Drepper sie lieber Quellen nennt.

Alle paar Tage melden sich Quellen bei ihm, er geht aber auch von sich aus auf potenzielle Whistleblower:innen zu. Am Anfang geht es darum, Vertrauen aufzubauen: »Ich versuche den Leuten zu erklären, wie ich arbeite. Ich gebe ihnen das Gefühl, dass sie bei mir sicher sind, dass ich vertrauenswürdig bin und weiß, was ich tun werde. Irgendwann dreht sich das Gespräch, und ich sage: ›Okay, erzählen Sie.‹«

Vertrauen ist wichtig. Es geht schließlich um viel: Whistleblower:innen vertrauen Journalist:innen ihre Sicherheit an – und die Informationen, für die sie so viel aufs Spiel gesetzt haben. Umgekehrt geht es für die Reporter:innen um ihren Ruf. Klar, manche Enthüllungen klingen sensationell, doch was, wenn sie auf eine:n Wichtigtuer:in hereinfallen?

Journalist:innen und Quellen verbindet also von Anfang an ein besonderes Verhältnis. Das ist auch vor dem Gesetz anerkannt: Journalist:innen dürfen vor Gericht ihre Quellen geheim halten, und Nachrichten zwischen den beiden Seiten sind geschützt.

Doch wie entscheiden sich Journalist:innen für die Arbeit mit Whistleblower:innen? Eine Enthüllung ist aus journalistischer Sicht vor allem dann wichtig, wenn sie einen schweren Missstand aufdeckt, von dem viele Menschen betroffen sind.

Reporter:innen müssen aber immer gründlich und im besten Sinne kritisch bleiben. Das heißt nicht, dass sie den Whistleblower:innen nicht glauben, sondern dass sie ihre Arbeit ernst nehmen. Letztlich hilft das auch den Whistleblower:innen. Denn es macht ihre Enthüllungen glaubwürdiger, wenn sie von Journalist:innen gründlich geprüft wurden.

»Ich weiß inzwischen ziemlich genau, was ich fragen muss«, sagt Daniel Drepper. »Wie konkret beschreiben Personen Situationen? Was sind die konkreten Vorwürfe? Weiß eine Quelle von weiteren Fällen? Gab es Zeug:innen? Gibt es irgendeine Art von Belegen? Ohne die kann ich eine Geschichte nicht machen.«

Belege sind in der Arbeit mit Whistleblower:innen zentral, denn es gibt immer Menschen oder Firmen, die die Enthüllungen von Whistleblower:innen verhindern wollen. Wenn da etwas nicht stimmt, kann es auch mal vor Gericht enden.

Aber womit genau können Enthüllungen untermauert werden? Frances Haugen hatte Tausende Seiten Dokumente, Edward Snowden ebenso. Desirée Fixler konnte ihre Geschichte mit E-Mails stützen. Belege können aber auch Präsentationen oder Fotos sein, Kontoauszüge oder Chatnachrichten. Doch da wartet schon die nächste Hürde für Journalist:innen – dann nämlich, wenn Whistleblower:innen anonym bleiben wollen.

Für Journalist:innen ist es meist besser, wenn ihre Quellen mit Namen an die Öffentlichkeit gehen wollen. Eine Geschichte lässt sich durch eine:n Whistleblower:in mit Namen und Gesicht glaubwürdiger, eindringlicher, emotionaler erzählen. Das sieht auch Daniel Drepper so, er sagt aber auch: »Wir überreden niemanden. Wir machen auch sehr viele Geschichten mit anonymen Quellen.« Dann muss man als Journalist:in Sicherheitsmaßnahmen ergreifen, um die Quellen zu schützen. Denn Belege können Quellen auch enttarnen, zum Beispiel, weil nur sie ein bestimmtes Dokument besitzen oder weil der Drucker verräterische Informationen überliefert. Aus diesem Grund gibt es einige Tricks. PDFs werden zum Beispiel noch einmal abgeschrieben, damit man die Whistleblower:innen nicht anhand unsichtbarer Wasserzeichen im Dokument identifizieren kann. Manchmal werden sogar Extra-Rechtschreibfehler eingebaut, damit die Papiere noch schwerer zurückzuverfolgen sind.

Die Zusammenarbeit von Journalist:innen und Whistleblower:innen ist also oft eine sehr komplexe Angelegenheit. Doch es geht eben auch um viel: um mehr **Transparenz** und eine informierte Öffentlichkeit.

SONDERFALL WATERGATE

»Ich bin kein Gauner!«[74]
(Richard Nixon)
»Nixon hat sich selbst zerstört.«[75]
(Bob Woodward und Carl Bernstein)

Am 17. Juni 1972 flackern Lichter hinter den Fensterfronten eines riesigen Hotel- und Bürokomplexes im Zentrum der US-Hauptstadt Washington, D.C. Es ist mitten in der Nacht. Die Gebäude des Watergate-Komplexes sind wie ausgestorben, auch das Hauptquartier der Demokratischen Partei der USA ist verwaist. Die Menschen schlafen. Einer schläft nicht: Dem diensthabenden Wachmann Frank Wills fallen die Lichter auf. Er ruft die Polizei, die verhaftet fünf Männer, die in die Zentrale der Demokratischen Partei eingebrochen sind. Sie hatten Dokumente abfotografiert und versucht, Abhörwanzen einzubauen.

Es ist der Auftakt zu einem der größten politischen Skandale der USA. Der wird als sogenannte Watergate-Affäre berühmt werden und am Ende dazu führen, dass ein US-amerikanischer Präsident von seinem Amt zurücktritt. Das hat es nie zuvor und nie danach gegeben.

Der Präsident, von dem hier die Rede ist, ist Richard Nixon von der Partei der Republikaner. Er war vom 20. Januar 1969 bis zum 9. August 1974 Regierungschef und wurde der erste und einzige Präsident der amerikanischen Geschichte, der jemals abgedankt hat. Er tat das nicht freiwillig: Er trat zurück, um einem Amtsenthebungsverfahren wegen seiner Verstrickungen in der Watergate-Affäre zuvorzukommen. Bevor er gefeuert wurde, ging er selbst.

Die Liste dessen, was zur Watergate-Affäre gezählt wird, ist lang. Dazu gehören vielfacher Amtsmissbrauch, das Annehmen illegaler Partei- und Wahlkampfspenden, die Weigerung des Präsidenten, zur Aufklärung der Affäre beizutragen, sowie seine zahlreichen Versuche, die Justiz bei den Untersuchungen zu behindern und die Ermittlungen einzuschränken. Entsprechend lang wird auch der Abschlussbericht des eigens einberufenen »Watergate-Ausschusses« werden: Am Ende kommen 1250 Seiten zusammen.

Die Watergate-Affäre hat außerdem eine lange Vorgeschichte. Eine Menge Leute hat größere und kleinere Rollen darin gespielt, und die höchsten politischen Ebenen waren beteiligt: Vertraute des Präsidenten, ein Ex-CIA-Mitarbeiter, ein ehemaliger FBI-Beamter und der damalige Anwalt des Weißen Hauses.

Es ist eine Geschichte von Macht, Machtkampf und Skrupellosigkeit.

Dass sie überhaupt erzählt werden konnte, hat mit einem Whistleblower zu tun, der schon allein deswegen sagenumwoben ist, weil er über Jahrzehnte hinweg anonym blieb. Sein Deckname war »Deep Throat«, sein wirklicher Name ist Mark Felt. Erst 2005, kurz vor seinem Tod, gab sich der wichtigste Informant in der Watergate-Affäre zu erkennen.

Dass die Watergate-Affäre erzählt werden konnte und erzählt wurde, hat darüber hinaus mit der Zeitung *Washington Post* und besonders mit zwei Journalisten zu tun, die damals junge Reporter waren: mit Bob Woodward und Carl Bernstein.

Von Anfang an recherchierten sie den Fall, der sich immer weiter verzweigte und zur Watergate-Affäre auswuchs – benannt nach dem Gebäudekomplex, in den am 17. Juni 1972 eingebrochen worden war.

Mehrfach traf Bob Woodward heimlich »Deep Throat«. Mark Felt war Leiter des FBI. Er stand also einem Geheimdienst der USA vor und saß an einer Schlüsselstelle für FBI-Informationen. Seine Aufgabe war es unter anderem, Spionage abzuwehren. Dass er selbst heimlich handelte und fand, für das eigene Land zu handeln hieß, gegen die Regierung zu handeln, ist bis heute ein echtes Ereignis historischen Ausmaßes. Er riskierte viel, und dass er überhaupt auspackte, lag nur daran, dass Bob Woodward ihm zusicherte, ihn nicht als Quelle bekannt zu geben und keine direkten Zitate von ihm zu verwenden.

Mithilfe der Informationen von »Deep Throat« fanden die beiden Journalisten immer noch mehr Einzelheiten der Watergate-Affäre und konnten nach und nach eine ganze Reihe von Verfehlungen veröffentlichen.

Es war, als würde man an einem Faden ziehen und schließlich ein verknotetes Knäuel aus Lügen, Intrigen, Einschüchterungs- und Erpressungsversuchen, aus illegalen Aktionen und kriminellen Machenschaften aufrollen. Das Schockierende daran war: Alle Fäden führten ins Weiße Haus. Sie führten zum US-amerikanischen Präsidenten Richard Nixon. Der hielt die Fäden in der Hand. Er sorgte dafür, dass seine Mitarbeiter:innen

Beschattungen, das Abhören von Gesprächen und etliche Einbrüche in Auftrag gaben. Die Beteiligten ließen Memos, Terminpläne und Strategiepapiere der Demokratischen Partei, den politischen Gegnern Nixons, abfotografieren. Der Einbruch vom 17. Juni 1972 war nur der Anfang eines der vielen Fäden. Bob Woodward und Carl Bernstein zählten eins und eins zusammen. Schon früh vermuteten sie hinter alldem eine weitreichende politische Verschwörung, die mit den Präsidentschaftswahlen 1972 zu tun haben musste.

Die Wahrheit, die im Zuge der Recherchen von Bob Woodward und Carl Bernstein und mithilfe der Informationen von »Deep Throat« ans Licht kam, verschlechterte das Verhältnis zwischen der US-amerikanischen Regierung und einem Teil der Bevölkerung weiter. Durch den Vietnamkrieg hatten viele Menschen das Vertrauen in die Regierung verloren. Die Leute gingen auf die Straße und demonstrierten gegen den Krieg und für den Frieden. Sie wollten dem Töten ein Ende setzen. Sie glaubten nicht an die Propaganda eines richtigen und gerechten Krieges.

In dieser aufgeheizten Situation brachte die *Washington Post* Skandal um Skandal der Watergate-Affäre ans Licht und bewies, dass Präsident Nixon und sein Umfeld in großem Stil logen, betrogen, manipulierten, schmierten, herumschnüffelten und ihre politischen Gegner verhöhnten. Schon kurz nach seinem Amtsantritt hatte Nixon einen Privatdetektiv engagiert, um angeblich schmutzige Geheimnisse seiner politischen Gegner:innen zu sammeln. Diese sogenannten Beweise sollten der Presse zugespielt werden mit dem Ziel, die gegnerische Seite zu drangsalieren, einzuschüchtern und zu zermürben. Im Anschluss wurden Spuren verwischt und illegale Aktionen vertuscht oder heruntergespielt – auch jener Einbruch vom 17. Juni 1972.

Frühere Pläne aus dem Weißen Haus hatten sogar noch Brutaleres vorgesehen: Wäre es nach Nixon gegangen, wären seine Gegner:innen zusammengeschlagen worden, ohne dass sie gewusst hätten, von wem und warum. Für seinen selbst gewählten Kampf war Nixon jedes Mittel recht. In seinen Augen führte der Präsident Krieg gegen seine politischen Feind:innen. Wer nicht für ihn war, war gegen ihn. Wer eine andere Politik anstrebte, wer anders dachte und handelte, geriet in die Schusslinie.

Die Watergate-Affäre ist einer der größten politischen Skandale in der US-Geschichte. Die Enthüllung wäre nicht ohne den Whistleblower mit dem Decknamen »Deep Throat« möglich gewesen. Erst über drei Jahrzehnte später wurde sein eigentlicher Name bekannt. Der »Sonderfall Watergate« steht deshalb beispielhaft für die Bedeutung anonymer Whistleblower:innen.

Entsprechend waren die Politiker:innen der Demokratischen Partei Feindbild Nummer eins, unmittelbar gefolgt von »der Presse«. Am liebsten hätte Nixon die Pressefreiheit abgeschafft und stattdessen die Medien dafür genutzt, Propaganda für seine Politik zu machen.

Der damalige Präsident der USA duldete keinen Widerspruch. Kritik hieß Angriff. Seine Antwort: zurückschlagen.

Aus dieser Einstellung machte er keinen Hehl. Er führte eine »Feindes-Liste«, die beständig aktualisiert und immer länger wurde. Es gibt Tonbandaufnahmen, auf denen er seine Ideen ungehemmt von sich gibt. Die Sätze triefen vor Überheblichkeit, Wut und Hass. Er klingt dabei mehr wie ein Tyrann als wie ein demokratisch gewählter Präsident. Nixon sah sich offenbar als Alleinherrscher, der nach eigenen Regeln schalten und walten konnte und Gesetze so auslegte, wie es ihm passte.

Sätze wie »Auf kurze Sicht wäre es doch viel einfacher, diesen Krieg wie ein Diktator zu führen, oder? Alle Reporter umbringen und dann weitermachen«[76] waren keine Ausrutscher. So dachte Nixon wirklich.

40 Jahre nach dem Watergate-Einbruch erinnern sich Bob Woodward und Carl Bernstein:

»In seinen bösartigsten Aspekten war Watergate ein von Nixon geführter, schamloser Angriff auf das Herz der US-amerikanischen Demokratie: die Verfassung, das System freier Wahlen, das Gesetz. Als er schließlich gezwungen war zurückzutreten, hatte Nixon einen Großteil des Weißen Hauses in eine kriminelle Organisation verwandelt.«[77]

Bei der Aufklärung der Watergate-Affäre spielten die Medien, in diesem Fall vertreten durch die *Washington Post* und die Journalisten Bob Woodward und Carl Bernstein, eine herausragende Rolle. Die Presse, oft die Vierte Gewalt im Staat genannt, ist unter anderem dafür da, genau hinzuschauen und offenzulegen, wie Regierungen handeln. Hier nahmen zwei Journalisten die Aufgabe beim Wort. Darum wird die Watergate-Affäre auch als Triumph der Pressefreiheit gewertet. Die Arbeit der Reporter gilt als Vorbild für investigativen Journalismus. Für ihre herausragende Berichterstattung wurden sie 1973 mit dem Pulitzer-Preis, einem der wichtigsten journalistischen Preise, ausgezeichnet.

Der Spielfilm »Die Unbestechlichen« von Alan J. Pakula aus dem Jahr 1976, mit Robert Redford und Dustin Hoffman in den Hauptrollen, machte Bob Woodward und Carl Bernstein vollends zur Legende. Darin hat auch der legendäre Whistleblower Mark Felt, Deckname »Deep Throat«, mehrere Auftritte. Gespielt von Hal Holbrook ist er meist von hinten oder aus der Ferne zu sehen, im Trenchcoat, mit Brille, den Hut tief ins Gesicht gezogen.

Der Film zeigt Mark Felt als den geheimen Informanten, der er gewesen war. Am 31. Mai 2005 wurde eines der bestgehüteten Geheimnisse der US-Geschichte gelüftet: Der damals 91-jährige berichtete der Zeitschrift *Vanity Fair*: »Ich bin der Typ, den sie Deep Throat nannten.«[78]

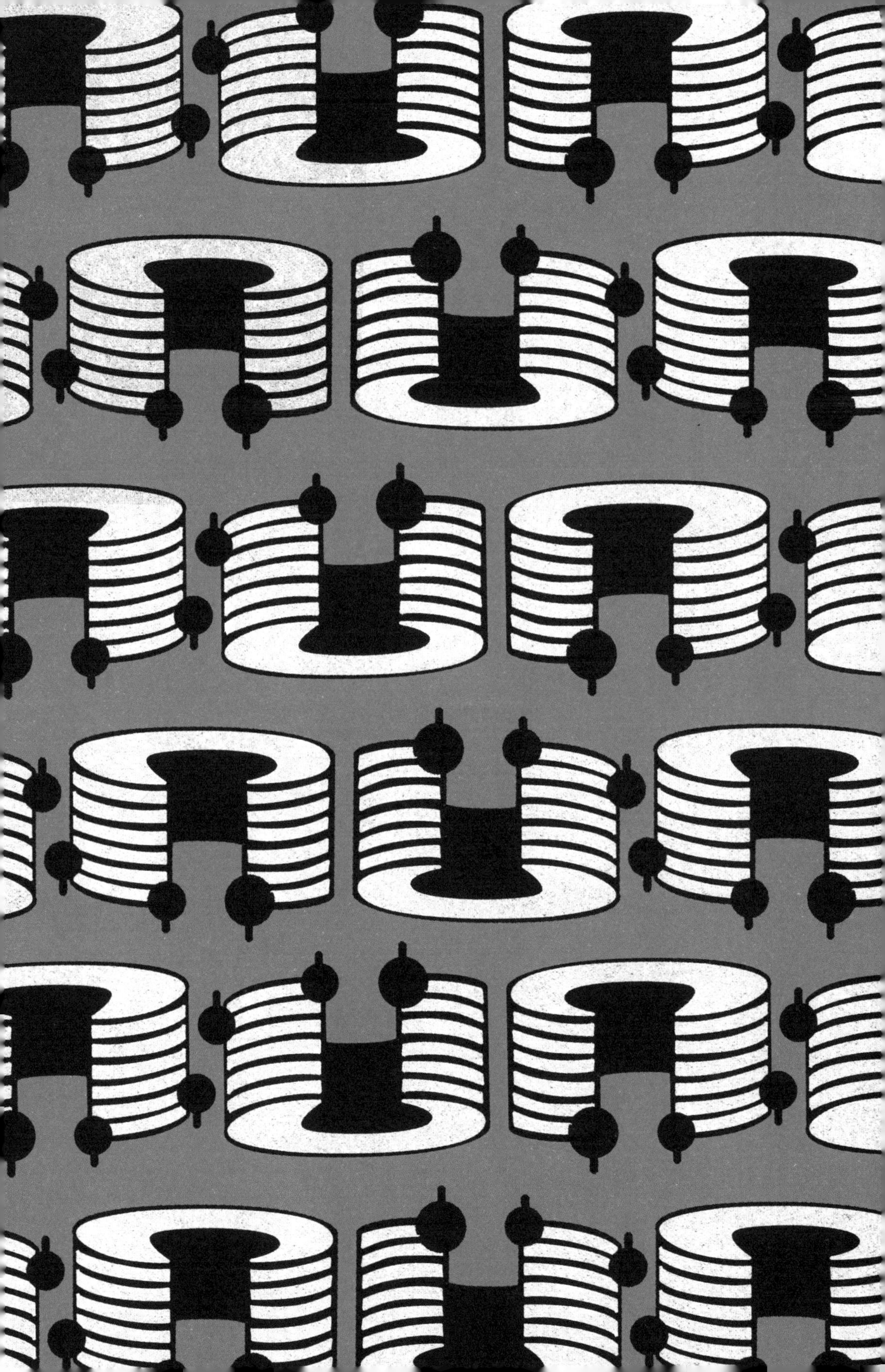

MARIE KLEIN UND MARTIN PORWOLL

WHISTLEBLOWER:INNEN IN EINEM APOTHEKEN-SKANDAL

»Es gab einen bestimmten Zeitpunkt, ab dem man sich nicht mehr entziehen konnte, ohne für den Rest seines Lebens auch eine moralische Verantwortung zu tragen, die da heißt: Du bist weggelaufen und es ist weitergegangen, möglicherweise für immer.«[79]
(Martin Porwoll)

Kaum vorstellbar, dass das Leben an einem Plastikbeutel hängt, der in etwa so groß ist wie ein Buch. Für Krebspatient:innen ist das so. Den Kampf gegen die Krankheit nehmen die meisten mithilfe von Chemotherapien auf: aus dem Tropf direkt in die Adern.

In Deutschland gibt es viele Medikamente gegen Krebs, doch die kann man nicht einfach kaufen – sie werden für die Betroffenen je nach Körpergröße, Gewicht und Diagnose eigens abgestimmt und auf der Basis von Kochsalzlösung in Infusionsbeuteln individuell angemischt. Diese Aufgabe übernehmen Apotheker:innen in speziellen Apotheken, den sogenannten Zyto-Apotheken. Davon gibt es in Deutschland etwa 200. Bei ihnen können Onkolog:innen, Ärzt:innen, die auf Krebsbehandlung spezialisiert sind, Medikamente in genau den Dosierungen bestellen, die ihre Patient:innen brauchen. Diese Medikamente sind sehr teuer. In Deutschland übernehmen Krankenkassen die Kosten.

Eine dieser Zyto-Apotheken ist die Alte Apotheke in Bottrop. Es ist eine Großapotheke mit knapp 100 Angestellten. Seit Generationen genießt sie einen ausgezeichneten Ruf. Menschen gehen ein und aus. Hier arbeiteten Marie Klein und Martin Porwoll – sie als pharmazeutisch-technische Assistentin, er als kaufmännischer Leiter. Marie Klein war noch nicht sonderlich lange im Team, vielleicht fielen ihr deswegen Ungereimtheiten auf, über die ihre Kolleg:innen lieber nichts sagten, oder wenn, dann hinter vorgehaltener

Hand. Einige tuschelten. Es gab Gerüchte um den Chef, den Apotheker Peter S.

Anti-Krebs-Infusionen zuzubereiten ist eine verantwortungsvolle Aufgabe und ein aufwendiger Prozess. Dafür braucht es Fachwissen und entsprechend Fachkräfte, es braucht spezielle, sterile Räume, sogenannte Reinraumlabore, außerdem spezielle Schutzkleidung. Die Hygienevorschriften sind äußerst streng, und immer arbeiten zwei Apotheker:innen zusammen. Dieses sogenannte Vier-Augen-Prinzip soll mögliche Fehlerquellen minimieren.

Nicht alle Apotheker:innen können das leisten. Peter S., der Besitzer der Alten Apotheke, konnte. Er war sogar besonders gut darin – und er war besonders schnell. Zu schnell, fanden einige seiner Angestellten, und machten Witze über den Turbo-Chef, der offenbar bei den Infusionen zaubere. Dass er die Vorschriften großzügig auslegte, war ein offenes Geheimnis.

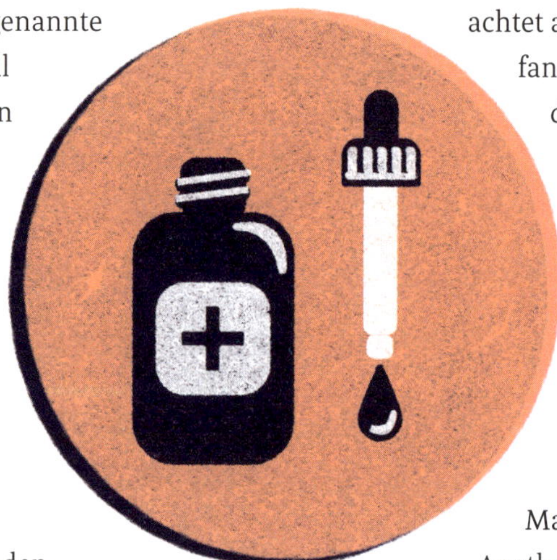

Auch Marie Klein bekam das mit: »Mir sind als Erstes die krassen Hygiene-Mängel aufgefallen. Peter S. ging mit Straßenkleidung ins Reinraumlabor, in Sakko und Hemd. Und S. arbeitete oft freihändig – außerhalb der Werkbank.«[80] Einmal nahm er sogar seinen Labrador mit ins Labor, das doch absolut steril sein muss.

Vor allem fiel ihr auf, dass ihr Chef das Vier-Augen-Prinzip torpedierte. Ihr entgingen auch die extremen Arbeitszeiten von Peter S. nicht: Am liebsten mischte er die Infusionen, wenn er allein in der Apotheke war, frühmorgens oder spätnachts.

Waren Mitarbeiter:innen anwesend, schickte er sie stets weg, bevor er die Medikamente zubereitete.

War das Zufall? Wollte er unbeobachtet arbeiten? Marie Klein fand das erst merkwürdig, dann verantwortungslos, schließlich inakzeptabel. Sie hatte ihr Kündigungsschreiben bereits in der Tasche, als sie mit Martin Porwoll ins Gespräch kam.

Martin Porwoll ist kein Apotheker, sondern Kaufmann. Womit er sich auskennt, sind Zahlen. Darum stolperte er auch nicht über den Labrador im Reinraumlabor, sondern über Abrechnungen, die nicht aufgingen. Die Einkaufslisten der Medikamente stimmten nicht mit den in Rechnung gestellten Infusionen überein.

Martin Porwoll rechnete hin und her, er stellte weitere Nachforschungen an, rechnete neu, überprüfte die Zahlen, kam aber immer wieder zum gleichen Ergebnis. Das konnte eigentlich nur eine logische Begründung haben: Sein Chef stellte bei den Krankenkassen deutlich mehr Medikamente in Rechnung, als er tatsächlich eingekauft und verarbeitet hatte.

Schon vorher hatte Martin Porwoll gewusst, dass man mit Anti-Krebs-Medikamenten unglaublich viel Geld machen kann. Die sogenannten Zytostatika sind extrem teuer, mit jeder Infusion verdienen Zyto-Apotheken mehrere Hundert Euro, die Alte Apotheke in Bottrop machte 80 Millionen Euro Umsatz im Jahr. Aber dass Peter S. bewusst betrog und damit noch mehr Millionen machte, konnte und wollte Martin Porwoll sich nicht vorstellen.

Als er und Marie Klein miteinander zu reden begannen, erinnerte er sich an ein Ereignis, das lange zurücklag: Im Winter 2014 hatten zwei Mitarbeiterinnen der Alten Apotheke gekündigt. Beide hatten in der Zyto-Abteilung gearbeitet und ihre Kündigung damit begründet, dass dem Chef die hygienischen Vorschriften offenbar egal seien. Das Schlimmste aber sei, dass er die Anti-Krebs-Medikamente unterdosiere. In jeder zweiten Infusion sei nur wirkungslose Kochsalzlösung, kein Medikament.

So lange betrog der Apotheker bereits? Martin Porwoll konnte vor der Tragweite seiner Entdeckungen nicht länger die Augen verschließen. Die Kritik von Marie Klein am Verhalten von Peter S. kam hinzu, und so sammelte Martin Porwoll weiteres Material, kopierte nachts heimlich Listen der bestellten und der tatsächlich ausgelieferten Medikamente, kontrollierte und dokumentierte Abläufe. Aus den Geheimnissen, Gerüchten, Befürchtungen, Vermutungen formte sich ein ungeheurer Verdacht, den Martin Porwoll am liebsten niemals zu Ende gedacht, geschweige denn öffentlich gemacht hätte: Alles sprach dafür, dass Peter S. die Anti-Krebs-Medikamente nicht nur betrügerisch abrechnete, sondern sie bis zur Grenze der Wirkungslosigkeit verdünnte:

»Dann hat sich mit einem Schlag, so wie ein Blitzschlag, aus diesem Zustand des Zwischen-den-Welten-Schwebens auf einmal, in einer Sekunde, alles herauskristallisiert: Es ist ganz klar, dass hier die Therapien gestreckt werden und die Patient:innen um das gebracht werden, was ihnen eigentlich verschrieben wurde.«[81]

Um sich zu bereichern, gefährdete der Chef der Alten Apotheke massiv Menschenleben. Nun ergaben auch die Anrufe verzweifelter

Martin Porwoll war kaufmännischer Leiter, Marie Klein arbeitete als pharmazeutisch-technische Assistentin in der Alten Apotheke in Bottrop. Gemeinsam deckten sie den Bottroper Apothekenskandal um gepanschte und somit wirkungslose Anti-Krebs-Medikamente auf. Dank ihres Whistleblowings werden heute Zyto-Apotheken von Behörden und Versicherungen kontrolliert.

Patient:innen einen Sinn. Einige hatten beklagt, dass die Medikamente nicht wirken würden. Wie denn auch?

Für Martin Porwoll begann die schlimmste Zeit seines Lebens. Er litt an Albträumen und Schlafstörungen, er wollte reden, sich Rat suchen, den Patient:innen helfen – aber er wusste nicht wie. Was er wusste, war, dass er alle, die er ins Vertrauen ziehen würde, zugleich mit seinem Verdacht belasten würde.

Und wenn er etwas unternahm – wäre das nicht Verrat an einem Freund? Immerhin kannte er den Apotheker schon seit Kindertagen.

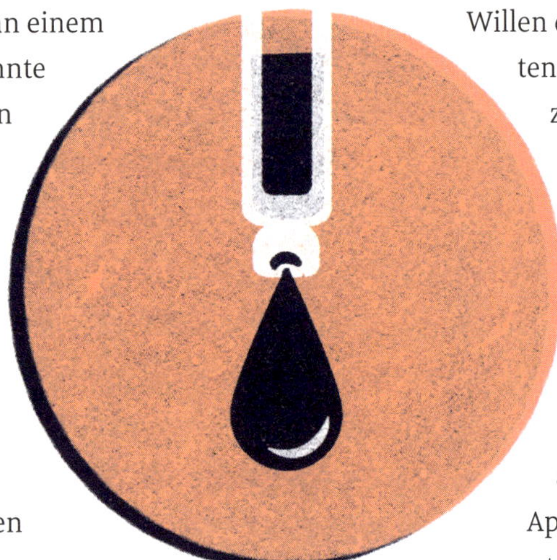

Schließlich wandte er sich an einen befreundeten Anwalt. Der erstattete auf der Basis des von Martin Porwoll gesammelten Materials Anzeige gegen Peter S. bei der Staatsanwaltschaft für Wirtschaftskriminalität in Bochum. Das war im Juli 2016.

Dann geschah erst einmal – nichts.

Erst drei Monate später wurde Martin Porwoll von der Polizei zum Verhör gebeten und vernommen, mehr noch: auseinandergenommen. Ein Zuckerschlecken sei das nicht gewesen, erinnert er sich, vor allem aber fehlte immer noch ein eindeutiges Beweisstück: einer der manipulierten Infusionsbeutel.

Den konnte nur Marie Klein heranschaffen. Ihr war ohnehin längst klar geworden, dass sie mehr tun musste, als bei der Alten Apotheke zu kündigen und sich anderswo eine neue Stelle zu suchen. Nach der Strafanzeige von Martin Porwoll war auch sie zur Polizei gegangen und hatte alles offengelegt, was sie wusste.

Trotzdem müssen sich die beiden vorgekommen sein wie im falschen Film, wie in einem Krimi – nur dass sie wider Willen die Hauptrollen spielten: Sie gingen wie immer zur Arbeit, sie durften sich nichts anmerken lassen, dabei waren sie ununterbrochen in Alarmbereitschaft. Um sich zu besprechen, trafen sie sich nur noch außerhalb der Alten Apotheke. Nach außen hin musste es so aussehen, als würden sie sich zufällig über den Weg laufen. Beide hatten Angst. Ihnen war klar: Mit ihrer Entscheidung, die Wahrheit ans Licht zu bringen, griffen sie in das Leben vieler Menschen ein. Sie halfen damit zwar den Patient:innen und retteten womöglich ihr Leben, aber zugleich setzten sie die Zukunft der Alten Apotheke und deren Mitarbeiter:innen aufs Spiel.

Und sie setzten das Image der Stadt aufs Spiel: In Bottrop war Peter S. als Apotheker anerkannt, als Wohltäter bekannt, als Mensch geschätzt. Der Mann, der mit der einen Hand Krebsmedikamente manipulierte und ungeheure Summen in die eigene Tasche wirtschaftete, unterstützte mit der anderen Hand durch großzügige Spenden das kulturelle und soziale Leben der Stadt. Wie viel Vertrauen würde vielleicht für immer verloren gehen?

Und doch wussten Martin Porwoll und Marie Klein, dass sie jede erdenkliche Gelegenheit nutzen würden, um den letzten Beweis zu erbringen: Sie hatten sich entschieden. Sie wollten ihrem Chef das Handwerk legen.

Diese Gelegenheit bot sich am 25. Oktober 2016. An diesem Tag fiel Marie Klein einer der manipulierten Infusionsbeutel in die Hände. Schon auf den ersten Blick sah sie, dass er niemals hätte ausgeliefert werden dürfen: Die Kappe war noch versiegelt. Wäre die Infusion ordnungsgemäß mit den Anti-Krebs-Medikamenten angereichert worden, hätte es einen Einstich geben müssen. Marie Klein ließ den Beutel unter ihrer Jeansjacke verschwinden und traf sich mit Martin Porwoll vor einer Buchhandlung. Beide wussten: Wenn Marie Klein damit zur Polizei gehen würde, würde das ein Beben in Bottrop auslösen.

Am nächsten Morgen ging Marie Klein zur Polizei.

Ein weiterer Monat verging, in dem Hunderte wirkungslose Infusionen an Patient:innen verabreicht wurden, dann, am 29. November 2016, fuhren mehrere Polizeiwagen vor der Alten Apotheke vor. Sie wurde als Tatort durchsucht, Peter S. wurde verhaftet. Tatsächlich hatte der Infusionsbeutel statt der Anti-Krebs-Medikamente nur Kochsalzlösung enthalten.

Aus dem Gefängnis heraus und umgehend kündigte Peter S. Martin Porwoll und Marie Klein.

Marie Klein klagte gegen die Kündigung und erhielt eine Abfindung in Höhe eines Monatsgehaltes. Martin Porwoll sollte nie wieder in seinen bisherigen Beruf zurückfinden und machte sich schließlich selbstständig. Beide mussten Angriffe ehemaliger Kolleg:innen aushalten.

Im Rückblick beschrieb Martin Porwoll seine Erfahrungen so:

»Man ist dann doch immer noch ein Stückchen naiv. Zu glauben, dass einen nicht die ganze Bandbreite treffen wird. Aber das ist nicht so. Das heißt, man wird diskreditiert, es wird versucht, die persönliche Existenz zu ruinieren und so weiter.«[82]

In den Medien und in der Öffentlichkeit wurden Martin Porwoll und Marie Klein hingegen als Held:innen gefeiert.

Drei Jahre später, im Sommer 2020, wurde Peter S. wegen schweren Betrugs und Verstoßes gegen das Arzneimittelgesetz in über 14 500 Fällen zu einer Haftstrafe von zwölf Jahren verurteilt. Dem Landgericht Essen zufolge hatte er die lebenswichtigen Medikamente seiner Patient:innen aus Habgier verdünnt. Der Schaden für die Krankenkassen wurde auf 17 Millionen Euro beziffert. Die Richter verhängten zudem ein Berufsverbot. Die Klage von Peter S. auf Widerruf wurde abgelehnt. Es blieb dabei: Ihm wurde die Approbation als Apotheker aberkannt.

In der Folge wurde viel über die Whistleblower:innen, über die Skandal-Apotheke in Bottrop und über die kriminellen Machenschaften berichtet. In der Dokumentation »Der Krebsapotheker«[83] kommen auch Überlebende zu Wort: Patient:innen, die mit den Medikamenten aus der Alten Apotheke behandelt oder, wie sie im Nachhinein erfuhren, eben nicht behandelt worden sind. Eine von ihnen ist selbst Ärztin. Sie erinnert sich an ihre Verwunderung darüber, dass die Chemotherapie nicht angeschlagen hat. Sie erinnert sich, wie sie ihrer Familie sagte, dass das kommende Weihnachtsfest wohl ihr letztes werden würde. Sie hatte, sagt sie, mit dem Leben abgeschlossen. Sie weint, während sie erzählt, und entschuldigt sich für ihre Tränen.

Auch eine Großmutter weint. Ihre Tochter hat sie an den Krebs verloren, ihre Enkelin bei sich aufgenommen. Seitdem quält sich die alte Dame mit der Frage: Was wäre gewesen, wenn ihre Tochter in eine andere Apotheke gegangen wäre? Würde sie noch leben? Hätte sie zumindest etwas länger leben dürfen? Hätte ihre Enkelin noch länger eine Mutter gehabt und sie selbst eine Tochter?

Die Enkelin tröstet ihre Großmutter. »Nicht weinen, Oma«, sagt sie und streichelt ihr über den Rücken.

Und es sind nicht nur die Millionengewinne, die sich der Apotheker erschlichen hat, es ist nicht nur die millionenschwere Luxusvilla, in der er mit seinem Hund gelebt hat – es sind Szenen wie diese, die deutlich machen, was Peter S. getan hat.

Sie zeigen auch, was Martin Porwoll und Marie Klein getan haben. Wären sie nicht zu Whistleblower:innen geworden, würde Peter S. womöglich immer noch wie ein Gott über Leben und Tod entscheiden. Dank ihnen werden Zyto-Apotheken inzwischen regelmäßig von Behörden und Versicherungen kontrolliert. Dafür wurden Martin Porwoll und Marie Klein 2017 mit dem »Whistleblower-Preis« ausgezeichnet.

Denn ein Fall wie der der Alten Apotheke in Bottrop darf sich nicht wiederholen.

Die hat längst den Besitzer gewechselt und ist unter neuem Namen wieder geöffnet. Menschen gehen wieder ein und aus.

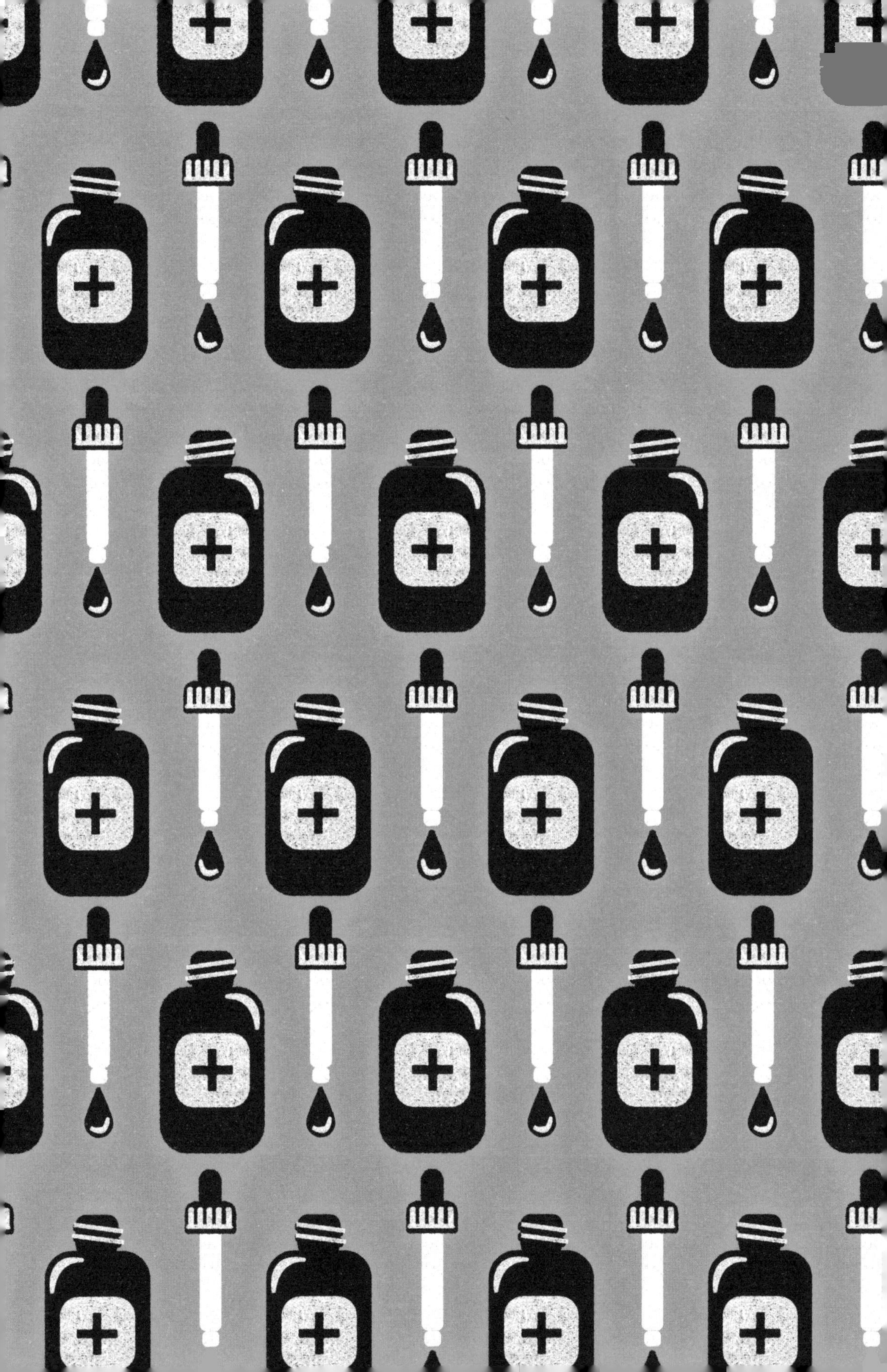

SPOT 6

Unglaublich! Über Enthüllungen und Verschwörungserzählungen

Ein Geheimdienst, der uns überwacht und uns über unsere Smartphones überall verfolgen kann? Experimente mit lebenden Menschen, ohne dass sie davon wissen? Diese Geschichten klingen unheimlich und unglaublich. Und doch sind sie wirklich passiert. Wir wissen es, weil Whistleblower:innen sie enthüllt haben.

Es gibt aber auch andere unglaubliche Geschichten. Zum Beispiel, dass die Welt eine Scheibe ist oder dass die Mondlandung gar nicht wirklich stattgefunden hat, sondern in einem Fernsehstudio inszeniert worden ist. Anders als die Enthüllungen der Whistleblower:innen stimmen diese Geschichten nicht. Sie sind das, was viele Menschen »Verschwörungstheorien« nennen. Wobei Verschwörungserzählungen oder -mythen eigentlich besser passt. Denn »Theorien« klingen nach Wissenschaft. Damit aber haben diese Verschwörungsmythen nichts zu tun.

Trotzdem glauben viele Menschen daran. Bei einer Umfrage aus dem Jahr 2020 gab rund ein Drittel der Deutschen an, schon einmal geglaubt zu haben, dass an einem Verschwörungsmythos etwas Wahres dran war. Tatsächlich enthalten viele Verschwörungserzählungen ein Fünkchen Wahrheit oder nutzen eine reale Beobachtung. Doch dann wird dieser »wahre Kern« weitergesponnen und verdreht – hin zu einer Erzählung, die nichts mehr mit der Realität zu tun hat.

Dass Menschen trotzdem daran glauben, kann verschiedene Gründe haben. Möglicherweise ist die Welt so kompliziert geworden, dass man sich kaum noch einen Reim darauf machen kann. Die Idee, dass hinter allem eine Verschwörung oder eine dunkle Macht steht, kann da fast schon als Erklärung taugen und dadurch Sicherheit geben. Vielleicht ist es auch ein Gefühl der eigenen Bedeutung – mehr zu verstehen als alle anderen.

Doch Verschwörungserzählungen sind gefährlich. Für die einzelnen Menschen – weil sie sich darin verlieren und einsam werden können. Manche werden immer radikaler und schrecken irgendwann womöglich sogar vor Gewalt nicht mehr zurück. Spätestens da werden Verschwörungsmythen auch zur Gefahr für eine ganze Gesellschaft. Denn wenn sich die Menschen überhaupt nicht mehr auf offensichtliche Dinge einigen können – etwa, dass die Erde eine Kugel ist –, wird das Zusammenleben immer schwieriger.

Wenn wir uns mit den Enthüllungen der Whistleblower:innen befassen, fallen Parallelen zu Verschwörungserzählungen auf. Auf der einen Seite gibt es die Mächtigen – das können Geheimdienste, Regierungen oder riesige Konzerne sein – auf der anderen Seite gibt es diejenigen, die unter deren Machenschaften leiden. Es ist eine verwirrende Nähe.

Dass es diese irritierenden Berührungspunkte gibt, hat Konsequenzen. Zum Beispiel, dass wirkliche Whistleblower:innen als »Verschwörungstheoretiker:innen« abgetan werden, obwohl sie einem echten Missstand auf der Spur sind. So wurde beispielsweise die »Watergate-Affäre« zunächst zur Verschwörungstheorie erklärt. Der Rest ist Geschichte. Doch es geht auch andersherum: Die Enthüllungen von richtigen Whistleblower:innen sollen dabei helfen, eine Verschwörungserzählung glaubwürdig zu machen.

Da ist es wieder, das Fünkchen Wahrheit. Und so kommt es mitunter zu der verrückten Situation, dass Anhänger:innen von Verschwörungserzählungen gleichzeitig echte Whistleblower:innen bewundern. Den Whistleblower:innen darf man das nicht zum Vorwurf machen. Noch schwieriger wird es, wenn Verschwörungserzählungen selbst mit der Figur eines oder einer Whistleblower:in arbeiten. Dann wird irgendeine erfundene Geschichte durch eine:n angebliche:n Whistleblower:in mit angeblich entlarvenden Informationen belegt. Dabei existiert gar kein:e Whistleblower:in.

Wie soll man da nur den Überblick behalten? Zum Glück gibt es doch entscheidende Unterschiede zwischen echten Enthüllungen und Verschwörungserzählungen. Whistleblower:innen sagen zum Beispiel nicht einfach nur, sie hätten Informationen, sie haben auch immer Belege für ihre Enthüllungen. Sie haben Akten kopiert und Dokumente gespeichert, auf denen schwarz auf weiß steht, welche Missstände es gibt.

Ein weiterer Unterschied: Jede »unglaubliche Geschichte« braucht eine Einordnung und muss einer kritischen Betrachtung standhalten. Und da wird es bei Verschwörungserzählungen dünn. Angeblich brisante Dokumente handeln dann zum Beispiel gar nicht von dem, was sie belegen sollen. Oder Vertreter:innen einer Verschwörungserzählung lenken bei kritischen Rückfragen vom Thema ab oder gehen zum Gegenangriff über. Dann verunglimpfen sie ihre Kritiker:innen als ahnungslos oder als »Teil des Systems«.

Whistleblower:innen bestehen dagegen den Realitätscheck. Viele von ihnen wenden sich an Journalist:innen, die die Informationen vor der Veröffentlichung überprüfen. Und nicht selten befassen sich später Polizei, Gerichte oder Parlamente mit den Enthüllungen. Wenn da etwas nicht stimmt, kommt das raus.

Anders als bei Verbreiter:innen von Verschwörungsmythen kann man also sagen: Wahre Whistleblower:innen müssen sich vor kritischen Rückfragen nicht fürchten.

DESIRÉE FIXLER

WHISTLEBLOWERIN ÜBER GREENWASHING IM FINANZWESEN

»Wir können uns nicht auf die Schulter klopfen, weil wir einen Nachhaltigkeitsbeauftragten eingestellt haben oder weil wir eine Richtlinie zu Menschenrechten haben. Es geht vielmehr darum, wirklich zu handeln und damit die Umwelt und die Gesellschaft zum Positiven zu verändern.« [84]

Der 31. Mai 2022 ist in Frankfurt am Main ein angenehmer Frühlingstag, ein paar Wolken ziehen über die Skyline. Die Wolkenkratzer sind das Wahrzeichen der Finanzmetropole Frankfurt. Denn hinter den glitzernden Glasfassaden dieser Hochhäuser, die teilweise über 200 Meter in den Himmel ragen, haben viele deutsche und internationale Banken ihre Büros. Eine davon ist die Deutsche Bank. Für sie ist dieser Frühlingstag im Mai allerdings alles andere als angenehm: Bei der größten Bank des Landes und ihrer Tochterfirma DWS rücken 50 Beamt:innen vom Landeskriminalamt, von der Staatsanwaltschaft und der Bankenaufsicht an. Sie durchsuchen Büros und beschlagnahmen unter anderem Dokumente und Festplatten.

Später werden Medien von einem »Beben in der Branche«[85] sprechen. Bei diesem Beben geht es auch um die ganz großen Themen: um die Klimakrise, um eine bessere Zukunft und um die Frage, welche Rolle dabei Banken und Investor:innen spielen – oder eben nicht. Im Zentrum des Ganzen steht die Whistlebowerin Desirée Fixler. Deren Geschichte hängt eng mit der Finanzwirtschaft oder der sogenannten Finanzindustrie zusammen.

Bei dem Wort »Industrie« denkt man schnell an Fabriken. Doch die Finanzindustrie stellt keine Gegenstände her, keine Züge, Computer oder Medikamente. Trotzdem ist sie sehr einflussreich. Denn es geht um Geld – und das spielt im Kapitalismus immer eine zentrale Rolle. Das finden längst nicht alle Menschen richtig, aber es ist die Realität.

Deswegen kommen auch fast alle Menschen in Deutschland früher oder später mit der Finanzindustrie in Berührung: Wer am Ende des Monats etwas übrig hat, spart das Geld vielleicht und hofft auf Zinsen von der Bank. Manche Menschen leihen sich etwas von der Bank, nehmen also einen Kredit auf – und für diesen Kredit zahlen sie wiederum Zinsen.

Man kann Geld auch investieren – zum Beispiel an der Börse. Das machen nicht nur Privatpersonen, sondern auch Versicherungen oder spezielle Investmentfirmen. Dann kauft man beispielsweise Aktien, im Grunde kleine Teile eines Unternehmens, und hofft darauf, dass ihr Wert steigt. Das ist das Versprechen, wenn es ums Sparen, Anlegen oder Investieren geht: Ohne eigene Arbeit soll das Geld quasi von selbst mehr werden. Das hilft vor allem reicheren Menschen, weil die mehr Geld zur Verfügung haben, um es zu investieren.

Am Ende muss also immer der Gewinn, auch Rendite genannt, stimmen. Aber mit welchen Mitteln darf dieses Ziel erreicht werden? Und zu welchem Preis? Was ist zum Beispiel, wenn ein Unternehmen seine Arbeiter:innen ausbeutet oder große Gewinne mit etwas macht, das die Umwelt zerstört? Kohle verbrennen, zum Beispiel. Wenn auf der einen Seite Gewinne gemacht werden, dann leiden oft Menschen oder Natur an anderer Stelle.

Auf dem Finanzmarkt aber wird vor allem bewertet, wie hoch die Gewinne sind oder in Zukunft sein könnten. Unter anderem deswegen wird das System, so wie es jetzt gerade ist, oft als gnadenlos oder unmoralisch empfunden und viel kritisiert. Andere wiederum sagen: Die Finanzindustrie ist wichtig, weil Unternehmen so an das Geld kommen, um zum Beispiel neue Medikamente zu entwickeln und herstellen zu können. Die Finanzindustrie spielt also nicht nur eine zentrale Rolle, ihr kommt auch eine große Verantwortung zu.

In dieser Welt, mit diesem Denken von möglichst großer Rendite, begann die Karriere von Desirée Fixler. Eigentlich wollte sie nach ihrem Studium in London Spionin werden, so steht es in einem Porträt, das Jahre später über sie erschienen ist. Stattdessen begann sie für eine der größten Banken der Welt zu arbeiten. Dort verkaufte sie besonders komplizierte und riskante Investmentprodukte an Banken und Versicherungen. In einem Fernsehbeitrag sprach sie einmal über diese Zeit:

»Man hat für die Firma gelebt und geatmet. Die Arbeitszeiten waren wahnsinnig. Aber man hat es nie infrage gestellt. Und relativ gesehen hat man so viel Geld verdient, dass man dankbar war.«[86]

Sie habe nicht mehr selbst gedacht, sondern alles für die Bank gegeben. Kein Wunder, dass Desirée Fixler später auch als »Vollblutbankerin« bezeichnet wurde.

Doch 2005 sorgte ein Buch dafür, dass die »Vollblutbankerin« anders auf die Welt blickte. Desirée Fixler las die Theorien und Geschichte von Muhammad Yunus. Der Wirtschaftswissenschaftler aus Bangladesch hatte eine Bank gegründet, die sogenannte Mikrokredite an Menschen vergab, die normalerweise keine Chance auf Kredite haben: arme Menschen – vor allem Frauen – oder Menschen, die nicht lesen oder schreiben können. Auf diese Weise konnten sie sich kleine Beträge leihen, um sich damit eine Lebensgrundlage aufzubauen. Das Geld floss dann zum Beispiel in Werkzeuge oder Saatgut für Pflanzen, um einen kleinen Hof aufzubauen. Der »Banker der Armen« genannte Muhammad Yunus wurde 2006 mit dem Friedensnobelpreis ausgezeichnet. Er hatte gezeigt, dass auch Banken Gutes bewirken können.

Diese Einsicht faszinierte Desirée Fixler und ließ sie neue Pläne schmieden. Sie wollte Finanzprodukte entwickeln, die den Investoren Gewinn brachten und gleichzeitig den Menschen und der Umwelt halfen.

In den Jahren darauf widmete sich Desirée Fixler genau diesem Ziel: mit den Mitteln einer Bankerin die Welt zu einem besseren Ort zu machen. Sie arbeitete daran, dass es mehr Mikrokredite gab oder dass nachhaltige Firmen in afrikanischen Staaten finanzielle Mittel bekamen. Das Geld dafür kam von den Kund:innen von Desirée Fixler, die ihrerseits erwarteten, dass ihr Vermögen wuchs.

Dieser Gedanke klingt faszinierend. Gewinne machen und gleichzeitig etwas Gutes tun – eine echte Win-Win-Situation. Dass sich die Welt zum besseren ändert, wäre dringend nötig. Denn die Krisen sind offensichtlich – von Ungleichheit über die Ausbeutung von Arbeiter:innen bis hin zu Umweltverschmutzung. Und über allem steht die Klimakrise. In den vergangenen Jahren hat ein Hitzerekord den nächsten gejagt, das Polareis schmilzt, und zu den Sommern gehören heftige Waldbrände oder Fluten inzwischen dazu. All das zeigt uns: Wenn wir unsere Verhaltensweise nicht grundlegend verändern, zerstören wir den Planeten und damit unsere Lebensgrundlage. Doch wie verändern wir unser Verhalten, unser Wirtschaften? Sogenannte nachhaltige Investitionen könnten – so die Theorie – zu einem positiven Wandel beitragen. Zum Beispiel wenn das Geld nicht mehr

Desirée Fixler entdeckte als Nachhaltigkeitschefin der Investmentfirma DWS, dass das Geld der Kund:innen nicht so nachhaltig investiert wurde wie behauptet. Ihre Enthüllungen sorgten für Ermittlungen gegen das Unternehmen und lösten eine große Diskussion über Greenwashing in der Finanzindustrie aus.

in Unternehmen fließt, die Kohle verbrennen, sondern in Firmen, die Windräder bauen. Oder wenn das Geld nur dort investiert wird, wo Arbeiter:innen gut behandelt werden.

Vielen Menschen gibt diese Idee Hoffnung: Die Dinge zum Besseren wenden – ohne das komplette Leben ändern zu müssen. Kein Wunder also, dass diese »nachhaltigen Investitionen« in den letzten Jahren sehr beliebt geworden sind.

Andere kritisieren diesen Ansatz jedoch. Sie sagen, dass das Problem am Kapitalismus selbst liegt. Dieses System setzt auf Gewinne, auf immer noch mehr Produkte und noch mehr Konsum. Doch immer mehr ist nicht immer besser, sondern schadet dem Planeten.

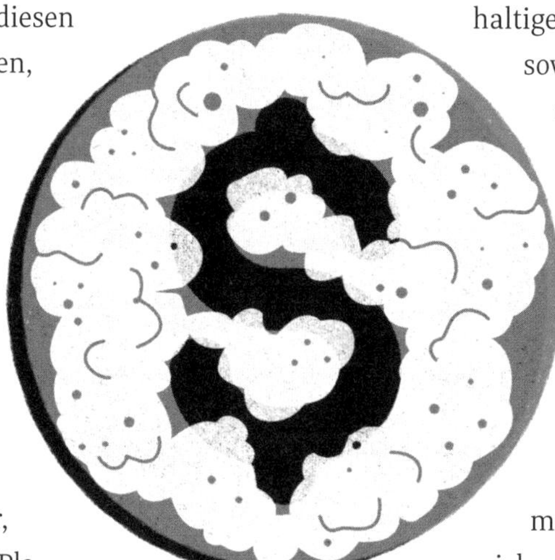

Desirée Fixler glaubte daran, dass Veränderung innerhalb des Systems möglich war. 2020 wurde sie Nachhaltigkeitschefin bei der DWS. Die gehört zur Deutschen Bank und bietet Privatpersonen, aber auch Versicherungen oder anderen großen Institutionen die Möglichkeit, Geld anzulegen – vor allem an der Börse. 2020 gab die DWS an, über 450 Milliarden Euro nachhaltig investiert zu haben. Doch wie sollte sichergestellt werden, dass dieses gewaltige Vermögen auch wirklich für eine gute Sache eingesetzt wurde? Dafür gibt es unter anderem eine Liste an Kriterien, an denen sich die Unternehmen, in die investiert wird, messen lassen müssen. Sie heißen ESG-Kriterien, und anhand ihrer müssen Konzerne zeigen, ob sie ihren Energieverbrauch senken, wie sie ihre Arbeiter:innen behandeln oder wie divers es in der Chef:innen-Etage zugeht. Je mehr Anstrengungen unternommen werden, desto besser. Am Ende steht eine Art nachhaltiges Qualitätssiegel – sowohl für das Unternehmen selbst als auch für diejenigen, die dort investieren.

Doch so nachhaltig, wie von der DWS beschrieben, sah die Realität gar nicht aus. Oder zumindest konnte man sich da nicht so sicher sein. Das stellte Desirée Fixler schnell fest. Denn es gab überhaupt keine richtige Möglichkeit zu überprüfen, ob das Geld wirklich so gut angelegt war, wie es das Unternehmen so stolz von sich behauptete. Mehr noch: Teilweise entdeckte Desirée Fixler Aktien, die so gar nicht zu den Regeln passen wollten, denen die Unternehmen entsprechen sollten.

Wenn nicht überprüft werden kann, wie nachhaltig das Geld wirklich angelegt wird, und es zugleich Beispiele dafür gibt, dass das Vermögen auch in Firmen investiert wird, die nicht den Vorgaben entsprechen, dann sieht das nicht gut aus. Das edle Ziel »Nachhaltigkeit« erscheint dann vorgeschoben. Es täuscht die Menschen, und es lässt eine Firma »besser« erscheinen, als sie in der Realität ist. Dieses Phänomen nennt man Greenwashing – und das gibt es ziemlich oft. Modefirmen behaupten, Klamotten zu recyclen, obwohl ein Großteil davon einfach weggeschmissen wird. Andere Unternehmen engagieren sich vorgeblich für den Schutz des Regenwaldes, obwohl es ihnen damit eigentlich nur um ein besseres Bild in der Öffentlichkeit geht. Dem Planeten helfen diese Aktionen wenig, doch die Kund:innen haben ein gutes Gefühl – und das reicht den Firmen. Die Folgen des Greenwashings sind in mehrerlei Hinsicht schlecht. Erstens ist dem Planeten damit nicht geholfen. Zweitens leidet darunter auch der gute Ruf von sinnvollen und ernst gemeinten Maßnahmen für mehr Nachhaltigkeit.

Auch in der Finanzwelt ist Greenwashing anscheinend ein Problem, das wurde Desirée Fixler klar. Sie beschloss, etwas dagegen zu unternehmen. Hier stand immerhin auch ihre Karriere auf dem Spiel. Und so versuchte sie, ihre Vorgesetzten darauf aufmerksam zu machen. Sie schrieb E-Mails und sprach die Probleme in Sitzungen an. Vor allem der Jahresbericht, den die DWS veröffentlichen sollte, machte ihr Sorge. Sie erklärte, dass nach ihrer Kenntnis eine Reihe der Aussagen zu den nachhaltigen Geldanlagen im Jahresbericht und anderen Veröffentlichungen nicht nur unbegründet, sondern auch stark übertrieben, irreführend und schlichtweg falsch seien.

Doch es passierte nichts.

»Sie ignorierten mich nicht nur, sondern machten sich sogar über die strenge amerikanische Kultur der Einhaltung von Vorschriften lustig. Dann wurde es hässlich. Sie feuerten mich im Grunde und ließen eine Geschichte durchsickern, um die Berichterstattung zu kontrollieren.«[87]

So rekonstruierte Desirée Fixler selbst die Geschichte. Auf diese Weise entstand in der Öffentlichkeit ein sehr unvorteilhaftes Bild der Bankerin: Sie sei entlassen worden, weil sie nicht genug für die Nachhaltigkeit getan hätte.

Damit aber wollte sich Desirée Fixler nicht abfinden. Stattdessen wandte sie sich an eine US-amerikanische Zeitung und wurde so zur Whistleblowerin.

Doch was trieb sie all die Zeit an? Sie habe keinen Ärger mit den Behörden und für die Firma bekommen wollen, sagte Desirée Fixler. »Außerdem war ich sehr verärgert über das Greenwashing in der gesamten Branche, nicht nur bei der DWS.«[88] Aus ihrer Sicht war es an der Zeit, den »Nachhaltigkeits-Bullshit« der Unternehmen ins Scheinwerferlicht zu rücken.

Hat das funktioniert? Was ihren Ruf angeht, ist die Antwort nicht gerade einfach. Denn auch ein Jahr nach ihrem Gang an die

Öffentlichkeit hatte Desirée Fixler noch keinen neuen Job als Bankerin. In einem anderen Interview beschrieb sie die Folgen ihres Whistleblowings so:

»Wenn man einmal ein:e Whistleblower:in ist, trägt man das für den Rest seines Lebens mit sich herum. Man wird in der Presse gefeiert, und die Leute wollen mit einem reden, aber sie wollen einen ganz sicher nicht dauerhaft in einem normalen Unternehmen anstellen. Man muss sich beruflich neu erfinden.«[89]

Heute berät sie unter anderem eine britische Behörde, die dort den Finanzmarkt kontrolliert. Und sie kämpft weiterhin gegen Greenwashing. Inzwischen gibt es sogar ein Analyse-Instrument, mit dem man Greenwashing entdecken kann.

Nach Desirée Fixlers Enthüllungen berichteten Medien auf der ganzen Welt über den Fall der DWS. Das Unternehmen widersprach den Vorwürfen, und bis heute sind die Ermittlungen noch nicht abgeschlossen.

Kurz nach der Durchsuchung der Büros in Frankfurt verließen die Vorgesetzten, die nicht auf Desirée Fixler gehört hatten, das Unternehmen. Und im Jahresbericht nach den Enthüllungen gab das Unternehmen auf einmal 75 Prozent weniger nachhaltige Investitionen an. Für die Whistleblowerin war das ein Zeichen, dass sie offenbar recht gehabt hatte. Im September 2023 verhängte die Börsenaufsicht in den USA eine Geldstrafe von 19 Millionen US-Dollar gegen die DWS. Das Unternehmen habe sich in Sachen Nachhaltigkeit übertrieben positiv dargestellt.

Doch auch über die direkten Konsequenzen hinaus hat sich etwas verändert. Das Problem des Greenwashings in der Finanzwelt ist auch dank Desirée Fixler präsenter geworden. Die Berichte seien »ein Gamechanger« gewesen, auf einmal seien alle auf das Thema aufmerksam geworden, meint auch die Whistleblowerin selbst. Die Enthüllungen hätten zu einem enormen positiven Wandel geführt, um Greenwashing loszuwerden. Die Nachhaltigkeitsrichtlinien seien vor allem für ein gutes Image genutzt worden. »Es war wie im Wilden Westen. Man konnte alles sagen.«[90]

Damit nicht mehr jede:r alles behaupten kann, braucht es eine strengere Regulierung, meint Desirée Fixler. Denn allzu oft investierten Anleger:innen in ein Produkt, das bloß auf dem Etikett grün aussieht. »Die Definition von Nachhaltigkeit muss klarer sein«, findet sie. Und sie glaubt, dass auch die Anleger:innen selbst kritisch nachfragen müssen, wie gut ihr Geld wirklich investiert wird. Dass immer mehr Menschen darauf achten, dazu hat auch Desirée Fixler mit ihren Enthüllungen beigetragen.

PETER BUXTUN

WHISTLEBLOWER DER TUSKEGEE-SYPHILIS-STUDIE

»Ich war entsetzt. Was zur Hölle tun die da? Ich arbeite hier in San Francisco hart daran, dass sich die Syphilis nicht weiter ausbreitet – und die behandeln die Menschen nicht einmal?«[91]

Manchmal beginnen die Geschichten großer Enthüllungen ganz unspektakulär – zum Beispiel bei der Kaffeepause. Hier hörte der Sozialarbeiter Peter Buxtun das erste Mal von dem Experiment, gegen das er in den nächsten Jahren kämpfen und das er schließlich öffentlich machen würde.
Ein Experiment, das aus heutiger Sicht unbegreiflich erscheint und das viele große gesellschaftliche Fragen aufwarf, die uns auch heute noch beschäftigen: über Ethik in der Medizin – und über Rassismus in den USA.

Peter Buxtuns Enthüllungsgeschichte begann im Jahr 1965. Der damals 27-Jährige arbeitete zu dieser Zeit in San Francisco für eine US-amerikanische Gesundheitsbehörde, den US Public Health Service. Seine Aufgabe war es, Menschen zu befragen, die sich beim Sex mit einer Geschlechtskrankheit infiziert hatten. So wollte die Behörde möglichst früh herausfinden, wer sich noch angesteckt haben könnte, um die Menschen rechtzeitig zu behandeln und weitere Ansteckungen zu verhindern. Eine der Krankheiten, mit der Peter Buxtun damals viel zu tun hatte, war Syphilis. Über Jahrhunderte war die Krankheit gefürchtet: Wer damit infiziert war, bekam erst eine Wunde, später Ausschlag und Fieber, irgendwann konnte die Syphilis auf das Gehirn und das Rückenmark überspringen. Dann litten die Erkrankten unter fürchterlichen Schmerzen, es konnte zu Lähmungen kommen, Patient:innen erblindeten oder verloren zunehmend ihren Verstand und starben qualvoll. Doch in den 1960er-Jahren konnte man die Krankheit gut behandeln – mit Penizillin, einem Antibiotikum. Das wusste auch Peter Buxtun aus seinem Arbeitsalltag.

Umso mehr schockierte ihn das Gespräch, das er eines Tages in der schäbigen Kaffeeküche aufschnappte: Es ging um einen offensichtlich schwerkranken Syphilis-Patienten. Er kam aus Tuskegee, einer Stadt in Macon County. Die Region ist Teil von Alabama, einem Bundesstaat im Süden der

USA. Der Mann hatte eindeutige Symptome und wurde zu einem Arzt in einiger Entfernung gebracht. Der tat das, was man von einem Mediziner erwartete: Er behandelte die Krankheit mit Penizillin. Doch die Seuchenschutzbehörde CDC reagierte verärgert: Der Kranke sei Teilnehmer einer Studie gewesen – und die Untersuchung nun ruiniert. Ein kranker Mensch, der aus »wissenschaftlichen Gründen« nicht behandelt wurde, obwohl es längst Medikamente gab? Was waren das für Ärzt:innen? Peter Buxtun war empört. Und so entschied er sich, der Sache auf den Grund zu gehen.

Peter Buxtun bohrte nicht nur bei seinen Kolleg:innen nach, sondern rief auch die Presseabteilung der Seuchenschutzbehörde an. Als er fragte, was sie an Unterlagen zu der Studie in Alabama hatten, antwortete der Mann am Telefon: »Oh, da haben wir eine ganze Menge. Was davon wollen Sie?« Ein schlechtes Gewissen schien die Behörde also nicht zu haben. »Schicken Sie mir alles«, entgegnete Peter Buxtun. So gelangte er, der Sozialarbeiter von den Straßen San Franciscos, in den Besitz eines braunen Umschlags mit mehreren Berichten, aus denen sich das Bild eines grausamen Experiments ergab.

Die meisten Menschen haben Vertrauen zu Ärzt:innen. Ohne das geht es auch nicht. Wir vertrauen Ärzt:innen unsere Geheimnisse, unsere Gesundheit, unser Leben an. Wir glauben daran, dass sie ihre Arbeit den kranken Menschen widmen und Menschlichkeit für sie oberstes Gebot ist. Mit alldem hatte das, was dort in Macon County in Alabama geschah, nichts zu tun. In Wahrheit handelte es sich dabei um einen brutalen Menschenversuch – der am längsten andauernde, den es je in den USA gegeben hatte.

Grundsätzlich ist medizinische Forschung wichtig, wir verdanken ihr viel: etwa, dass wir heute Krankheiten behandeln können, die für Menschen früher ein Todesurteil waren. Dass es Impfungen gibt, die uns vor Viren schützen, oder dass wir verstehen, was Krankheiten im menschlichen Körper anrichten. Doch häufig muss Forschung früher oder später auch an Menschen erfolgen. Am Ende soll die Medizin ja ihnen helfen. Spätestens da kommt es zu schwierigen Abwägungsfragen. Wann ist eine medizinische Studie am Menschen angemessen – und wie sollte sie aussehen, damit sie den Menschen die Würde nicht nimmt und sie nicht unnötig gefährdet? Dafür gibt es strenge Regeln. Forscher:innen müssen zum Beispiel einen medizinischen Nutzen verfolgen, sie dürfen also nicht einfach drauflosforschen. Teilnehmer:innen einer Studie, die sogenannten Proband:innen, müssen zudem über alles informiert und damit einverstanden sein. Außerdem muss die Gesundheit der Patient:innen immer im Vordergrund stehen. Das bedeutet auch, dass die Proband:innen behandelt werden, wenn es ein Medikament für ihre Erkrankung gibt.

Nichts davon traf auf die Syphilis-Studie zu, als Peter Buxtun 1965 auf sie aufmerksam wurde.

Das Experiment hatte bereits 1932 begonnen – durchgeführt von staatlichen Ärzt:innen in Tuskegee. So wurde die Studie später auch unter dem Namen »Tuskegee-Studie« bekannt. Die Ärzt:innen wählten insgesamt 399 mit Syphilis infizierte Männer und 200 gesunde Männer zum Vergleich aus. Sie alle lebten in Macon County, sie alle waren arme Landarbeiter, die sich keine gute Gesundheitsversorgung leisten konnten – und sie alle waren People of Color. Die Verantwortlichen erklärten den Männern nicht, dass sie Syphilis hatten, denn sie wollten erforschen, was mit Menschen passierte, wenn die Krankheit ungebremst fortschreiten konnte. Mehr noch: Sie wollten belegen, dass sich das Virus auf People of Color anders auswirkte als auf weiße Menschen. Die Forscher:innen vermuteten, dass bei Schwarzen Menschen das Gehirn seltener geschädigt würde, weil es geringer ausgebildet sei. Es war eine zutiefst rassistische Annahme.

All das sagten die Forscher:innen den Patienten nicht. Stattdessen reisten sie durch Macon County und behaupteten, sie suchten Menschen mit »bad blood«, also »schlechtem Blut«, um sie kostenlos zu behandeln. Von Syphilis war nicht die Rede und davon, dass die Menschen damit Teil eines Experiments wurden, auch nicht. Den Landarbeitern wurde neben der (vorgetäuschten) kostenlosen Behandlung, auch eine Mahlzeit und die An- und Abreise zu den Untersuchungen bezahlt. Außerdem versprach man ihnen, die Kosten für ihre Beerdigung zu übernehmen – für die Erlaubnis, die Männer nach ihrem Tod in einer Obduktion zu untersuchen. Denn nur so konnte die Auswirkung der Syphilis auf das Gehirn nachgewiesen werden.

So verging Jahr um Jahr, und das Virus verbreitete sich ungehindert in den Körpern der Patienten. Von Anfang an war die

Peter Buxtun schnappte als Sozialarbeiter für eine US-Gesundheitsbehörde ein Gespräch über die Tuskegee-Syphilis-Studie auf, bei der Schwarze US-Amerikaner, ohne etwas davon zu wissen, Teil eines Menschenexperiments wurden. Dabei wurde ihnen eine Behandlung gegen Syphilis verwehrt, die es schon längst gab. Seine Enthüllung sorgte für ein Ende der Studie und zu Debatten über Medizinethik und Rassismus in den USA.

Studie ethisch nicht vertretbar. Nicht nur, dass die Teilnehmer nichts von dem Experiment wussten. Mehr noch: Auch wenn das beste Mittel gegen die Syphilis noch nicht entdeckt worden war, gab es schon Versuche, die Krankheit zu behandeln, zum Beispiel mit einem Medikament namens Salvarsan. Doch das bekamen die Probanden nicht. Stattdessen gab man ihnen in regelmäßigen Abständen Aspirin oder wirkungslose Medikamente, sogenannte Placebos, um ihnen eine Therapie vorzugaukeln. Im Grunde aber warteten die Forscher:innen darauf, dass die Männer starben, sodass ihre Leichen untersucht werden konnten.

Mitte der 1940er-Jahre wurde Penizillin als gängige Behandlung zugelassen. Die Syphilis verlor dadurch nach und nach ihren Schrecken – heute gilt sie als gut behandelbar. Doch in Macon County, unter den Patienten der Studie, grassierte das Virus weiter.

Das war die Lage der Dinge, die sich vor Peter Buxtun ausbreitete, als er die Unterlagen aus dem braunen Umschlag durchging. Tagsüber kämpfte er gegen die Ausbreitung der Syphilis, nachts las er über Ärzt:innen, die genau das Gegenteil taten. Eines Abends saß Peter Buxtun in einer städtischen Bibliothek in San Francisco. Dort wollte er mehr zu den Nürnberger Prozessen erfahren. Peter Buxtun, selbst Sohn eines jüdischen Vaters, las von Prozessen gegen die Kriegsverbrecher:innen der Nazi-Zeit. Darunter waren auch einige Ärzt:innen, die in den Konzentrationslagern grausame Experimente mit Insass:innen gemacht hatten. Die Folge dieser Gräuel war der sogenannte »Nürnberger Kodex«, eine ethische Richtlinie bei Experimenten am Menschen. Schon der erste Satz lautete: »Die freiwillige Zustimmung der Versuchsperson ist unbedingt erforderlich.« Als sich der Abend dem Ende zuneigte, dachte er sich:

»Ich muss etwas tun.«[92]

Und Peter Buxtun tat etwas. Er schrieb eine Beschwerde, in der er die Tuskegee-Studie mit den Experimenten der Nazis in Deutschland verglich, er sprach mit seinen Kolleg:innen und seinem Chef, doch die wollten nicht in die Sache verwickelt werden.

Peter Buxtun ließ sich nicht beirren. Er schrieb einen Brief an die US-amerikanische Seuchenschutzbehörde. Man lud ihn zwar zu einem Gespräch ein, doch dort versicherten die Verantwortlichen dem kritischen Sozialarbeiter lediglich, die Studie liefere wichtige wissenschaftliche Erkenntnisse. Außerdem seien das doch alles Freiwillige. Dass diese »Freiwilligkeit« mit Arztbesuchen und kostenlosen Mahlzeiten erkauft worden war, ignorierten sie.

So lief die Studie einfach weiter. Peter Buxtun kündigte seine Stelle, um Jura zu studieren, doch er konnte nicht vergessen, was er bei der Gesundheitsbehörde alles erfahren hatte.

Dann ereignete sich in den USA ein Mord, der das Land erschütterte. Am 4. April 1968 wurde Martin Luther King erschossen. Der Schwarze Pastor war einer der Anführer der amerikanischen Bürgerrechtsbewegung, die sich gegen den Rassismus im Land einsetzte – und für die Gleichberechtigung von Afroamerikaner:innen. Denn nach dem Ende des amerikanischen Bürgerkriegs 1865 wurde die Sklaverei in den USA zwar offiziell abgeschafft, doch in den 100 Jahren darauf hatte sich am Denken der weißen US-Amerikaner:innen kaum etwas geändert. Gerade in den Südstaaten, zu denen auch Alabama zählte, wurden People of Color Opfer von Morden, die kaum verfolgt wurden. Schwarze Menschen wurden systematisch unterdrückt. Sie durften nicht in den gleichen Restaurants essen wie Weiße, die Kinder gingen in getrennte Schulen, Schwarze Menschen durften in bestimmten Vierteln nicht wohnen. Afroamerikaner:innen wurden als minderwertig erachtet, ausgegrenzt und verfolgt. Dieser Rassismus wurde durch die sogenannten Jim-Crow-Gesetze zu geltendem Recht erklärt. Die Gesetze wurden erst 1965 abgeschafft – ein Erfolg der Bürgerrechtsbewegung um Martin Luther King.

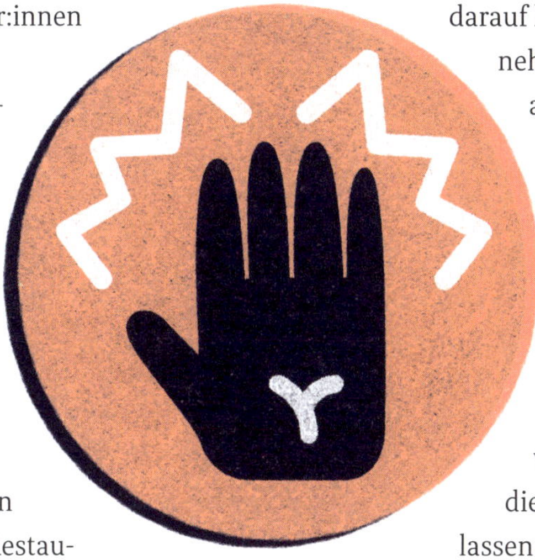

Doch während die Bürgerrechtsbewegung für mehr Gleichheit kämpfte und es nach dem Mord an Martin Luther King zu Aufständen und Protesten im ganzen Land kam, lief die Tuskegee-Studie einfach weiter. Dabei war sie selbst ein Symbol des Rassismus in den USA, bei dem People of Color ohne ihr Wissen zum Gegenstand eines Experiments gemacht wurden.

Peter Buxtun schrieb abermals einen Brief an die Seuchenschutzbehörde. Er wies darauf hin, dass alle Teilnehmer der Studie Afroamerikaner waren. »Das allein ist politischer Sprengstoff«[93], schrieb er. Das Bild der US-Gesundheitsbehörden in der Öffentlichkeit wäre ruiniert. Doch wieder wurde entschieden, die Studie weiterlaufen zu lassen.

Die Geschichte ließ Peter Buxtun auch in den nächsten Jahren nicht los. Er begann mit seinen Freund:innen über den Fall zu reden – fast ging er ihnen damit schon auf die Nerven. Doch eines Abends, bei einer Dinner-Party, hörte ihm schließlich jemand zu: Eine Freundin von ihm hatte gerade als Reporterin bei der Presseagentur AP angefangen. Sie konnte nicht glauben, was sie da hörte. Waren wirklich alle Patienten dieser unethischen Studie Schwarz? Peter Buxtun übergab ihr die

Berichte, sie wiederum vertraute die Geschichte einer Kollegin, Jean Heller, an.

Jean Heller begann zu recherchieren, sie sprach mit Ärzt:innen und Forscher:innen, wühlte sich durch Bibliotheken und wurde schließlich fündig. Innerhalb weniger Wochen hatte sie genug Material für einen Artikel zusammengetragen. Am 25. Juli 1972, rund 40 Jahre nach dem Beginn der Studie, wurde Jean Hellers Artikel im *Washington Evening Star* veröffentlicht. Gemessen an dem Unrecht, das dort beschrieben wurde, las sich die Überschrift fast nüchtern: »Syphilis-Opfer blieben in US-Studie 40 Jahre lang unbehandelt«.

Die Enthüllung sorgte für einen öffentlichen Aufschrei. Der Rassismus und der offensichtliche Verstoß gegen ethische Regeln bei einer medizinischen Studie schockierten die Gesellschaft. Wenige Monate nach Erscheinen des ersten Artikels wurde die Studie eingestellt. Zum Ende dieses Experiments lebten noch 74 der 400 Menschen. Mindestens 28 Männer waren an Syphilis gestorben, und auch in anderen Fällen konnte man nicht sicher sein, ob der Tod nicht doch etwas mit dem Virus zu tun gehabt hatte. Andere Studien gingen von etwa 100 Toten in Folge der Syphilis aus. Auch Frauen und Kinder steckten sich bei den nicht behandelten Männern an. Von den Verantwortlichen wurde niemand persönlich bestraft.

Zwei Jahre später sprach ein Gericht den Überlebenden eine Entschädigung von 10 Millionen Dollar zu – heute wären das rund 53 Millionen Dollar. Außerdem bekamen die Überlebenden kostenlose Gesundheitsversorgung. Vor allem aber wurden dank der Enthüllungen von Peter Buxtun einige neue Gesetze in den USA erlassen, die medizinische Studien am Menschen strenger regeln und kontrollieren.

Doch trotz dieser neuen Gesetze sind die Folgen der Studie in den USA noch immer spürbar. Viele People Of Color trauen dem Gesundheitssystem auch heute nicht. Manche Afroamerikaner:innen, die sich nicht gegen Covid-19 impfen lassen wollten, verwiesen dabei mitunter auf die Tuskegee-Studie. Sie ist dadurch auch ein Beispiel dafür, wie lange die schrecklichen Folgen von strukturellem Rassismus eine Gesellschaft prägen – und diskriminierte Menschen weiter ausschließt.

1994 entschuldigte sich der damalige US-Präsident Bill Clinton bei den Überlebenden der Tuskegee-Studie. Er sagte:

»An unsere afroamerikanischen Mitbürger:innen: Es tut mir leid, dass Ihre Bundesregierung eine so eindeutig rassistische Studie durchgeführt hat. Das darf nie wieder passieren.«[94]

SPOT 7

Die ultimative Transparenz: WikiLeaks und Julian Assange

Am 5. April 2010 veröffentlicht ein 39-jähriger Mann bei einer Pressekonferenz ein Video, das die Öffentlichkeit erschüttern wird. Es trägt den Titel »Collateral Murder« und zeigt, wie US-Soldaten aus einem Kampfhubschrauber auf Zivilist:innen schießen. Das sind Kriegsverbrechen, und eigentlich sollte dieses Video wohl nie an die Öffentlichkeit gelangen. Doch nach der Pressekonferenz ist nicht nur das Video weltbekannt, sondern auch der Name des Mannes und seiner Plattform: Julian Assange und WikiLeaks.

In einem Buch über Whistleblower:innen dürfen beide Namen nicht fehlen. Denn Julian Assange hat WikiLeaks 2006 als eine Plattform für Hinweisgeber:innen gegründet. Die Idee: Wer in Besitz von Originaldokumenten war und diese veröffentlichen wollte, sollte sie bei WikiLeaks anonym hochladen können. Nachdem sie auf ihre Echtheit überprüft worden waren, landeten sie – für alle frei verfügbar – auf der Plattform. So sollten Informationen, die für die Öffentlichkeit wichtig sind, den Menschen zugänglich gemacht werden.

Einige der Whistleblower:innen, die hier im Buch vorgestellt werden, haben WikiLeaks genutzt, zum Beispiel Jóhannes Stefánsson oder Chelsea Manning.

Edward Snowden hat sich wiederum dagegen entschieden, seine Informationen bei WikiLeaks zu veröffentlichen. Er wollte direkt mit Journalist:innen zusammenarbeiten, um besser kontrollieren zu können, welche Informationen wirklich an die Öffentlichkeit gelangten.

Das ist einer der Kritikpunkte an WikiLeaks. Wenn man unbearbeitete Dokumente nicht anonymisiert veröffentlicht, kann das für einige Menschen gefährlich werden. Beispielsweise weil die Namen von Menschen bekannt werden könnten, die im Irak oder in Afghanistan mit den USA zusammengearbeitet haben.

Dieser Vorwurf spielte auch bei anderen wichtigen Veröffentlichungen von WikiLeaks eine Rolle: Dokumente über die Kriege der USA in Afghanistan und im Irak. Dabei wurde offensichtlich, dass in beiden Kriegen auch viele Zivilist:innen getötet wurden – ein Bild, das die USA immer hatten vermeiden wollen.

In einem anderen Fall veröffentlichte WikiLeaks Nachrichten von US-amerikanischen Botschaften, mit jeder Menge brisanter Informationen, unter anderem zu Spionage und **Korruption** – und darüber, wie US-Diplomat:innen auf die Regierungen anderer Länder blickten und sich mitunter unverblümt über sie ausließen. Aber was passiert, wenn es keine geschützten Räume mehr gibt, um sich offen auszutauschen? Alle Menschen reden schließlich privat anders als in der Öffentlichkeit. Braucht es das dann nicht auch für die Diplomatie? WikiLeaks und Julian Assange provozierten solche Fragen.

Über die Zeit hat WikiLeaks auch Einfluss auf die Weltpolitik genommen. So sind viele Menschen der Meinung, dass die Veröffentlichungen von WikiLeaks dazu beigetragen haben, dass Menschen im **Arabischen Frühling** für ihre Rechte und die **Demokratie** auf die Straße gegangen sind.

Kritiker:innen wiederum sagen, dass auf der Plattform vor allem US-kritische Dokumente veröffentlicht werden, Russland dagegen weniger schlecht wegkommt. Dazu passt, dass WikiLeaks im US-Wahlkampf 2016 E-Mails der Präsidentschaftskandidatin Hillary Clinton veröffentlichte, die mutmaßlich von russischen Hackern kamen. Die anschließenden Diskussionen trugen auch dazu bei, dass am Ende Donald Trump zum Präsidenten gewählt wurde.

WikiLeaks polarisiert – genauso wie Julian Assange. Der Australier ist das Gesicht der Organisation. Die einen halten das, was er tut, für kriminell. Für die anderen ist er ein Revolutionär für Informations- und **Pressefreiheit** und für eine aufgeklärte Öffentlichkeit, der kompromisslos große Mächte herausfordert. Auf jeden Fall hat Julian Assange einen extrem hohen Preis gezahlt. Von den USA wurde er unter anderem wegen Spionage angeklagt. Ihm drohen bis zu 175 Jahre Freiheitsstrafe in Einzelhaft.

Deshalb will Julian Assange unbedingt verhindern, in die USA gebracht zu werden. Jahrelang konnte er die ecuadorianische Botschaft in London, wo er sich in Sicherheit gebracht hatte, nicht verlassen. 2019 wurde er schließlich festgenommen. Bis heute sitzt Julian Assange im britischen Hochsicherheitsgefängnis Belmarsh und kämpft gegen seine Auslieferung an die USA – Ausgang offen. Die Bedingungen in der Haft sind hart. Nicht nur deshalb fordern viele **NGOs** und große Medienhäuser, dass die US-Regierung die Anklage gegen Julian Assange fallen lässt.

Doch egal wie der Fall ausgeht: schon jetzt ist der Umgang mit ihm ein abschreckendes Beispiel für Whistleblower:innen und die freie Presse. Und all das, so sagt Nils Melzer, ehemaliger UN-Sonderberichterstatter über Folter, weil Julian Assange »die schmutzigen Geheimnisse der Mächtigen an die Öffentlichkeit gebracht und damit Kriegsverbrechen, Folter und Korruption enthüllt hat«.[95]

CHELSEA MANNING

WHISTLEBLOWERIN ÜBER DIE KRIEGE DER US-ARMEE

»Ich dachte immer, dass es als gute Absicht gilt, wenn ein:e Bürger:in der Öffentlichkeit zeigt, was wirklich passiert. Ich weiß nicht, wann uns das verloren ging.«[96]

Wahrscheinlich hat jeder Mensch gute Gründe, die ein oder andere Sache lieber geheim zu halten. Firmen und Staaten geht es nicht anders, doch gerade bei Staaten wird es schnell kompliziert. Denn sind nicht alle Bürger:innen Teil ihres jeweiligen Staates? Und sollte deswegen nicht so wenig wie möglich vor ihnen geheim gehalten werden? Oder gibt es zu Recht Staatsgeheimnisse?

Nicht zuletzt diese Fragen wirft der Fall von Chelsea Manning auf, einer der berühmtesten Whistleblowerinnen der vergangenen Jahre: 2010 veröffentlichte sie eine große Menge geheimer Informationen des US-Militärs.

Dass Chelsea Manning überhaupt bei der US-Armee landete, hatte viel mit ihrer Jugend zu tun. Chaos, Unsicherheit, das Bedürfnis, irgendwo dazuzugehören – das treibt viele in dieser Phase um, doch für Chelsea Manning war die Suche nach der eigenen Identität besonders schwierig. Chelsea Manning wurde in den Körper eines Jungen geboren, ihren damaligen Vornamen, Bradley, legte sie später ab. Deswegen wird er auch in diesem Porträt nur ein einziges Mal genannt. Es ist ihr sogenannter Deadname, denn Chelsea Manning ist eine Transfrau. Das bedeutete schon in ihrer Jugend, dass sie sich im Körper eines Jungen und mit dem ihr dadurch zugewiesenen Geschlecht nicht richtig fühlte. Doch es sollte noch Jahre dauern, bis Chelsea Manning eine Geschlechtsangleichung durchführen würde.

Schon in ihrer Kindheit und Jugend liebte Chelsea Manning Jungs. Weil ihr damals noch das männliche Geschlecht zugewiesen wurde, wurde Manning während ihrer Schulzeit für ihre Homosexualität gemobbt. Zu Hause litt sie unter einem gewalttätigen Vater und der Alkoholsucht ihrer Mutter. Die Eltern trennten sich, und sie zog mit ihrer Mutter nach Wales – auf die andere Seite des Atlantiks. Nach der Schule kehrte Manning zurück in die USA, hangelte sich von Job zu Job und schlug sich die Nächte mit Partys um die Ohren. Phasenweise wohnte sie in einem Truck. Es war, als stünde sie an einem Abgrund, »eine 22-jährige Person, die keine Idee hat, in welche Richtung ihr Leben gehen soll«.[97] Dieses Leben, es fühlte sich an wie ein gigantischer, alles überschattender Schmerz.

Als Manning 2007 schließlich zur US-Armee ging, wollte sie damit vielleicht auch diesem Schmerz ein Ende bereiten. Sie hoffte, durch den Drill des Militärs und die Härte der Arbeit all das hinter sich zu lassen, was sie gequält hatte. Außerdem wollte sie ihrem Land helfen, denn sie begriff sich als Patriotin.

Sich der Armee anzuschließen bedeutete jedoch auch, dass man in ein Kriegsgebiet geschickt werden konnte.

In dieser Zeit führten die USA einen Krieg in Afghanistan. Sie hatten das Land nach den Terroranschlägen vom 11. September angegriffen, weil dort die Drahtzieher der Anschläge vermutet wurden. Die USA und ihre Verbündeten, darunter auch Deutschland, nannten es den »Krieg gegen den Terror«.

2003 waren die USA außerdem im Irak einmarschiert. Präsident George W. Bush hatte damals behauptet, der irakische Diktator Saddam Hussein habe Massenvernichtungswaffen. Das stellte sich später als Lüge heraus. Zwar wurde der Krieg noch im selben Jahr offiziell für beendet erklärt, doch die USA blieben weiter als Besatzungsmacht im Irak, und in den Jahren danach kam es häufig zu Kämpfen und Anschlägen.

Viele jüngere in Deutschland geborenen Menschen haben das Glück, in Frieden aufgewachsen zu sein. Deswegen ist es schwer, sich vorzustellen, was Krieg bedeutet, was sich hinter Begriffen wie »Kämpfe« oder »Anschläge« verbirgt. Es sind nüchterne Ausdrücke, die jedoch Schreckliches beschreiben. Denn wo Krieg ist, ist Leid. Menschen verlieren ihr Leben – Soldat:innen und andere Kämpfer:innen, aber auch Zivilist:innen, also Menschen vor Ort, die eigentlich gar nichts mit den Kämpfen zu tun haben. Es sind Großeltern, Kinder, beste Freund:innen. Kriege verwunden die Körper und Seelen der Menschen. Weil sie Gewalt und Brutalität am eigenen Leib erfahren oder aber beobachtet haben – oder weil sie selbst schlimme Dinge getan haben.

Chelsea Manning wurde Teil einer Analyse-Einheit. Das bedeutete, sie sollte im Vorfeld von Einsätzen Informationen zusammensammeln. Dabei ging es um Geheimdienstinformationen, aber auch um die aktuelle

Lage in einer Region. Wie war dort die Stimmung? War es friedlich? Oder standen Unruhen bevor? Wie verhielten sich diejenigen, die von den USA als Terrorist:innen eingestuft worden waren?

2009 wurde Manning in den Irak geschickt, in ein Camp in der Nähe der Hauptstadt Bagdad. Schon die Ankunft ließ erahnen, was den Soldat:innen bevorstehen würde: Das Flugzeug war in einen Übelkeit erregenden Sturzflug gegangen, weil es sonst beschossen worden wäre. Das schien nicht gerade so, als seien die Amerikaner:innen hier sehr erwünscht – obwohl in den US-Nachrichten immer die Rede davon gewesen war, wie viel Gutes die USA im Irak bewirkten.

Vor Ort aber fühlte sich die Situation wie Krieg an. Terroranschläge gehörten zum Alltag, und die Soldat:innen der US-Armee wähnten an jeder Ecke Feind:innen. In den Baracken war es heiß, staubig und stickig, Chelsea Manning arbeitete manchmal bis zu 15 Stunden. Dann saß sie vor ihrem Rechner und sammelte Informationen, überblickte Karten und Luftaufnahmen, sah Bilder und Videos von Einsätzen oder durchforstete das Netz nach Berichten, die für den nächsten Einsatz wichtig werden könnten.

So sah Chelsea Manning, was es bedeutete, im Krieg zu sein. Sie erlebte die Gewalt und stellte fest, dass diese auch von den USA ausging. Sie sah verwundete Kolleg:innen, aber auch verletzte und getötete Iraker:innen – darunter Zivilist:innen. Sie erlebte, dass die US-Armee auch mal Menschen festnahm, die sich kritisch gegenüber der irakischen Regierung äußerten – in ebenderen Auftrag. In unterschiedlichsten Zusammenhängen musste sie erfahren, dass Menschenleben in kriegsähnlichen Situationen wie diesen im Zweifel nicht viel zählen.

Dabei hatte Manning noch immer die Geschichten im Ohr, die in ihrer Heimat über den Einsatz im Irak erzählt wurden: dass die USA dort Demokratie bringen würden zum Beispiel. Es war, als gäbe es zwei Wahrheiten. Die Überzeugung, die in den USA vorherrschte – und die Welt, die Chelsea Manning Tag für Tag im Irak erlebte.

»Meine Aufgabe war, Geheimdienstinformationen, Quellen und Methoden für künftige Operationen zu schützen. Nun aber sah ich all die Toten und hatte das Gefühl, etwas tun zu müssen. Das war historisches Material, das veröffentlicht werden musste.«[98]

Chelsea Manning gelangte bei ihrer Arbeit für die US-Armee an Informationen über US-Kriegsverbrechen im Irak und in Afghanistan. Sie beschloss, die Öffentlichkeit darüber zu informieren und veröffentlichte rund 750 000 vertrauliche Dokumente auf WikiLeaks. Für ihre Enthüllungen musste sie mehrere Jahre ins Gefängnis.

So beschrieb Manning später den inneren Widerspruch – und den Auslöser für das, was nun folgen sollte.

Am Silvesterabend 2009 saß Chelsea Manning draußen und rauchte unter dem Sternenhimmel. »Das wird mein Jahrzehnt«[99], dachte sie. Wenige Tage später begann sie, das zu tun, was sie gelernt hatte: Sie sammelte Informationen. Und weil sie Zugriff auf viele geheime Daten und Dokumente hatte, kam eine ganze Menge zusammen: Am Ende waren es rund 750 000 Dokumente, die die Soldatin heimlich auf CDs kopierte. Es waren Nachrichten von Mitarbeiter:innen verschiedener US-Botschaften, Berichte aus Krisen- und Kriegsgebieten, von Kampfeinsätzen und als geheim eingestufte Videos.

Damit die CDs nicht sofort auffielen, schrieb sie einfach »Lady Gaga« darauf. So sollten alle denken, es handele sich um gebrannte Musik. Von den CDs kopierte sie die Informationen weiter auf Sticks, die sie schließlich im Februar 2010 bei einem Heimaturlaub aus dem Irak in die USA schmuggelte.

Eigentlich wollte sich Chelsea Manning in den USA mit den Dokumenten an Journalist:innen wenden. Doch sie fand nirgends wirklich Gehör. Und so lud die Whistleblowerin die Daten stattdessen über das WLAN eines Buchladens heimlich und anonym auf die Enthüllungsplattform WikiLeaks (→ Spot 7, Seite 132). Es war ein Wettlauf gegen die Zeit und gegen das schlechte Internet, und Chelsea Manning schwor sich: Sollte es an diesem Wintertag nicht klappen, dann würde sie so tun, als sei nichts gewesen, und einfach ihr altes Leben weiterleben. Am Ende gelang der Upload, und Chelsea Manning verließ den Buchladen mit dem Gefühl, ihr Gewissen etwas erleichtert zu haben.

»Ich fühlte mich meinen Mitmenschen gegenüber verpflichtet, das zu tun. Die Welt sollte mehr darüber erfahren, was tagtäglich im Irak und in Afghanistan passiert, damit sie die wahren Opferzahlen begreift.«[100]

Doch erst einmal tat sich nichts. Die Soldatin kehrte an ihren Arbeitsplatz im Irak zurück, eine wichtige Frage im Gepäck: Waren die Informationen überhaupt angekommen?

Um das herauszufinden, lud sie weitere Informationen bei WikiLeaks hoch, darunter auch ein Video, das um die Welt gehen sollte: Es wurde »Collateral Murder« genannt und zeigte, wie US-amerikanische Soldaten von einem Hubschrauber aus auf Zivilist:innen und Journalist:innen schossen. Hinterher erklärte die Armee, man habe die Kameras der Journalist:innen für Waffen gehalten. Doch es blieben die Bilder der Grausamkeit des Krieges und die auf Band aufgezeichneten Stimmen der Soldaten, die sich für ihre präzisen Schüsse lobten und sich über die Menschen am Boden lustig machten.

Ab dem Frühjahr 2010 veröffentlichte WikiLeaks immer mehr der Dokumente, die die Whistleblowerin auf der Plattform hochgeladen hatte. Für die USA war das eine Katastrophe, denn die Enthüllungen ließen das Land in einem ganz anderen Licht dastehen. Auf einmal wurde die US-Armee eher mit Folter und Verletzungen der Menschenrechte in Verbindung gebracht als mit Demokratie. Mit getöteten Zivilist:innen im Irak und in Afghanistan.

Auch mit verbündeten Ländern gab es Ärger. Denn einige der veröffentlichten Unterlagen zeigten, wie US-Botschafter:innen über andere Länder und ihre Politiker:innen sprachen. Und das war nicht nur vorteilhaft. Die damalige deutsche Bundeskanzlerin wurde zum Beispiel Angela »Teflon« Merkel genannt. Weil an ihr angeblich alles abperlte wie an einer beschichteten Pfanne.

Die Dokumente zeigten teilweise auch Korruption in Regierungen von Ländern wie zum Beispiel Tunesien. Deswegen meinen viele, dass auch die Enthüllungen zum Beginn der Demokratiebewegung des Arabischen Frühlings beigetragen haben.

Schon im Mai 2010 – nur wenige Wochen nach den ersten Veröffentlichungen – tauchten im Camp Männer mit Anzügen auf. Sie waren gekommen, um Manning festzunehmen. Die Whistleblowerin war aufgeflogen. In einem Chat mit einem Hacker hatte sie sich als die Quelle der Informationen zu erkennen gegeben. Der Hacker meldete sich schließlich bei den US-Sicherheitsbehörden.

Chelsea Manning hatte damit gerechnet, dass sie unehrenhaft aus der Armee entlassen würde, aber nicht damit, dass ihr eine Haftstrafe drohen würde. Sie hatte dabei an den Whistleblower Daniel Ellsberg gedacht, der nach seinen Enthüllungen nicht ins Gefängnis musste. Doch die Soldatin wurde eingesperrt. Zuerst mehr als 50 Tage in einem Käfig in Kuwait, dann weiter in Einzelhaft in den USA. Mehrere Monate war sie allein in ihrer fensterlosen Zelle, durfte sie nur einmal am Tag verlassen und keinen Kontakt zu Mithäftlingen haben. Die Begründung: Suizid-Gefahr. Chelsea Manning wurde ständig beobachtet, sie durfte tagsüber nicht schlafen und musste aufstehen, wenn sie es doch versuchte. Nicht einmal eine Decke bekam sie, sodass sie immer beobachtet werden konnte. Der UN-Sonderberichterstatter sprach später davon, dass die Haftbedingungen wie Folter gewesen seien. Erst Monate später wurde sie in ein anderes Gefängnis mit weniger harten Haftbedingungen verlegt.

Während sie versuchte, die Zeit im Gefängnis irgendwie zu überstehen, und auf ihren Gerichtsprozess wartete, diskutierte die Welt draußen darüber, welche Bedeutung die Whistleblowerin und ihre Enthüllungen hatten.

Deren Wert, so meinten einige, stand in keinem Verhältnis zu dem Schaden, den sie anrichten konnten. Chelsea Manning habe mit ihren Veröffentlichungen die Einsätze der US-Armee und sogar Menschenleben gefährdet. Während der Gerichtsverhandlung sagte ein Experte, unter all den 750 000 Dokumenten seien auch sensible Informationen gewesen – zum Beispiel Codeworte oder Militärtaktiken. Später kam jedoch sogar eine Untersuchung des Verteidigungsministeriums der USA zu dem Schluss, dass die Enthüllungen die Einsätze der Armee im Irak und in Afghanistan nicht gefährdet hätten.

Andere sahen in Chelsea Manning eine Heldin, die das wahre Gesicht der Kriege gezeigt hatte, an denen die USA beteiligt waren. Mehr noch: Manning hatte der Öffentlichkeit vor Augen geführt, was Krieg im 21. Jahrhundert bedeutet. Eine Whistleblowerin, die dafür gesorgt hatte, dass die Menschen in den USA besser über die Einsätze ihrer Armee diskutieren konnten, und die sich damit auch für die Demokratie starkgemacht hatte.

Rund drei Jahre nach den Enthüllungen wurde schließlich ein Urteil gefällt. Die Whistleblowerin wurde zu 35 Jahren Gefängnis verurteilt – unter anderem wegen Computerbetrugs, Diebstahls und Spionage. Zum Prozess waren viele Unterstützer:innen gekommen, die Manning auch außerhalb des Gerichtssaals mit Schildern und Transparenten zeigen wollten: Du bist nicht allein.

Bald nach dem Urteil ließ Chelsea Manning in offiziellen Dokumenten ihren Namen ändern. Und 2015 begann sie mit einer Hormontherapie. Im Januar 2017, kurz vor Ende seiner Amtszeit als US-Präsident, begnadigte Barack Obama die Whistleblowerin: »Chelsea Manning hat eine harte Gefängnisstrafe abgesessen. Ihr Strafmaß war unverhältnismäßig hoch. Im Vergleich zu den Strafen, die andere Whistleblower bekamen«[101], begründete er seine Entscheidung. Sieben Jahre nach ihrer Verhaftung verließ Chelsea Manning das Gefängnis.

Es war nicht das letzte Mal, dass sie im Gefängnis landen würde. 2019 war sie noch einmal für rund ein Jahr eingesperrt, weil sie sich weigerte, gegen WikiLeaks-Gründer Julian Assange auszusagen.

Ist Chelsea Manning denn nun eine Heldin? Angesichts all der Krisen unserer Zeit, dem Krieg in der Ukraine, dem Rechtsextremismus, der Klimakrise, der Ungleichheit ginge es nicht mehr um Held:innen, findet sie, sondern ums Überleben. »Wenn, dann ist Heldentum der Überlebenskampf von uns Menschen im 21. Jahrhundert.«[102] Im Leben nach ihrer Haftstrafe ist sie vieles: ein Symbol dafür, wie wichtig Transparenz ist. Eine Aufklärerin, die dazu beigetragen hat, dass wir mehr über die Kriege in Afghanistan und im Irak wissen. Aber auch eine Kämpferin für die Rechte von Transpersonen, auch wenn sie selbst sich nicht als Aktivistin für Trans-Rechte sieht.

Für andere ist und bleibt sie eine Verräterin. Und was denkt Chelsea Manning?

»Mein ganzes Leben lang haben Menschen von mir erwartet, nicht ich selbst zu sein. Jetzt möchte ich meine eigene Identität zu meinen eigenen Bedingungen haben und einfach ich selbst sein.«[103]

Für sie sind ihre Enthüllungen nur ein kleiner Teil ihres Lebens – wenn auch einer, der die Öffentlichkeit besonders interessiert. Inzwischen lebt sie in New York, legt unter anderem als DJ Musik auf. Noch immer sieht sie sich als politischer Mensch, sie hat sogar einmal bei den Senatswahlen in den USA kandidiert. Sie selbst bezeichnet sich als Aktivistin, die sich in viele Felder einmische – von der Rolle der Geheimdienste bis hin zu Polizeigewalt. Und auch die Frage nach der Wahrheit lässt Chelsea Manning nicht los:

»Die größte Herausforderung, vor der wir heute stehen, ist nicht mehr die Frage nach Geheimhaltung auf der einen und Transparenz auf der anderen Seite, sondern der Wahrheitsgehalt der Informationen, die heutzutage auf uns einstürzen.«[104]

Doch eine Idee bleibt dabei die gleiche: Die Öffentlichkeit eines Landes sollte wissen, was wirklich passiert.

EDMUND DENE MOREL

WHISTLEBLOWER ÜBER SKLAVEREI UND AUSBEUTUNG IM »KONGO-FREISTAAT«

»Es ist schlimm genug, zufällig einen Mord aufzudecken. Ich aber war zufällig auf eine Gesellschaft von Mördern gestoßen, deren Komplize der König selbst war.«[105]

Im Hafen der belgischen Stadt Antwerpen herrscht geschäftiges Treiben. Ein Dampfer ist am Kai festgemacht, an Land drängen sich die verschiedensten Menschen. Die Kleider der Frauen wehen im Wind, dazwischen sind Militäruniformen zu sehen. Viele junge Männer – klein, dünn, ärmlich, manche wirken wie Taugenichtse – gehen an Bord, einige werden von Schluchzern geschüttelt, andere sind angetrunken. Manche tragen stolz Gewehr und Tropenhut, ein paar sehen brutal aus. Und über allem erklingt aus der Kathedrale ein Glockenspiel – es spielt die belgische Nationalhymne.

So erlebte der junge Edmund Dene Morel das Treiben an einem der wichtigsten Häfen Europas zu jener Zeit: In den 1890er-Jahren kamen in Antwerpen Schiffe aus aller Welt an. Sie brachten zum Beispiel Getreide aus den USA – oder Waren aus einem Land, das damals noch »Kongo-Freistaat« genannt wurde und das heute die Demokratische Republik Kongo ist. Vor allem wegen dieser Schiffe war der junge Mann mit stattlichem Schnurrbart gekommen.

Edmund Dene Morel, 1873 in Frankreich geboren, war zu dieser Zeit Angestellter eines englischen Schifffahrtsunternehmens in Liverpool. Die Reederei Elder Dempster verkehrte mit ihren Dampfschiffen damals zwischen Europa und der Westküste Afrikas. Um für seine kranke Mutter, seine Frau und seine Kinder noch etwas dazuzuverdienen, arbeitete Edmund Dene Morel nebenbei unter anderem als Journalist. Das sollte später noch wichtig werden.

Doch es war seine Arbeit für die Reederei Elder Dempster, die Edmund Dene Morel nach Antwerpen brachte. Die Firma hatte den exklusiven Auftrag, alle Waren zwischen Belgien und dem »Kongo-Freistaat« zu transportieren. Und weil Edmund Dene Morel fließend Französisch sprach, war er der ideale Mann, um die Ankunft und Abfahrt der Schiffe am Hafen von Antwerpen zu beaufsichtigen.

Was aber hatte Belgien überhaupt mit dem Kongo zu tun?

Hier spielt der Kolonialismus eine wichtige Rolle. Schon Jahrhunderte zuvor hatten europäische Staaten damit begonnen, ihnen bis dahin unbekannte Gegenden der Erde zu besetzen. Spanien und Portugal machten das zum Beispiel in Süd- und Mittelamerika, Großbritannien in Nordamerika, Australien und Teilen Asiens.

An all diesen Orten lebten bereits Menschen, gingen einem Alltag nach, forschten, betrieben Handel und Landwirtschaft, doch den Europäer:innen war das egal. Sie siedelten sich trotzdem dort an, vor allem, weil sie an die wertvollen Rohstoffe der jeweiligen Regionen kommen wollten: zum Beispiel an Gold, Gewürze, Kaffee, Diamanten, Baumwolle. Es lockten große Vermögen für europäische Kaufleute und Herrscher:innen. Der Kolonialismus machte sie reich. Die Menschen, die dort bislang gelebt hatten, die indigene Bevölkerung, wurde dagegen in brutalen Kriegen unterdrückt, verdrängt, versklavt und ausgebeutet. Für sie bedeutete der Kolonialismus oft unglaubliches Leid. Davor verschlossen die Europäer:innen gerne die Augen. Sie hielten sich vielmehr für Heilsbringer:innen und Aufklärer:innen, die den »unzivilisierten« Menschen in den Kolonien beibrachten, wie man richtig zu leben hatte. Sie fühlten sich den Menschen in den Kolonien überlegen, hielten sich für »gebildeter«, »entwickelter« oder »wertvoller«. Beim Kolonialismus spielte also auch Rassismus eine große Rolle – die ungleiche Behandlung von Menschen aufgrund ihrer Hautfarbe oder Herkunft.

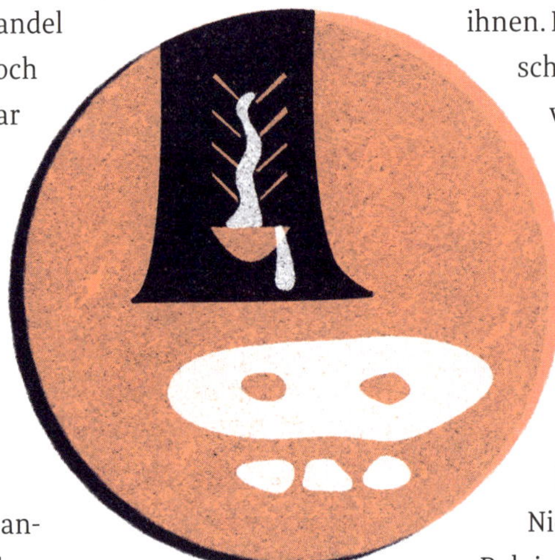

Mitte des 19. Jahrhunderts begannen die europäischen Staaten, auch Afrika zu kolonisieren. Sie teilten den Kontinent einfach untereinander auf, als gehörte er ihnen. Indigene Gemeinschaften wurden von willkürlich gezogenen Grenzen zerrissen. Vor allem Großbritannien und Frankreich besetzten große Teile Afrikas, aber auch das Deutsche Reich, Portugal, Italien, die Niederlande – und Belgien.

Der »Kongo-Freistaat« war dabei ein besonderer Fall. Er war eine Privatkolonie des belgischen Königs Leopold II. Der wollte unbedingt, dass Belgien afrikanische Kolonien besaß. Er wollte »ein Stück von diesem herrlichen afrikanischen Kuchen«.[106] Dafür täuschte er indigene Anführer:innen und gaukelte ihnen vor, Freundschaftsverträge zu unterzeichnen. Stattdessen brachte er sie dazu, ihm für wenig Geld ihr Land zu verkaufen.

Die Region blickte auf eine lange Geschichte zurück. Schon Hunderte Jahre zuvor hatte es hier ein großes Königreich gegeben, in dem rund eine halbe Million Menschen lebte. Sie betrieben Handel: mit Rohstoffen, mit Töpferwaren, aber auch mit Sklav:innen.

Ende des 19. Jahrhunderts lebten in dem Land, das König Leopold II. zum »Kongo-Freistaat« erklärt hatte, schon rund 20 Millionen Menschen. Von hier, aus der zentralafrikanischen Region mit ihrem mächtigen Fluss und einem der größten Regenwälder der Welt, mit ihren Kautschukbäumen, ihren Savannen und Wildtieren, kamen die Schiffe, für die Edmund Dene Morel zuständig war. An Bord hatten sie vor allem zwei Dinge: Elfenbein und Kautschuk, ein gummiartiger Rohstoff. Nach außen hin war es ein Handel zwischen den dort lebenden Menschen und den Belgier:innen um König Leopold II.

Edmund Dene Morel war dem Handel mit Afrika und auch dem belgischen König gegenüber nicht grundsätzlich kritisch eingestellt. Denn auch wenn sich der junge Mann als fortschrittlich betrachtete, als ein Freund der Schwarzen Menschen in Afrika, dachte er doch auch in den Mustern der Zeit und sah sie als »primitiv« an. Die Weißen sollten aus seiner Sicht den Menschen dort die grundlegenden Menschenrechte bringen. Als Journalist schrieb Edmund Dene Morel Zeitungsartikel, in denen er die Politik von König Leopold II. lobte. Kongo habe eine große Zukunft vor sich, schrieb er. Und: »Die ausgedehnten Gebiete, die König Leopold II. seinem Land vorausschauend gesichert hat, werden sich eines Tages als ein großartiges Feld für [belgische] Unternehmen erweisen.«[107]

Tatsächlich liefen die Geschäfte in den 1890er-Jahren prächtig für den König. Elfenbein war ein Luxusprodukt, das zum Beispiel für Besteck oder Klaviertasten verwendet wurde. Doch vor allem Kautschuk wurde immer wertvoller, denn die ersten mit Luft gefüllten Gummireifen waren kurz zuvor patentiert worden. Von da an winkten mit dem Verkauf von Kautschuk riesige Gewinne.

Edmund Dene Morel war mittendrin. Regelmäßig reiste er zwischen Liverpool und Antwerpen hin und her. In der belgischen Hafenstadt überprüfte er nicht nur Schiffe und Fracht, sondern hatte auch mit den höchsten Offiziellen des Königs zu tun, die für den »Kongo-Freistaat« zuständig waren. Mit ihnen besprach er sich in düsteren Räumen mit dicken Teppichen und Vorhängen, durch die Fenster blickte man auf den Palast des Königs.

Als Angestellter einer Reederei entdeckte Edmund Dene Morel Hinweise, dass im »Kongo-Freistaat«, einer belgischen Kolonie, schlimmste Verbrechen an der indigenen Bevölkerung begangen wurden. Seine Enthüllungen trugen dazu bei, dass die Gräueltaten ein Ende fanden.

Eines Tages hatte der Reederei-Angestellte dort ein Gespräch, das ihn nicht mehr losließ und in ihm den Verdacht weckte, dass im »Kongo-Freistaat« etwas nicht mit rechten Dingen zuging. Eine Zeitung hatte veröffentlicht, welche Waren auf einem der Schiffe von Belgien in den Kongo transportiert wurden. Doch genau das passte einem der Offiziellen von Leopold II. überhaupt nicht. Denn zu der Aufzählung gehörten auch Gewehre und Munition. Das sei ein Geheimnis, schimpfte der Beamte, das die Öffentlichkeit überhaupt nichts anginge. Doch warum wurde die Ausfuhr überhaupt geheim gehalten? Und warum war die Regierung über diese Veröffentlichung so beunruhigt?

Diese Fragen beschäftigten Edmund Dene Morel. Und wenn ihnen jemand nachgehen konnte, dann war es doch er selbst! Schließlich hatte er den besten Überblick. Er hatte Einblick in die Unterlagen der Reederei. Er sah mit eigenen Augen, was die Schiffe von und nach Kongo geladen hatten. Und er wusste, welche Informationen der »Kongo-Freistaat« über den Handel veröffentlichte. Und all das passte überhaupt nicht zusammen.

Denn die Waffenlieferung, die öffentlich wurde, war keine Ausnahme. Regelmäßig brachten die Schiffe der Reederei Elder Dempster Waffen und Munition in den »Kongo-Freistaat«. Edmund Dene Morel fragte sich, wofür sie gebraucht wurden.

Außerdem stellte er beim Blick in die Finanzbücher fest, dass irgendjemand gewaltige Gewinne erzielte – im Wert von heute mehreren zehn Millionen Euro. Vor allem aber gingen viel zu wenig Waren zurück nach Afrika, um die wertvolle Fracht aus dem »Kongo-Freistaat« zu kompensieren. Und so wurde E. D. Morel schnell klar: Die Menschen im »Kongo-Freistaat« wurden weder für ihre Arbeit noch für ihre Rohstoffe bezahlt. Daraus ergab sich eine eindeutige Geschichte:

»Nur schreckliche, lang andauernde Zwangsarbeit konnte solche beispiellosen Gewinne erklären. Zwangsarbeit, von der die Regierung von Kongo unmittelbar profitierte; Zwangsarbeit, die von den engsten Mitarbeitern des Königs selbst gesteuert wurde.«[108]

Über diese Entdeckungen sprach Edmund Dene Morel mit seinem Chef, doch der unternahm nichts. Denn Elder Dempster wollte den Auftrag, der viel Geld einbrachte, auf keinen Fall verlieren. Deswegen versuchte das Unternehmen, den unbequemen Angestellten auf eine andere Stelle zu befördern, wo er keine Schwierigkeiten machen oder – schlimmer noch – seine Entdeckungen an die Öffentlichkeit bringen konnte. Sie versuchten ihn sogar zu bestechen.

Edmund Dene Morel hätte den bequemen Weg gehen und das Geld nehmen können. Immerhin musste er eine Familie ernähren. Doch er wollte sich nicht zum Schweigen bringen lassen. Und vielleicht konnte er es auch nicht, denn später sagte er einmal: »Die Füße still zu halten wäre von meinem Temperament her nicht möglich gewesen.«[109] Stattdessen kündigte er seine Stelle – und widmete sich dem, was bislang sein Nebenjob gewesen war: dem Journalismus. In den nächsten Jahren würde er unglaubliches Unrecht und unglaubliche Grausamkeiten ans Licht bringen, die als »Kongogräuel« in die Geschichte eingehen sollten.

All die Jahre hatte König Leopold II. so getan, als wolle er mit seiner Kolonie nur das Beste für die Menschen in Afrika. Und die Europäer:innen glaubten ihm das nur allzu gern. Doch in Wahrheit hatte der König sich schon früh eine Privatarmee aufgebaut, mit der er die Bewohner:innen des »Kongo-Freistaats« beherrschte. In seiner Gier nach Reichtum zwang er die indigene Bevölkerung dazu, so viel Kautschuk wie möglich abzubauen. Dafür mussten die Menschen die Lianen der Kautschukbäume aufhacken. Die Flüssigkeit, die aus den Bäumen auf ihre Körper tropfte, kratzten sie dann von ihrer Haut und sammelten alles in riesigen Körben. Aus dem so gewonnenen Kautschuk konnte später Gummi hergestellt werden.

König Leopold II. verlangte so viel Kautschuk und Elfenbein, dass es für die Bewohner:innen kaum oder gar nicht zu schaffen war. Doch der König ließ Geiseln nehmen, bis die befohlene Menge beisammen war. Und es gab noch eine andere Strafe, wenn die Bewohner:innen im Kongo die Befehle nicht erfüllen konnten: Die Soldaten des Königs hackten den Menschen eine Hand ab. Die Hände wurden so zum Symbol dieser Schreckensherrschaft.

Die indigene Bevölkerung wehrte sich. Sie zerstörte Kautschukbäume oder weigerte sich zu arbeiten. Doch wer aufbegehrte, wurde von der Privatarmee des Königs, die mit Morden und Vergewaltigungen Angst und Schrecken verbreitete, hingerichtet. Obwohl die Sklaverei zu diesem Zeitpunkt offiziell bereits verboten war, war diese Form der Zwangsarbeit eigentlich genau das.

In Belgien machte König Leopold II. ein Vermögen mit den Gewinnen aus dem Handel mit Kautschuk und Elfenbein. Er ließ prächtige Paläste und Museen bauen. Von den Gräueln in Afrika wollten die wenigsten etwas wissen. Dabei hatte es schon früher Berichte über die Verbrechen gegeben. Der afroamerikanische Missionar William Henry Sheppard prangerte bereits in den 1890er-Jahren das Unrecht an.

Doch erst als Edmund Dene Morel 1901 begann, in Zeitungen über seine Entdeckungen zu schreiben, kamen die Verbrechen in größerer Deutlichkeit an die Öffentlichkeit. Vielleicht lag es daran, dass er besonders genaue Insider-Informationen und Belege hatte; dass er als Whistleblower vorher direkten Einblick gehabt hatte in das System. Vielleicht daran, dass er seine Kritik besonders offen äußerte. Oder es lag auch daran, dass Edmund Dene Morel weiß war. Jedenfalls meldeten sich immer mehr Menschen mit Informationen, zum Beispiel Missionare, die die »Kongogräuel« mit eigenen Augen gesehen hatten. Aber auch Offizielle des Staates oder von Firmen im Kongo übergaben ihm heimlich Dokumente. Der Whistleblower arbeitete nun seinerseits mit anderen Whistleblower:innen zusammen – lange bevor es diesen Begriff überhaupt gab.

1903 gründete Edmund Dene Morel eine eigene Zeitung namens *West African Mail*, in der er die Verbrechen im »Kongo-Freistaat« anprangerte. Außerdem veröffentlichte er Bücher über die Ausbeutung, in denen auch Fotos von versehrten Menschen zu sehen waren, die die Grausamkeiten erahnen ließen.

Sein Engagement hatte Erfolg: 1903 beauftragte das britische Parlament den Konsul im »Kongo-Freistaat«, den Vorwürfen nachzugehen. Ein Jahr später bestätigte der Konsul alle Vorwürfe in einem fassungslosen Bericht. Der Druck wurde immer größer, in einer Aktivist:innen-Gruppe, gegründet von Edmund Dene Morel, schlossen sich unter anderem die Autoren Mark Twain und Arthur Conan Doyle, der Erfinder von Sherlock Holmes, den Protesten an. 1908 musste König Leopold II. seine Privatkolonie schließlich an die belgische Regierung übergeben.

Das bedeutete zwar nicht, dass der Kolonialismus vorbei war, dieses Unrecht würde noch viele Jahre andauern, und die Folgen sind noch immer spürbar. Doch zumindest die »Kongogräuel« wurden damit beendet.

Wie viele Menschen den Verbrechen von König Leopold II. und seiner Privatarmee zum Opfer gefallen sind, ist bis heute nicht ganz sicher. Manche Historiker:innen gehen von circa drei Millionen Opfern aus, andere von zehn Millionen. Dass wir aber davon wissen, hat auch mit Edmund Dene Morel zu tun.

Trotzdem steht bis heute mitten in der belgischen Hauptstadt Brüssel eine Statue des Monarchen. Anders in Antwerpen: Nachdem 2020 die »Black Lives Matter«-Bewegung in vielen Ländern gegen Rassismus auf die Straße ging und auch gegen Denkmäler von Leopold II. protestierte, beschloss die Stadt, sein Standbild abzubauen und den grausamen Herrscher nicht länger zu würdigen.

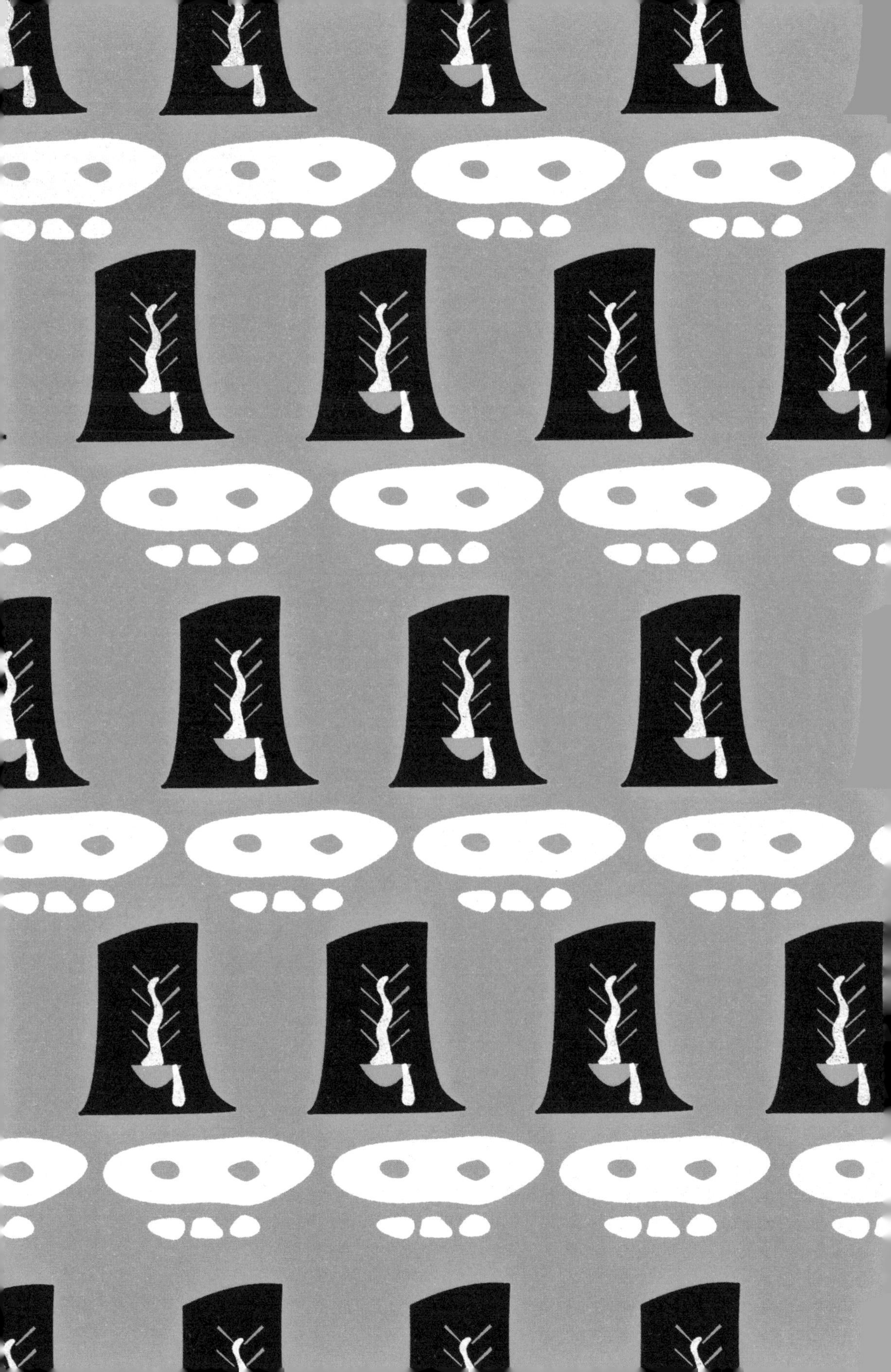

SPOT 8

Das Recht im Rücken: Über Whistleblowerschutz-gesetze

Chelsea Manning saß für ihre Enthüllungen jahrelang im Gefängnis, Reality Winner ebenfalls. Diese Geschichten sind extrem, trotzdem werfen sie eine wichtige Frage auf: Ist Whistleblowing überhaupt legal?

Auf den ersten Blick wirkt es oft nicht so. Whistleblower:innen nehmen Geschäftsgeheimnisse oder auch Geheimdienstunterlagen – und machen sie öffentlich. Nicht selten werden sie dafür entweder angezeigt oder entlassen. Denn weder Behörden noch Firmen wollen gerne, dass interne Informationen nach außen gelangen. Das ist erst einmal auch nachvollziehbar. Firmen haben zum Beispiel ein berechtigtes Interesse, dass ein:e Mitarbeiter:in nicht einfach Geschäftsgeheimnisse an die Konkurrenz weitergibt. Und es ist verständlich, dass Geheimdienste zum Beispiel gegen Doppelagent:innen vorgehen wollen, die mit anderen Staaten zusammenarbeiten.

Doch in dieses Bild passen Whistleblower:innen nicht. Ihnen geht es nicht um den eigenen Vorteil, sondern darum, die Öffentlichkeit über Missstände zu informieren. Was sie aufdecken, ist manchmal moralisch verwerflich, manchmal schlicht illegal.

Für diese »Sonderrolle« gibt es zunehmend eigene Gesetze, sogenannte Whistleblowerschutzgesetze. Sie geben potenziellen Hinweisgeber:innen eine gewisse Sicherheit bei ihren Enthüllungen – immerhin haben sie das Gesetz auf ihrer Seite. Auch die genauen Abläufe und Ansprechpartner:innen sind darin geregelt. Solche Gesetze sorgen außerdem für mehr Akzeptanz innerhalb der Gesellschaft. Frei nach dem Motto: Wenn etwas rechtlich geregelt ist, kann es ganz so falsch nicht sein.

Wie weit solche Gesetze gehen können, zeigt ein Blick in die USA. Wenn dort dank Informationen von Whistleblower:innen Geldstrafen verhängt werden, bekommen die Hinweisgeber:innen einen Anteil davon. Das ist ein sehr pragmatischer Ansatz, um mehr Menschen zum Whistleblowing zu motivieren. Und es kann den Hinweisgeber:innen obendrein dabei helfen, sich ein neues Leben aufzubauen. Kritiker:innen sagen dagegen, dass Geld nicht die Motivation für Enthüllungen sein sollte.

Heute haben rund 60 Staaten Whistleblowerschutzgesetze – inzwischen auch Deutschland. Laut einer EU-Regel hätte es das schon länger geben sollen, aber die Parteien in Deutschland konnten sich viel zu lange nicht einigen. Deswegen muss die BRD vielleicht eine Strafe von 34 Millionen Euro zahlen. Nach vielen Diskussionen gibt es aber seit Juli 2023 das sogenannte Hinweisgeberschutzgesetz. Viele sind der Meinung, dass es die Situation von Whistleblower:innen in Deutschland wenigstens ein bisschen verbessert.

Dank dieses Gesetzes müssen Unternehmen und Behörden ab einer gewissen Größe nun eine Hinweisstelle einrichten, an die sich Mitarbeiter:innen vertraulich wenden können. Allerdings sind nicht alle diese Meldestellen anonym nutzbar. Dafür können sich Whistleblower:innen aber direkt an Beschwerdestellen außerhalb der Firma wenden. Die gibt es zum Beispiel beim Bundesamt für Justiz. Dort sind bereits in den ersten zwei Monaten nach Inkrafttreten des Gesetzes 113 Meldungen eingegangen. Früher dagegen mussten Hinweisgeber:innen einen Missstand immer erst bei ihren Arbeitgeber:innen melden. Das hat viele Menschen abgeschreckt.

Eine weitere Verbesserung: Immer wieder habt ihr hier im Buch gelesen, dass Whistleblower:innen nach ihren Enthüllungen in ihrem Job benachteiligt wurden. Ihre Karrieren waren meist vorbei. Nachzuweisen, dass solche Benachteiligungen mit ihrem Whistleblowing zu tun hatten – das war bislang die Aufgabe der Hinweisgeber:innen. Inzwischen ist es umgekehrt: Arbeitgeber:innen müssen beweisen, dass es *nichts* mit den Enthüllungen zu tun hat, wenn Whistleblower:innen nicht mehr befördert oder sogar gefeuert werden.

Aber noch immer gibt es Probleme. Whistleblower:innen dürfen sich zum Beispiel nur in den seltensten Fällen direkt an die Presse wenden, dabei ist die oft eine treibende Kraft, wenn es darum geht, Missstände öffentlich zu machen (→ Spot 5, Seite 98). Außerdem gilt das Gesetz nur, wenn Whistleblower:innen Straftaten oder bestimmte Verstöße gegen ein Gesetz ans Licht bringen – bei Missständen, die nicht in diese Kategorie passen, gilt das Gesetz nicht. Genauso wenig bei Angelegenheiten, die die »nationale Sicherheit« oder »Verschlusssachen« betreffen. Auch die dürfen nicht veröffentlicht werden. Dabei geht es Whistleblower:innen oft um genau diese Informationen – gerade im Geheimdienstbereich.

Es gibt also Verbesserungsbedarf – in Deutschland, aber auch in anderen Ländern. So hat eine Studie gezeigt, dass die Whistleblowerschutzgesetze noch immer eher selten angewendet werden. Darum ist es wichtig, weiterhin über Whistleblower:innen, ihre Situation und ihre Enthüllungen zu sprechen.

ECKART SEITH

CUM-EX-WHISTLEBLOWER

»Die Finanzwelt ist sicherlich eines der hervorragenden Beispiele für Geldgier. Für materielle Gier.«[110]

Das waren noch Zeiten, als in echten finsteren Wäldern echte Räuber:innen mit echten Pistolen echte Kutschen überfielen und dabei echte Schatztruhen mit echten Goldtalern raubten.

Heute ist das anders. Heute finden Raubzüge zum Beispiel auf dem Finanzmarkt statt. Die finsteren Wälder sind die Hochglanzfassaden einiger Bankgebäude. Die Bandit:innen tragen Anzüge und weiße Westen, oft sind es angesehene Persönlichkeiten der Finanzwelt: Manager:innen, Banker:innen, Berater:innen, Top-Anwält:innen machen mit. Selbstverständlich tragen sie keine Pistolen, und niemand käme auf die Idee, sie überhaupt Räuber:innen zu nennen. Dabei rauben sie die Gesellschaft aus, indem sie eine Gesetzeslücke ausnutzen – in dem Fall eine Grauzone im Steuerrecht.

Diese Raubzüge sind als Cum-Ex-Geschäfte berühmt-berüchtigt geworden. Dahinter steckt ein kompliziertes Verwirrspiel mit Aktien. Das Ziel dabei ist, das Finanzamt zu täuschen und sich Steuern in Milliardenhöhe zurückerstatten zu lassen, die man vorher aber nie bezahlt hat. Cum-Ex-Geschäfte sind der größte Steuerraub in der deutschen Geschichte. Steuerzahler:innen haben sie hierzulande mindestens 10 Milliarden Euro gekostet.

Schon seit 2001 ist bekannt, dass es diese Geldgeschäfte gibt, doch die Politik und die Behörden sahen lange Zeit tatenlos zu. 2012 wurden zwar neue Gesetze erlassen, um die Gesetzeslücke zu schließen, trotzdem gingen die Cum-Ex-Geschäfte weiter. Das Risiko war: Flog das Cum-Ex-Modell auf, musste man das Geld zurückzahlen, flog es nicht auf, konnte man das ergaunerte Geld behalten. Dass es sich dabei um strafbare Steuerhinterziehung handelt, entschied der Bundesgerichtshof erst im Juli 2021. Seitdem wurden und werden Prozesse wegen organisierter Finanzkriminalität geführt, Verantwortliche bestraft und ein Teil der Milliardenverluste zurückgeholt.

Dass es überhaupt so weit kam und den Räuber:innen unserer Zeit das Handwerk gelegt werden konnte, hat wesentlich mit dem Stuttgarter Wirtschaftsanwalt Eckart Seith zu tun.

Alles begann im Jahr 2013. Damals beauftragte der Drogerieunternehmer Erwin Müller den Wirtschaftsanwalt, ihn in einer Schadenersatzklage gegen die Basler Privatbank J. Safra Sarasin zu vertreten. Der Milliardär Müller hatte über diese Bank mehrere Millionen Euro in Aktien investiert, ohne zu wissen, dass es sich dabei um Cum-Ex-Geschäfte handelte. Das flog auf, Erwin Müller musste Unsummen zurückzahlen, er wollte wissen, warum, und setzte Eckart Seith darauf an: »Ich realisierte ziemlich schnell, dass das Konstrukt Cum-Ex ist«[111], sagte der Anwalt Jahre später in einem Interview. Weil er zudem belegen konnte, dass die Sarasin-Bank Erwin Müller das kriminelle Modell verheimlicht hatte, gewann Eckart Seith 2018 den Prozess und erstritt für seinen Mandanten die volle Schadenersatzforderung.

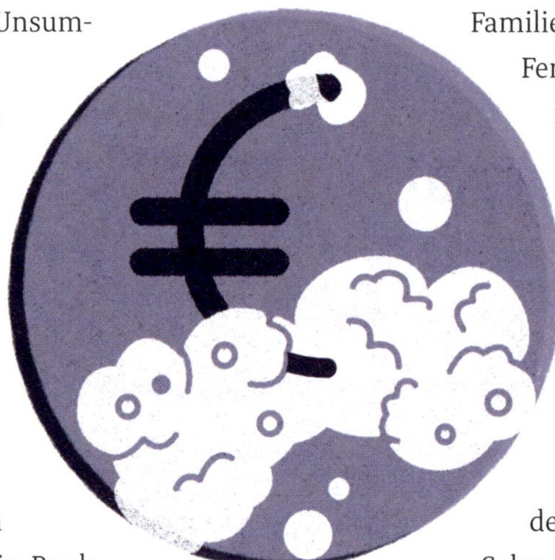

Der Anwalt hatte seinen Auftrag erledigt. Aber Eckart Seith machte weiter. Denn was er herausgefunden hatte, wollte er nicht stillschweigend auf sich beruhen lassen. Er wollte nicht hinnehmen, dass eine kleine Gruppe von Investmentbanker:innen und Börsenhändler:innen sich organisierte, um Banken und Superreiche mit ihren Tricksereien um Milliarden reicher zu machen, während der Staat und die Bevölkerung um Milliarden geprellt wurden.

Denn Steuern sind wichtig. Steuereinnahmen sind für das Gemeinwohl da. Dank ihnen ist in Deutschland Bildung beispielsweise kostenlos – wer zur Schule geht, muss dafür nichts bezahlen. Auch wenn ihr Freibäder, Hallenbäder oder Sportplätze nutzt, wenn ihr in Konzerte oder ins Theater geht, wenn ihr mit eurer Familie mit dem Auto in die Ferien fahrt oder täglich mit dem Bus oder dem Fahrrad zur Schule, wurden zuvor die Gebäude, Straßen, Fahrradwege, die Schwimmbäder und Sportplätze, die Gehälter der Lehrer:innen, die Gagen der Musiker:innen und Schauspieler:innen aus Steuergeldern bezahlt oder zumindest bezuschusst.

Im besten Fall haben alle etwas von dem, was mit Steuergeldern finanziert wird. Das Prinzip ist einfach: Alle zahlen in den großen Topf der Staatskasse ein. Wer mehr verdient, zahlt mehr Steuern, wer weniger verdient, weniger, wer viel verdient, zahlt hohe Steuern. Wer sich dem entziehen will und darum Steuern hinterzieht, betrügt die Mitbürger:innen. Cum-Ex-Geschäfte haben Steuerbetrug zum Geschäftsmodell gemacht, erklärt Eckart Seith:

»Es ist wie ein Bankraub, als ob der Tresor geknackt würde – nur knackt hier die Bank den Tresor, und zwar den Tresor des Gemeinwesens.«[112]

Um zu verstehen, wie das funktioniert, wird es etwas kompliziert, aber es lohnt sich, genauer hinzuschauen: Einmal im Jahr schütten Aktiengesellschaften einen Teil ihrer Gewinne an ihre Aktionär:innen aus, also an diejenigen, die Geld in Aktien des Unternehmens investiert haben. Diese Ausschüttung nennt man Dividende. Davon wird die sogenannte Kapitalertragsteuer abgezogen. Das geschieht automatisch, der Betrag wird vom Finanzamt direkt einbehalten. Die Banken stellen für die Aktionär:innen dann spezielle Bescheinigungen aus, mit denen sie die Kapitalertragsteuer vom Staat zurückfordern können. Diese Steuerbescheinigungen sind die Währung der Cum-Ex-Geschäfte.

Der Trick dabei ist, dass sich mehrere Händler:innen zusammentun und um den Tag der Dividendenausschüttung untereinander Aktien hin und her schieben. Sie setzen ein regelrechtes Aktienkarussell in Gang, mit dem sie dann mehrere Steuerbescheinigungen ergattern, obwohl die Steuern nur einmal bezahlt worden sind. Das machen sie so kompliziert, dass das Finanzamt nicht mehr nachvollziehen kann, wem die Aktien eigentlich gehören, wer entsprechend Kapitalertragsteuern zahlen muss und, noch wichtiger, wer sie rechtmäßig zurückfordern kann. Die anderen Beteiligten lassen sich mithilfe der erschwindelten Steuerbescheinigungen Steuern zurückerstatten, ohne zuvor auch nur einen einzigen Cent bezahlt zu haben. Den auf diese Weise ergaunerten Gewinn teilen schließlich alle untereinander auf.

Juristisch kann das als Bandenkriminalität gewertet werden. Die fand nicht nur in der Schweiz und Deutschland statt – Drahtzieher:innen gab es in ganz Europa und den USA. Weltweit entstand auf diese Weise ein Schaden von 150 Milliarden Euro.

Solange niemand dahinterkam, war das ein ungeheuer lukratives Geschäft. Doch Eckart Seith kam dahinter. Im Zuge des Schadenersatzprozesses für Erwin Müller hatte er das System gründlich durchleuchtet, die Abläufe analysiert und Beweise gesammelt. Die hatten ihm zwei Angestellte der Sarasin-Bank zugespielt: Die Dokumente umfassten unter anderem Notizen von Kundengesprächen mit Erwin Müller, außerdem ein Gutachten von außen sowie

Prof. Dr. Eckart Seith ist Jurist und Anwalt für Wirtschaftsrecht in Stuttgart. Im Zuge einer Schadensersatzklage konnte er Cum-Ex-Geschäfte der Schweizer Privatbank Sarasin nachweisen und wurde zum ersten Cum-Ex-Whistleblower. Seine Enthüllungen lösten weltweit umfassende Ermittlungen im Cum-Ex-Skandal aus, die bis heute andauern.

interne Prüfungsergebnisse der Bank. Sein Wissen nutzte Eckart Seith nicht nur für den Prozess – er leitete seine Untersuchungsergebnisse an die zuständigen Behörden in Deutschland und in der Schweiz weiter, stellte sie außerdem deutschen Gerichten und Steuerfahnder:innen zur Verfügung und zeigte schließlich die Sarasin-Bank an.

Dass er damit in der Schweiz strafrechtlich als Cum-Ex-Whistleblower verfolgt werden würde, hatte er nicht erwartet, betont er in einem Interview im August 2023.

»Ich wusste schon, dass es sehr gefährlich werden kann, weil es am Schweizer Selbstverständnis nagt, wenn man schmutzige Geschäfte Schweizer Banken offenlegt. Ich war aber überzeugt, richtig zu handeln und auch Schweizer Behörden überzeugen zu können.«[113]

Das Bild der sauberen Schweiz sollte nicht beschmutzt werden. Doch für Eckart Seith stand außer Frage, seinem »inneren Kompass« zu folgen:

»Das ist das, was ich für richtig halte. Ich kann nicht aus Feigheit zuschauen, dafür habe ich ein viel zu klares Selbstverständnis.«[114]

Mit dieser Haltung und seinem Handeln hat Eckart Seith einen wesentlichen Baustein ausgehebelt, ohne den ein System wie die Cum-Ex-Geschäfte nicht funktionieren kann: die strikte Geheimhaltung dessen, was da vor sich geht. Verschanzt hinter dem Bankgeheimnis und Geschäftsgeheimnissen, hatten die Beteiligten schalten und walten können, wie sie wollten. Mehr noch: Viele von ihnen fühlten sich im Recht oder zumindest nicht im Unrecht. Denn wenn Gesetze Lücken offen lassen, durch die man schlüpfen kann, kann man das doch ausnutzen. Oder?

Eckart Seith sieht das anders: »Dass das illegal war, war natürlich jedem bekannt, aber der Wunsch, so schnell, so leicht an solche Summen zu kommen, hat alle Grenzen fallen lassen.«[115]

Was dann passierte, klingt wie ein Krimi; so unglaublich, als sei es ausgedacht. Denn nun erstattete die Sarasin-Bank ihrerseits Strafanzeige gegen Eckart Seith und forderte seine Verhaftung. Dem schloss sich die Züricher Staatsanwaltschaft an: Sie verfolgte nicht etwa Eckart Seiths Anzeige gegen die Bank weiter, sondern ermittelte gegen ihn. Sie machte nicht den Verantwortlichen der Sarasin-Bank den Prozess, sondern stellte den Wirtschaftsanwalt vor Gericht. Sie klagte ihn an wegen des Verdachts der Wirtschaftsspionage zugunsten eines ausländischen Staates – der Bundesrepublik Deutschland –, wegen des Verrats von Geschäftsgeheimnissen und wegen des Verstoßes gegen das Bankgeheimnis, und forderte eine Gefängnisstrafe von dreieinhalb Jahren.

Der Anwalt wurde zum Täter gemacht und brauchte nun selbst einen Anwalt. »Das war vollkommen absurd«, erinnert sich Eckart Seith. »Die Züricher Staatsanwaltschaft hat den Spieß einfach umgedreht, um mich anzuklagen.«[116]

Dass infolgedessen eine Gefängnisstrafe ohne Bewährung sowie Prozesskosten im sechsstelligen Bereich im Raum standen, war für ihn existenzbedrohend.

Auch außerhalb des Gerichts wurde Eckart Seith verschiedentlich bedroht, er wurde in seinem Urlaubsort aufgespürt, in letzter Minute entkam er auf abenteuerlichen Wegen mit einem Privatjet nach Deutschland. Danach wagte er es lange Zeit nicht mehr, das Land zu verlassen. »Die Konsequenzen waren brutal«, sagt Eckart Seith. »Ich wurde abgehört und überwacht, Konten wurden gesperrt«, es sei um eine systematische Vernichtung gegangen:

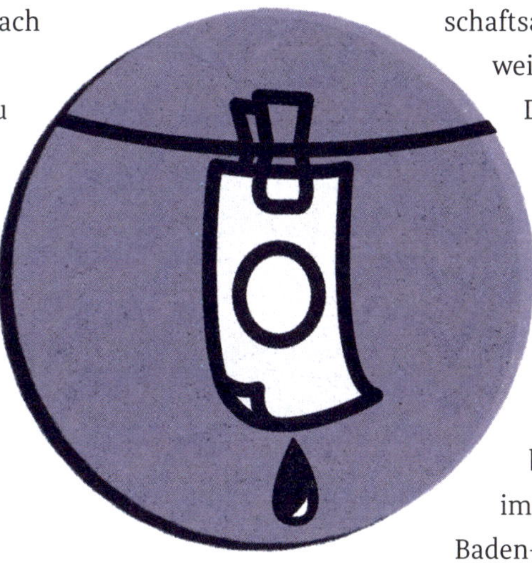

»Das ist wie Krieg.«[117]

Im April 2019 wurde Eckart Seith vom schwerwiegendsten Verdacht der Wirtschaftsspionage freigesprochen. Trotzdem wurde er zu einer sechsstelligen Geldstrafe verurteilt. Für die Schweizer Justiz war er damit zwar kein Spion mehr, aber er blieb ein Verbrecher. Er habe Ex-Mitarbeitende der Bank Sarasin zur Weitergabe von geheimen Bankdaten angestiftet. Die wurden im selben Prozess zu Gefängnisstrafen verurteilt. Eckart Seiths Bilanz nach der ersten Urteilsverkündung lautete: »Es ist ein schmutziges Urteil nach einem schmutzigen Verfahren.«[118]

Der Wirtschaftsanwalt erhob umgehend Einspruch. Am 18. Dezember 2021 begann der Berufungsprozess. Endlich wurde dem Antrag stattgegeben, einen der Staatsanwälte als befangen abzulehnen.

Seit September 2022 steht fest, dass der Prozess weitergehen wird.

Ein Ende des Rechtsstreits zwischen der Schweiz und dem deutschen Wirtschaftsanwalt Eckart Seith ist weiterhin nicht in Sicht. Der bringt seine Erfahrungen auf den Punkt:

»Whistleblowing muss man sich leisten können.«[119]

Vom Dezember 2020 bis September 2021 war im Haus der Geschichte Baden-Württemberg die Ausstellung »Gier. Was uns bewegt« zu sehen. Eckart Seith wurde zum Thema »Gier in der Finanzwelt« interviewt.

Während er seine Geschichte erzählt, schmunzelt er immer wieder leise vor sich hin. Manchmal muss er laut lachen. Das ganze Ausmaß der Verstrickungen quittiert er mit einem Schulterzucken hier und da. Nur seine Augen sprechen eine andere Sprache. Sein Blick verrät Fassungslosigkeit, vielleicht sogar so etwas wie Traurigkeit.

Denn er, der Jurist, musste eine bittere Lektion lernen:

»Wirtschaftsinteressen eines Staates stehen über dem eigentlich geltenden Recht.«[120]

Dass inzwischen trotzdem dem Recht zu seinem Recht verholfen wird, hat wieder wesentlich mit Eckart Seith zu tun.
Er hat konkrete Verbindungen zwischen verschiedenen Beteiligten der Cum-Ex-Geschäfte nachgewiesen, und er hat für die bewussten Täuschungsmanöver gegen die Finanzbehörden Beweise geliefert, die vor Gericht verwertbar sind.

Für sein Engagement für den sozialen und demokratischen Rechtsstaat wurde er am 23. Oktober 2022 mit dem »Arnold-Freymuth-Preis« ausgezeichnet. Vom deutschen Staat hingegen erhielt er keinerlei Unterstützung. Aber seine Enthüllungen lösten weltweit umfassende Ermittlungen im Cum-Ex-Skandal aus, die bis heute andauern. In Deutschland wird aktuell gegen 1500 Personen ermittelt. Dazu sagt Eckart Seith:

»Es ist ein wichtiges Signal für die Gerechtigkeit der Gesellschaft.«[121]

DANIEL MOTAUNG

WHISTLEBLOWER ÜBER DIE ARBEITSVERHÄLTNISSE VON CONTENT-MODERATOR:INNEN

»Für mich kommt ein einfacher Ausweg nicht infrage. Es ist dieser Drang, etwas zu verändern. Es ist der Drang, für Gerechtigkeit zu sorgen. Es ist der Drang, dafür zu sorgen, dass ich etwas fühle. Es ist der Drang, dafür zu sorgen, dass ich wieder ein Mensch werde.«[122]

Eigentlich hätte der Job in einem Bürogebäude in der kenianischen Hauptstadt Nairobi ein ganz normaler Start in die Karriere von Daniel Motaung sein sollen. Der 27-jährige Südafrikaner hatte gerade sein Studium abgeschlossen und war online auf die Stellenanzeige gestoßen. Eine Firma aus Nairobi suchte in verschiedenen afrikanischen Ländern Content-Moderator:innen. Daniel Motaung war sich nicht ganz sicher, was er sich unter der Moderation von Inhalten genau vorstellen sollte, aber er vermutete, dass er vor allem Falschinformationen löschen sollte. Also bewarb er sich, wurde genommen und zog von Südafrika nach Nairobi. Zu seinem ersten Job, von dem er später sagen würde:

»Als ich anfing, war ich okay – als ich aufhörte, war ich nicht mehr okay. Es hat mich als Person verändert.«[123]

Die Firma, bei der Daniel Motaung zu arbeiten begann, hieß Sama und hatte sich ein großes Ziel gesetzt: Sie wollte Menschen an Orten wie Nairobi eine »menschenwürdige digitale Arbeit« bieten. Es gab einiges zu tun, denn Sama hatte einen wichtigen Auftrag übernommen. Das Unternehmen sollte den US-Konzern Meta dabei unterstützen, dass bei Facebook und Instagram keine Inhalte erschienen, die gegen ihre Regeln verstießen. Auf den Plattformen darf unter anderem keine Hassrede gepostet werden und keine Bilder von nackten Menschen oder Fotos und Videos von brutaler Gewalt gezeigt werden.

Es war eine gewaltige Aufgabe. Soziale Netzwerke und digitale Plattformen sind Teil unseres Alltags. Ob TikTok, Snapchat, X, YouTube, Instagram oder Facebook – jeden Tag sind Milliarden Menschen auf den verschiedenen Plattformen unterwegs.

Sie posten, liken, kommentieren, teilen. Tausendfach in jeder Sekunde, überall auf der Welt. Es ist ein gigantischer Strom an Social-Media-Aktionen. Wenn ihr selbst in den sozialen Netzwerken unterwegs seid, dann seht ihr dort wahrscheinlich manchmal Inhalte, die euch ärgern, irritieren oder ekeln – und manchmal vielleicht auch erschrecken. Aber gemessen daran, wie viele Menschen permanent Bilder, Videos oder Kommentare posten, sind wirklich schockierende Beiträge dann doch eher eine Seltenheit. Wir haben uns daran gewöhnt und nehmen an, dass das normal ist. Aber genau das ist es nicht.

Es ist das Ergebnis von mehr oder weniger unsichtbarer Arbeit. Menschen werden extra dafür eingestellt, um die schockierendsten Inhalte so schnell wie möglich zu löschen. Sie arbeiten in den USA, in Deutschland, aber vor allem auch in Ländern wie Indien oder eben Kenia.

Genau bei einer solchen Firma war Daniel Motaung gelandet. Bald nach seiner Ankunft in Kenia merkte er, dass die Arbeit anders werden würde, als er gedacht hatte. Denn Sama verlangte von ihm, dass er eine Geheimhaltungsvereinbarung unterschrieb. Das bedeutete: Er durfte nicht über das sprechen, was er für die Firma tat. Danach erfuhr er, was seine Aufgaben sein würden. Mit Falschmeldungen hatten sie wenig zu tun. Stattdessen verbrachten Daniel Motaung und seine Kolleg:innen die Tage damit, das verstörende Material zu sichten, das nicht bei Facebook zu sehen sein sollte. Es waren grauenvolle Videos von Hinrichtungen und Morden, von sexueller Gewalt. Es zeigte menschliche Abgründe und Hass – Bilder, die sich bei Menschen, die sie gesehen haben, tief einbrennen.

Mit genau den Dingen, mit denen niemand etwas zu tun haben will, mussten sich die Angestellten im Büro in Nairobi im Minutentakt befassen – im wörtlichen Sinne. Im Durchschnitt hatten sie jeweils nur 50 Sekunden Zeit, um zu überprüfen, ob ein Video oder ein Foto gelöscht werden sollte oder nicht. Das bedeutete: Daniel Motaung und seine Kolleg:innen blickten auf schreckliche Szenen, entschieden so schnell wie möglich – und mussten sich schon im nächsten Moment auf neues Grauen einstellen, das sie gleich zu sehen bekommen würden. Wieder und wieder und wieder. An einem Arbeitstag von etwa acht Stunden machte das eine Summe von über 500 Videos oder Fotos. Die Bilder und Videos mussten täglich geprüft werden, sodass die rund 200 Angestellten aus verschiedenen

Ländern sieben Tage die Woche in unterschiedlichen Schichten ins Büro kamen. Sie sollten dafür sorgen, dass in den südlichen Ländern Afrikas keine brutalen Inhalte in den Facebook-Timelines zu sehen waren.

Wenn Menschen permanent solch grausamen Szenen ausgesetzt sind, kann sie das krank machen. So erging es auch Daniel Motaung. Er wurde depressiv und litt, ohne es damals zu wissen, an einer Krankheit, die viele Menschen bekommen, die schreckliche Dinge erlebt haben: eine posttraumatische Belastungsstörung (PTBS). Dann sind sowohl die Psyche als auch der Körper permanent gestresst, Menschen mit PTBS sind ständig nervös und unruhig, manche werden auch aggressiv oder können nicht mehr richtig schlafen.

In vielen Berufen gibt es Vorschriften und Maßnahmen, um die Menschen, die dort arbeiten, zu schützen. Auf Baustellen tragen die Arbeiter:innen zum Beispiel Helme, um nicht verletzt zu werden, in Werkstätten tragen sie Schutzbrillen. Doch bei der Arbeit in der digitalen Welt, die Daniel Motaung und seine Kolleg:innen verrichteten und die ebenfalls gesundheitliche Folgen haben konnte, gab es kaum einen vergleichbaren Schutz.

Die Bedingungen, unter denen die Angestellten in Nairobi arbeiten mussten, machten sie nicht nur krank – sie machten sie auch wütend. Denn dafür, dass sie Tag für Tag in den Abgrund blicken mussten, bekamen sie am Ende gerade einmal 1,50 bis 2,20 Dollar pro Stunde. Das war zwar, so sagte es Sama später auf Nachfrage von Journalist:innen, mehr als doppelt so viel wie der Durchschnittslohn in Kenia. Trotzdem waren die Content-Moderator:innen damit viel schlechter bezahlt als ihre Kolleg:innen, die in den USA das Gleiche machten. Sie waren überhaupt die mit am schlechtesten bezahlten Arbeiter:innen für die Plattform.

Auch Daniel Motaung fand, dass die Angestellten in Nairobi, gemessen an den Opfern, die sie bringen mussten, viel zu schlecht bezahlt wurden. Und mit dieser Sicht war er nicht alleine.

Im Juli 2019, wenige Monate nachdem er begonnen hatte, als Content-Moderator zu arbeiten, kam Daniel Motaung mit einer Gruppe Kolleg:innen ins Gespräch. Sie alle hatten schon einige Monate Erfahrung, sie alle waren wütend über den geringen Lohn, sie alle litten unter den schlechten Arbeitsbedingungen. Und so beschlossen

Daniel Motaung musste als Content-Moderator traumatisierende Videos und Bilder für Facebook überprüfen. Als er sich gegen die Arbeitsbedingungen wehrte, wurde er entlassen. Seine Erfahrungen und Einblicke machte er später in einem Zeitungsartikel öffentlich. Seitdem kämpft er für bessere Arbeitsbedingungen.

sie, sich zu organisieren – und Daniel Motaung sollte der Anführer werden.

Zuerst tauschten sie sich in einer WhatsApp-Gruppe aus und sammelten alles, worunter sie litten: der geringe Lohn und die Nachtschichten, die sie neuerdings machen mussten, weil Meta das verlangte. Die Tatsache, dass die Kenianer:innen – viele von ihnen waren aus einem Armenviertel in der Nähe rekrutiert worden – bis zu 30 Prozent weniger verdienten als Angestellte, die aus anderen Ländern nach Nairobi gekommen waren. Andere waren wütend, weil sie noch immer keine Krankenversicherung bekommen hatten.

Inzwischen hatte die Gruppe auch einen Namen: *The Alliance*, was auf Deutsch so viel wie »Das Bündnis« heißt. Diese Missstände mussten angesprochen werden, meinte Daniel Motaung, und sie mussten sich vor allem ändern. Er sammelte die Forderungen und schrieb eine Liste, die er an die Chefs der Firma richtete. Darin forderte er auch, dass sich die Gehälter aller Angestellten verdoppeln sollten. Insgesamt unterschrieben rund 100 Mitstreiter:innen die Forderungen. Doch wie sollten sie dafür sorgen, dass ihnen die Chefs wirklich zuhörten? »Wir wussten, wenn wir jetzt alle aufhören würden zu arbeiten, wären sie nicht in der Lage, uns innerhalb einer Woche oder eines Monats zu ersetzen«[124], erinnert sich Daniel Motaung in einem Interview. Also drohten sie mit Streik.

Tatsächlich wurden die Beschäftigten angehört, doch es änderte sich nichts. Nur Daniel Motaung wurde erst suspendiert, dann entlassen. Sama behauptete, er habe seine Kolleg:innen eingeschüchtert und dazu gezwungen, die Liste mit Forderungen zu unterschreiben – eine Anschuldigung, die er als »lächerlich« bezeichnete. Wie sollte er alleine 100 Menschen einschüchtern? Es wirkte vielmehr so, als sei Daniel Motaung einfach zu unbequem geworden.

Noch kurz vor seiner Kündigung arbeitete er daran, dass die Gruppe *The Alliance* in Kenia offiziell als Gewerkschaft anerkannt wurde. Es hätte ihn womöglich auch davor geschützt, gekündigt zu werden. Doch bevor es so weit kommen konnte, wurde Daniel Motaung entlassen.

Ohne eine Stelle musste Daniel Motaung Kenia verlassen. Er kehrte zurück nach Südafrika, krank von den Dingen, die er Tag für Tag hatte sehen müssen. Sie hatten seelische Narben hinterlassen. Als er in sein Dorf in Südafrika zurückkehrte, hatte er Gewicht verloren. »Als ich nach Hause kam, fragten sie: ›Was ist mit dir passiert? Was hast du in Kenia gemacht?‹ Ich konnte nicht einmal darüber reden, weil ich eine Geheimhaltungserklärung unterschrieben hatte«[125], erzählte er später.

Hier hätte die Geschichte von Daniel Motaung enden können. Doch das tat sie nicht. Denn er selbst sieht sich als »Kämpfer«[126]. Gut zwei Jahre nach seiner Entlassung erschien im US-amerikanischen *Time-Magazine* ein ausführlicher Bericht über die Situation der Content-Moderator:innen bei Sama, die Inhalte für Facebook überprüften. Der Artikel beleuchtete eine Welt, die User:innen von sozialen Netzwerken gerne ausblenden. Eine Welt von Menschen, die ihre psychische Gesundheit dafür opfern, dass das Netz nicht von dem Hass und der Gewalt der Inhalte geflutet wird, die sie sich Tag für Tag ansehen.

Der Bericht zeigte aber auch die große Ungleichheit zwischen den reichen Ländern im globalen Norden und den armen Ländern im globalen Süden. Denn während Facebook, Instagram oder YouTube sehr viel Geld verdienen, werden diejenigen ausgebeutet, die das System mit am Laufen halten und dafür sorgen, dass die Plattformen überhaupt benutzbar sind.

Vor allem ein Mann war buchstäblich das Gesicht des Artikels: Daniel Motaung. Er nannte im Bericht seinen wirklichen Namen und ließ sich fotografieren. Mit seinen Einblicken in die Welt der Content-Moderation machte er die Berichte glaubwürdiger. Auch dank ihm können nun alle wissen, warum die Social-Media-Plattformen einigermaßen sauber sind – und die Welt kann nicht mehr so einfach wegschauen.

2022 zog Daniel Motaung gegen Sama und Meta vor Gericht. Er wollte nicht nur eine finanzielle Entschädigung erreichen, sondern auch, dass Content-Moderator:innen in Kenia in Zukunft besser behandelt werden – nämlich genauso wie ihre Kolleg:innen in den USA. Sie sollten bessere Hilfe von Psycholog:innen bekommen, und sie sollten das Recht haben, eine Gewerkschaft zu gründen. Zu Beginn der Gerichtsverhandlung sagte er:

> »Es ist nicht in Ordnung, dass wir für den Profit riesiger Konzerne ausgenutzt werden. Die kommen hierher und sagen, dass sie uns retten werden, nur, um uns auszubeuten und wegzuwerfen. Ich will das beenden.«[127]

Bald darauf meldete sich eine prominente Fürsprecherin zu Wort: die Facebook-Whistleblowerin Frances Haugen. Aus ihrer Zeit bei Facebook wusste sie selbst nur allzu gut, wie wichtig es ist, gegen Hass im Netz vorzugehen. Daniel Motaungs Kampf sei Teil einer langen Geschichte von Arbeitskämpfen, sagte sie. Die Solidarität müsse man nun auch auf Bereiche wie die Content-Moderation ausweiten.

Seit Daniel Motaung in der Zeitung war, wird er oft als Whistleblower beschrieben. Heute kämpft er in aller Öffentlichkeit für die Rechte der Content-Moderator:innen. Deren Arbeit ist weiterhin extrem wichtig. Denn wenn sich der Hass in den sozialen Netzwerken weiter verbreitet, dann ist das auch eine Gefahr für das gesellschaftliche Zusammenleben.

»Länder ziehen in den Krieg wegen sozialer Medien, Religionen ziehen in den Krieg wegen sozialer Medien.«[128]

Am Ende würden dann auch die Nutzer:innen leiden, sagt Daniel Motaung. Deswegen müssten Content-Moderator:innen professioneller werden – und besser behandelt und bezahlt. Darum bräuchte es Gewerkschaften. Außerdem müssten Content-Moderator:innen richtig zertifiziert und ausgebildet werden.

Für diese verantwortungsvolle Aufgabe an solch einer zentralen Stelle brauche es Expert:innen. Sonst sei die Gefahr, die von Hass in sozialen Netzwerken ausgeht, einfach zu groß.

Doch die Content-Moderator:innen arbeiten nicht nur für soziale Netzwerke. Ihre Erfahrung kommt auch zum Einsatz, um künstliche Intelligenz zu trainieren. Dort wurde ebenfalls immer wieder davon berichtet, dass sie mit schrecklichen Bildern und Videos konfrontiert waren. Der Kampf der Moderator:innen für bessere Arbeitsbedingungen bleibt also weiter wichtig.

Am 1. Mai 2023 konnten sie einen großen Erfolg feiern – in Nairobi, wo die Geschichte von Daniel Motaung begonnen hatte. 150 Content-Moderator:innen entschieden sich dafür, eine Gewerkschaft zu gründen. Der ehemalige Moderator für Facebook-Postings war ebenfalls gekommen. Er sagte in einem Statement:

»Wir waren noch nie so viele. Unsere Sache ist richtig, unser Weg ist gerecht, und wir werden gewinnen. Ich könnte nicht stolzer auf die heutige Entscheidung sein.«[129]

SPOT 9

Eine Entscheidung – und dann? Die Einsamkeit der Whistleblower:innen

Wir alle kennen solche Situationen: Etwas stimmt nicht, etwas fühlt sich falsch an, etwas muss sich ändern. Hinter eine solche Einsicht kommt man für gewöhnlich nicht zurück – dann muss man sich entscheiden. Wir alle müssen uns immer wieder entscheiden. Zum Glück geht es dabei nicht immer um alles – selbst große Fragen, wie zum Beispiel: »Was will ich nach der Schule machen?«, können immer wieder neu gestellt und beantwortert werden. Schwieriger wird es bei grundsätzlichen Fragen, wie: »Schweige oder rede ich?«, »Gehe oder bleibe ich?«. Genau solche Fragen stellen sich Whistleblower:innen.

Stellt euch einen Weg vor, der an eine Abzweigung führt. An dieser Stelle müsst ihr euch für eine Richtung entscheiden, niemand kann schließlich mehrere Wege gleichzeitig gehen. Die Alternative wäre allenfalls, stehen zu bleiben. Solche weitreichenden Entscheidungen kann man lästig, sogar beängstigend oder aber befreiend finden – fest steht: Sie müssen getroffen werden. Andere Menschen können dabei zwar begleiten, aber sie können sie nicht abnehmen. Deshalb spricht man von »einsamen Entscheidungen«.

Je nachdem, wie lebensverändernd die Konsequenzen sind, kann ein Entscheidungsprozess darum ein langer Weg sein. Whistleblower:innen beschreiben ihn fast immer als schwierig. Aber fast alle gelangen schließlich an diesen einen Punkt, an dem sie ganz genau wissen, was zu tun ist, und sie sich sicher sind, dass sie handeln müssen.

Über ihre Entscheidung können Whistleblower:innen vorher oft nicht sprechen, um sich und andere nicht zu gefährden. Und: Whistleblower:innen treffen ihre Entscheidung, ohne zu wissen, wie andere Menschen ihr Tun bewerten werden.

Weil Whistleblower:innen unbequeme Wahrheiten ans Licht bringen, ist die Wahrscheinlichkeit groß, dass sie anecken. Weil sie Geheimnisse und Missstände aufdecken und sich mit mächtigen Menschen, Institutionen und Instanzen anlegen, müssen sie sich oft im Geheimen entscheiden und zudem aushalten, dass sie mit ihrer Meinung und ihrem Handeln allein dastehen. Auch das ist Teil der Einsamkeit der Whistleblower:innen.

Nach dem Whistleblowing ist zunächst die öffentliche Aufmerksamkeit groß. Medien berichten, Whistleblower:innen geben Interviews, sie sitzen in Talkshows, sie sind gefragt.

Zugleich müssen sie vielleicht erleben, wie Kolleg:innen sie meiden, Freund:innen sich abwenden. Weil das Gefühle verletzt, weil zwischenmenschliche Verbindungen und soziale Kontakte verloren gehen, spricht man bei einer solchen Erfahrung von »emotionaler und sozialer Einsamkeit«.

Naomi Seligman von »Whistleblower Aid« und selbst Whistleblowerin in einem #MeToo-Fall (→ Spot 3, Seite 64) beschreibt das so: Sie habe sich gefühlt, als sei ein Flugzeug mit vielen Freund:innen und Kolleg:innen abgestürzt. Als habe sie dieses Umfeld auf einen Schlag verloren.

Hilfreich ist, dass Whistleblower:innen in der Regel sehr genau wissen, was sie tun und warum. Den meisten ist klar, dass sie sich auf einen Kampf einlassen. Der lohnt sich in ihren Augen. Mehr noch: Es ist ein Kampf, den sie führen *müssen*. Das ist wichtig. Denn selbst wenn Whistleblowing tiefgreifende Veränderungen nach sich zieht und mit unterschiedlichen Formen von Einsamkeit konfrontiert, hilft die eigene, bewusste Entscheidung dabei, mit den Folgen einigermaßen zu leben.

Doch es gibt Konsequenzen, auf die Whistleblower:innen keinen Einfluss haben. Sie dürfen nicht mehr mitmachen. Sie gehören nicht mehr dazu. Sie werden aus der Gemeinschaft ausgeschlossen. Diese Erfahrung wiegt schwer. Die Folge nennt man »kollektive Einsamkeit«.

Einige Whistleblower:innen müssen von der Bildfläche verschwinden, andere werden inhaftiert und damit von der Gesellschaft maximal isoliert. Reality Winner ist daran fast zerbrochen. Chelsea Mannings Isolationshaft wurde als Folter gewertet, und wenn Jóhannes Stefánsson sich vorstellt mit »keine Frau, keine Kinder«, zeigt das: Er steht alleine da.

Wer aus dem Schwarm ausschert und gegen den Strom schwimmt, bezahlt oft mit Einsamkeit. Doch wir Menschen sind soziale Wesen. Darum leben wir in Gemeinschaften. Gleichzeitig sind wir aber immer auch Einzelwesen mit der Möglichkeit zu selbstständigem Denken und unabhängigem Handeln.

Die Freiheit, die sich daraus ergibt, kann Chance und Zumutung zugleich sein. Whistleblower:innen nehmen sie als Aufgabe ernst. Im wahrsten Sinne des Wortes werden sie zu Einzelgänger:innen. Sie gehen eigene Wege. Der Preis dafür kann Einsamkeit sein – aber nur, solange die Gesellschaft sie dabei alleinlässt.

CIHAN KUZKAYA

WHISTLEBLOWER ÜBER WAFFENHANDEL

»Irgendwo musste ich eine Grenze ziehen, und die ist hier überschritten. Man muss im Zweifelsfall damit leben, dass auch an den eigenen Händen Blut klebt.«[130]

Es gibt auf der Welt keine Waffe, die so berühmt ist wie die Kalaschnikow. Früher oder später sehen wir alle einmal dieses Gewehr, mit seinem markanten Holzkolben, dem Griff aus Holz und dem geschwungenen Magazin – auch dann, wenn wir damit eigentlich nichts zu tun haben wollen. Die Gangster:innen in vielen Filmen nutzen dieses Sturmgewehr, es kommt in Videospielen vor, das Modell AK-47 ist sogar Teil einiger Staatswappen. Kein Wunder, denn auch jenseits von Bildschirmen und Flaggen sind Kalaschnikows sehr weit verbreitet. Angeblich soll es auf der Welt über 100 Millionen AK-47 geben – kriminelle Drogenbanden nutzen das Gewehr ebenso wie Terrorist:innen oder Armeen, weil es leicht zu bedienen ist und nur selten kaputtgeht. Und überall sorgen diese Waffen für Leid und Tod.

Es war unter anderem diese Erkenntnis, die Cihan Kuzkaya zum Whistleblower machte. Seine Geschichte hat mit dem Krieg in der Ukraine zu tun – und der Frage, welche Regeln es für die Herstellung von und den Handel mit Waffen geben sollte.

Cihan Kuzkaya hatte bei seiner Arbeit schon einiges gesehen. Mitarbeiter:innen von Firmen, die heimlich Geld von einem Firmenkonto stahlen, Korruption oder Chef:innen, die ihre Firmen nach außen hin erfolgreicher verkauften, als sie eigentlich waren. Als forensischer Ermittler war er fast so etwas wie ein Detektiv: Er wurde von Firmen beauftragt, Missstände zu entdecken und aufzuklären – und dafür zu sorgen, dass sie nicht wieder passieren konnten.

Dieser Job passte perfekt zu Cihan Kuzkaya. Er hatte schon immer gerne geknobelt, in seiner Jugend hatte er im Fernsehen vor allem Krimis geschaut – und gründlich und hartnäckig war er auch. All das konnte er bei seiner Arbeit gut gebrauchen. »Es macht mir unheimlich viel Spaß, mich in einen bis zur Decke mit Akten und Daten gefüllten Raum einzuschließen und mir monatelang Zeit zu nehmen, um mich durch alles durchzuarbeiten«[131], sagt er über sich selbst. Am Ende hatte er dann nicht nur all die Informationen geordnet und Dinge entdeckt, die andere lieber geheim gehalten hätten. Er war auch auf den Kern eines Problems gestoßen, auf die grundlegenden Missstände, die es zu beseitigen galt. Mal ermittelte Cihan Kuzkaya bei Pharmakonzernen, die Medikamente produzierten, mal bei Bauunternehmen – und manchmal bei Rüstungskonzernen. Die stellen Waffen oder Teile davon her, aber auch die Maschinen, mit denen man wiederum Waffen oder Munition produzieren kann.

Wir lernen sehr früh im Leben, dass wir uns vor Waffen fürchten müssen. Wo sie im Spiel sind, passieren oft grauenvolle Dinge. Dann geht es zum Beispiel um Kriminalität oder Drogenhandel – und sehr oft auch um Krieg. Staaten bewaffnen ihre Armeen, um andere Länder anzugreifen, sich zu verteidigen oder Feinde abzuschrecken. Doch egal welchen Zweck sie verfolgen – Waffen sind zum Töten gemacht. Deswegen gibt es auch strenge Regeln zum Handel damit. In welche Länder oder an welche Personen dürfen Waffen verkauft werden – und unter welchen Bedingungen?

Eine dieser Regeln gibt es seit 2014. Damals besetzte russisches Militär die Halbinsel Krim, die eigentlich zur Ukraine gehörte. Nach einer Abstimmung unter der Bevölkerung, einem sogenannten Referendum, erklärte die russische Regierung die Krim zu einem Teil von Russland. Kaum ein Land akzeptierte dieses Referendum. Für die meisten Staaten war klar, dass diese Aktion gegen internationales Völkerrecht verstieß. Deswegen beschloss unter anderem die EU sogenannte Sanktionen. Damit versuchen Regierungen, andere Staaten zu bestrafen und zu einem Einlenken zu bewegen. Eine dieser Sanktionen betraf den Handel mit Waffen.

Unternehmen aus der EU durften danach weder ganze Waffen noch deren Einzelteile nach Russland verkaufen und auch keine Maschinen, mit denen Russland selbst hätte Waffen bauen können. Denn auch in der Ukraine kamen Waffen aus Russland zum Einsatz. Kämpfer:innen, die nicht zur Ukraine gehören wollten, sondern zu Russland, bekriegten sich im Osten des Landes mit ukrainischen Soldat:innen. Diese sogenannten Separatist:innen wurden von Russland unterstützt. Dass die EU Russland nicht auch noch beim Bau von Waffen unterstützen wollte, war nachvollziehbar.

Die Kämpfe in der Ostukraine dauerten an und forderten Tausende Opfer. 2022 griff Russlands Präsident Wladimir Putin die Ukraine an, ein grausamer Krieg begann. Vor allem die Menschen in der Ukraine litten und leiden unter dem Angriff, unter Raketen, Bomben, Granaten.

Kurz nach Kriegsbeginn machten Hacker eine gewaltige Menge geheimer E-Mails öffentlich. Die sogenannten Kalaschnikow-Leaks legten den Verdacht nahe, dass sich möglicherweise nicht alle europäischen Unternehmen an die Sanktionen von 2014 hielten.

Auch über die Firma New Lachaussée wurde berichtet. Das Unternehmen hat seinen Sitz in der Region Wallonien in Belgien und baut Maschinen für Munitionsfabriken. Laut den »Kalaschnikow-Leaks« hatte New Lachaussée einen Kostenvoranschlag nach Russland geschickt. Das bedeutet: Schwarz auf weiß wurde beschrieben, wie viel eine Munitionsfabrik kosten würde, sogar Bauzeichnungen waren dabei. Die Munition, die dort produziert werden sollte, war für Kalaschnikows. Da war sie wieder, die am weitesten verbreitete Waffe der Welt. Aber eine solche Fabrik zu bauen wäre ein klarer Verstoß gegen die geltenden Sanktionen gewesen. New Lachaussée beteuerte deshalb auch später, man habe die Fabrik nie wirklich bauen wollen. Trotzdem wurde die Firma 2022 dazu verpflichtet, das Ganze untersuchen zu lassen. Sie wandte sich an die Beratungsfirma KPMG, bei der auch Cihan Kuzkaya angestellt war.

Er machte sich schnell an die Arbeit und tat das, was ihm am liebsten war: Er wühlte sich durch eine ganze Menge Unterlagen. Kontoauszüge, Verträge, Listen mit Kund:innen und andere Dokumente. Und er führte Interviews mit Angestellten des Rüstungsunternehmens. Sonderlich willkommen war er nicht, aber das war nicht ungewöhnlich. Firmen lassen sich nur ungern in ihre Unterlagen schauen. Und New Lachaussée offenbar erst recht nicht.

Durch seine Arbeit ergab sich für den erfahrenen Ermittler langsam ein Gesamtbild, das ihn erst stutzig machte – und dann schockierte. Er fand zum Beispiel heraus, dass die Firma sogar fünf Angebote für russische Rüstungskonzerne geschrieben hatte – unter anderem für Munitionsfabriken. Warum, so fragte er sich, hätte sie das tun sollen, wenn sie die Fabriken doch gar nicht bauen durfte? Das war schon sehr seltsam.

Cihan Kuzkaya arbeitete als forensischer Ermittler. Bei einer Untersuchung fand er Belege dafür, dass ein Rüstungsunternehmen bei seinen Geschäften zu wenig auf bestehende Regeln achtete. Als seine Ermittlungen nicht ernst genommen wurden, entschloss er sich, an die Öffentlichkeit zu gehen.

Doch nicht nur das. Die Firma New Lachaussée hatte zwei Munitionsfabriken nach Serbien verkauft, die tatsächlich gebaut und feierlich eröffnet worden waren. Tag für Tag wurde dort neue Munition produziert. In den Verträgen wurde vorgerechnet, wie viele Patronen dort produziert werden konnten: Selbst vorsichtig geschätzt ging es um 17 Millionen Schuss Munition pro Jahr. Cihan Kuzkaya rechnete das hoch. Wenn die Fabrik regelmäßig auf den neuesten Stand gebracht wurde, konnte sie über 40 Jahre lang Munition herstellen. Am Ende wären dann rund 680 Millionen tödliche Patronen produziert.

Die Fabriken stellten zwei Arten von Munition her. Die erste war für das klassische Kalaschnikow-Sturmgewehr. »Diese Munition findet sich im Standardgewehr vieler Soldat:innen auf der Welt, gerade auch bei Guerilla- und Terroristengruppen«, erklärt Cihan Kuzkaya. Die andere Munition war so groß wie eine Hand und für ein größeres Maschinengewehr gemacht – eines, das zum Beispiel auf Panzer oder an Kampfhubschrauber montiert wird. »Das ist Kriegsmunition, damit führt man Angriffskriege. Damit nimmt man feindliches Territorium ein.«[132]

Beide Munitionsarten hatten ihren Ursprung in Russland. Der Auftrag für den Bau einer solchen Fabrik hätte genauso gut aus Russland kommen können, meinte Cihan Kuzkaya. Für ihn war das ein Hinweis, dass die Sanktionen der EU umgangen werden könnten. Und auf jeden Fall konnte die Munition nicht von den Armeen westlicher Demokratien verwendet werden, denn die nutzten andere Waffen. Außerdem war Serbien nicht in der EU und musste sich darum auch nicht an die gleichen Regeln halten. Das Land verkaufte Waffen, Munition und Militärausrüstung auf der ganzen Welt und war dabei nicht gerade wählerisch. Waffen aus Serbien waren zum Beispiel schon im syrischen Bürgerkrieg gelandet. War es da nicht auch möglich, dass Munition über Serbien in die Hände der russischen Armee gelangte? Auszuschließen war das zumindest nicht. Und wenn nicht dorthin, dann vielleicht in andere Regionen voller Gewalt und Konflikte.

Diese Konflikte würden dazu führen, dass Menschen alles verlören. Sie würden auch dazu führen, dass Menschen vor der Gewalt in ihrer Heimat fliehen und alles zurücklassen müssten. Am Ende, da war sich Cihan Kuzkaya sicher, würde das auch in anderen Ländern zu politischen und gesellschaftlichen Spannungen führen. Der unkontrollierte Handel mit Waffen und Munition, der für einige wenige ein gutes Geschäft bedeutete, hatte für die Mehrheit der Menschen vor allem negative Folgen.

»Wir waren an einem Punkt angekommen, wo enorm viel Belastendes ans Tageslicht gekommen ist«[133], erinnerte sich Cihan Kuzkaya später an seine Ermittlungen. Was es aus seiner Sicht brauchte? Eine weitere, gründlichere Untersuchung:

von Notebooks und Rechnern der Firma, mit all ihren E-Mails und Dateien.

Dass es dazu nicht kam, hatte vielleicht mit einem weiteren Problem zu tun, auf das Cihan Kuzkaya bald darauf öffentlich hinweisen würde. Und das ist komplizierter: Beauftragt wurde die Untersuchung von der Eigentümer-Firma von New Lachaussée, also dem Unternehmen, dem eigentlich auf den Zahn gefühlt werden sollte. Es konnte deshalb auch entscheiden, die Untersuchung nicht fortzusetzen. Und noch etwas war wichtig: KPMG, die Firma, für die Cihan Kuzkaya arbeitete, hatte auch noch andere Aufträge von New Lachaussée. Würden sich die Chefs von Cihan Kuzkaya da trauen, auf weitere Ermittlungen zu bestehen, auch auf die Gefahr hin, sich damit unbeliebt zu machen? Wer würde sich schon gerne von einer Firma beraten lassen, die lauter Geheimnisse ans Licht brachte?

In der Tat gab es keine weiteren Ermittlungen. Man sagte, dass Cihan Kuzkaya ja nur habe untersuchen sollen, ob die Firma gegen Sanktionen verstoßen und eine Waffenfabrik in Russland gebaut habe. Sein Zwischenbericht und die unvollständige Prüfung konnten das nicht nachweisen. Auch KPMG bestand nicht darauf, weiterzuermitteln. Dabei hatte Cihan Kuzkaya gehofft, dass KPMG den Fall richtig aufklären und vielleicht sogar zur Polizei gehen würde. Doch nichts davon passierte. Die Untersuchungen waren ausgerechnet bei einem Thema von Leben und Tod nicht gerade streng – und Cihan Kuzkaya fragte sich: Wer kontrolliert eigentlich die Kontrolleur:innen? Später, als Journalist:innen KPMG zu dem Fall befragten, äußerte sich das Unternehmen nicht und verwies auf seine Verschwiegenheitspflicht.

Sollte es das einfach gewesen sein? Für Cihan Kuzkaya war eine Grenze erreicht. Die Art, wie scheinbar ohne besonders strenge Aufsicht Munitionsfabriken gebaut und Munition in die Welt gelangen konnte, wie Geschäfte mit dem Leid gemacht wurden – daran wollte er nicht beteiligt sein. Hier ging es darum, »dass Regierungen, aber auch Unternehmen in Europa unschuldige Opfer billigend in Kauf nehmen«.[134] Er sah Firmen und Politiker:innen, die sich aus der Verantwortung stahlen. Die nicht das Richtige taten – weder für die Gesellschaft noch für Europa oder für die Menschen, die in Konfliktgebieten um ihr Leben fürchten mussten. Cihan Kuzkaya wollte nicht, dass auch »an den eigenen Händen Blut klebt«[135], er wollte sich nicht mitschuldig machen. Wenn ich nichts dazu sage, dachte er sich, wird die ganze Geschichte vielleicht nie an die Öffentlichkeit gelangen. Also wurde er zum Whistleblower.

Was Cihan Kuzkaya nun tat, war illegal, und als forensischer Ermittler wusste er, dass er Glück brauchte, um nicht erwischt zu werden. Doch das war ihm egal. Wenn er entdeckt worden wäre, hätte er sich selbst angezeigt. Er kopierte die wichtigen Dokumente seiner Ermittlungen, denn er wusste:

»Wenn ich keine Belege gehabt hätte, hätten doch alle gesagt, ich würde nur rumspinnen.«[136]

Als er die Daten gesichert hatte, war das ein unwirkliches Gefühl. Jetzt gab es keinen Weg zurück.

Weil er befürchtete, als Whistleblower in Deutschland schlechtere Chancen zu haben, zeigte er die Missstände, auf die er gestoßen war, in den USA an. Er war ohnehin der Meinung, dass es hier um ein Problem internationalen Ausmaßes ging. Dann kündigte Cihan Kuzkaya seine Stelle bei KPMG und wandte sich an die Presse.

Einige Monate später wurden die ersten Berichte veröffentlicht, in denen auch ein Experte bestätigte, dass der Handel mit Serbien sehr verdächtig wirkte. Wieder musste sich New Lachaussée, aber auch Cihan Kuzkayas ehemaliger Arbeitgeber KPMG unangenehmen Fragen stellen. Die Regierung der belgischen Region Wallonien war gezwungen, sich die Geschäfte genauer anzusehen. Und auf einmal stand die Frage im Raum: Ist es möglich, dass europäische Firmen Geschäfte mit russischen Waffenherstellern machen? Oder allgemeiner gefragt: Sollten wir nicht genauer hinsehen, wohin europäische Firmen Waffen, Munition oder ganze Munitionsfabriken verkaufen? Ein paar Tage nach der Veröffentlichung der Vorwürfe kam die Regierung von Wallonien zu dem Schluss, dass nichts Illegales an den Geschäften von New Lachaussée zu finden sei – und machte weiter wie bisher.

Aber ist die Frage nach legal oder illegal wirklich das Einzige, was zählen sollte? Nein, fand Cihan Kuzkaya, es ist eben auch wichtig, ob die Deals moralisch vertretbar waren: »Durch dieses blinde Verhalten tragen Firmen wie New Lachaussée oder KPMG dazu bei, dass wir unsere Demokratie, unsere Werte aufs Spiel setzen.«[137]

Cihan Kuzkaya lebte vor, dass Enthüllungen nicht nur illegale Machenschaften ans Licht bringen müssen. Sie können auch moralische Probleme offenlegen und die bestehenden Verhältnisse und unsere Maßstäbe infrage stellen. Cihan Kuzkaya ist froh, an die Öffentlichkeit gegangen zu sein:

»Ich bin stolz darauf, dass ich diesen Schritt gewagt habe. Denn es wurde darüber geredet und berichtet. Jetzt sind diese Fragen da draußen.«[138]

FRANK SERPICO

WHISTLEBLOWER ÜBER KORRUPTION IN DER POLIZEI

»Wir müssen eine Atmosphäre schaffen, in der die unehrlichen Polizisten die ehrlichen fürchten. Und nicht umgekehrt.«[139]

Schon als kleiner Junge hatte Frank Serpico einen Traum: Eines Tages wollte er Polizist werden. Denn die Polizei – das waren die Guten. Die Polizei – das waren die, die die Bösen verhafteten, die Unschuldigen schützten, den Menschen halfen und für Sicherheit sorgten in einer Stadt, in der Gewalt zum Alltag gehörte. Eines Tages wollte er die Polizeiuniform tragen und einer von den Guten sein.

Die Stadt, in der Francesco Vincent »Frank« Serpico am 14. April 1936 als Sohn italienischer Eltern zur Welt kam, ist New York City. Neben einem überbordenden Temperament und einer Vorliebe für Krimis und Detektivgeschichten wurde dem Jungen schon früh ein ausgeprägter Gerechtigkeitssinn bescheinigt. Den hatte ihm sein Vater, von Beruf Schuhmacher, vorgelebt.

Als ein Polizist sich von Frank Serpico die Schuhe putzen ließ, aber nicht dafür bezahlen wollte, stellte Vater Serpico den Beamten beim nächsten Besuch zur Rede, nannte ihm den Preis und ließ ihn vorab bezahlen. Er verteidigte damit nicht nur seinen Sohn – er gab ihm eine wichtige Botschaft mit auf den Weg: »Lauf niemals weg, wenn du im Recht bist.«[140]

Diese Einstellung wird Frank Serpico zu einem der berühmtesten Polizisten der Welt machen. Denn auch als Erwachsener konnte und wollte er sich nicht mit Ungerechtigkeit und Machtmissbrauch abfinden.

Mit 18 Jahren trat Frank Serpico in die US-Army ein, zwei Jahre war er in Südkorea stationiert. Mit 23 Jahren fing er beim New York Police Department zunächst als Streifenpolizist auf Probe an, ein Jahr später wurde er in den Polizeidienst übernommen. Als Zivilbeamter tat er nun das, wovon er immer geträumt hatte: Er bekämpfte die Kriminalität in Brooklyn und in der Bronx.

Er war ein richtiger Polizist.

Er war einer von den Guten im Kampf gegen das Böse.

Oder? War er das?

Er war Polizist, aber das hieß nicht automatisch, dass er einer von den Guten war. Denn was Frank Serpico hinter den Kulissen zu sehen bekam, krempelte sein Bild von der Polizei komplett um. Er sah Gewalt, Willkür, Ungerechtigkeit – und zwar auf Seiten der Polizei. Er wurde Zeuge von rassistischen Übergriffen. Er beobachtete, wie Polizist:innen Verdächtige misshandelten, wie sie mit Schlagstöcken auf sie eindroschen, wie sie die traten, die bereits am Boden lagen, und wie sie ohne schlechtes Gewissen Schmiergelder kassierten. Seine Kolleg:innen machten kein Geheimnis daraus, dass wer genug bezahlte, sich freikaufen konnte. Bestechung war weit verbreitet, denn korrupte Polizist:innen konnten sich darauf verlassen, dass die anderen den Mund halten würden.

Wer wollte schließlich schon ein »Kollegenschwein« sein? Wer wollte gemobbt und drangsaliert werden? Wer wollte in Kauf nehmen, nicht befördert zu werden? Wer wollte sich zahlreichen, willkürlichen Versetzungen oder sogar Morddrohungen aussetzen – all dem, was Frank Serpico später widerfahren sollte?

Dann doch lieber wegschauen und schweigen.

Oder mitmachen.

Es funktionierte wie eine gut geschmierte Maschine. Die bestand aus korrupten Polizeibeamt:innen, nicht korrupten Polizeibeamt:innen und einer schweigenden Mehrheit. Sie alle waren mit schuld daran, dass das System der Korruption immer weiterging. Auch Frank Serpico ging auf Tauchstation, um nicht länger schikaniert und ausgegrenzt zu werden.

Schon immer hatte er mit seinen langen schwarzen Haaren und seinem wilden schwarzen Bart nicht ins Bild des braven Polizeibeamten gepasst. Frank Serpico zog sich gern ungewöhnlich an, ging ins Ballett und in die Oper, er hatte viele Freundinnen – und ungewöhnliche Ermittlungsmethoden. Um Kriminelle zu überführen, verkleidete er sich im Dienst, trat als Obdachloser, als Metzger, als Arzt auf. Auch das kam bei seinen Kolleg:innen nicht gut an: Er war einfach viel zu eigenwillig. Innerhalb der New Yorker Polizei war er bekannt wie ein bunter Hund – nun wurde er zusehends zum schwarzen Schaf. Seine Kolleg:innen begegneten ihm mit Misstrauen. Sie stempelten ihn als Dandy ab, als jemanden, der zu viel Wert auf Äußeres legte. Sie verachteten ihn. Sie hassten ihn – so jedenfalls hat Frank Serpico es empfunden.

Trotz mehrfacher Versuche hatte Frank Serpico sich nie bestechen lassen. Er handelte anders als viele seiner Kolleg:innen. Die wiederum fühlten sich von seiner Ehrlichkeit angegriffen. Irgendwann steckte ihm ein Polizist einen Umschlag mit Geld zu – nun wurde es richtig gefährlich. Frank Serpico wusste: Wenn er weiterhin schwieg, würde er sich zum Komplizen machen. Wenn er aber die Korruption offenlegte, hatte er fast die ganze Polizei gegen sich. Dennoch informierte er im Beisein seines Kollegen und Freundes David Durk einen Vorgesetzten. Der aber machte ihm Angst: Wenn er dieses Fass aufmachen würde, würde man ihn schon bald tot aus dem Fluss ziehen. Sein Rat: »Forget it!« Vergiss es.

Doch genau das wollte Frank Serpico nicht. Er wollte den Vorfall nicht vergessen, und er wollte seine Vorstellung des guten Polizisten nicht vergessen. Er wollte, dass die New Yorker Polizei wieder ehrlich, wieder sauber wurde. Er musste sich entscheiden – und er entschied sich nach seinem Gewissen. Er erinnerte sich an die Szene seiner Kindheit in der Werkstatt seines Vaters. Dessen Rat, niemals wegzulaufen, wenn er im Recht war, hatte ihn begleitet. Und da war noch so ein Vatersatz: Niemand könne gezwungen werden zu tun, was man nicht tun wolle.

Frank Serpico wollte keinen Tag länger Teil eines Systems bleiben, das log und betrog, Gewalt ausübte und eigenen Gesetzen folgte, die gesetzeswidrig waren. Nur weil Menschen Polizeiuniformen trugen, konnten sie doch nicht einfach tun und lassen, was sie wollten und wofür sie andere verhafteten, oder?

Damit musste Schluss sein, und so begann Frank Serpico ein System zu bekämpfen, von dem viele profitierten: Millionen US-Dollar landeten damals jährlich in den Taschen korrupter Polizist:innen. Er begab sich damit in große Gefahr. Er nahm es mit einem mächtigen Gegner auf.

1967 informierte er hochrangige Beamt:innen im Polizeipräsidium und im Rathaus über die skandalösen Vorgänge, die er tagtäglich miterlebte. Er nannte Namen, Orte, Daten. Doch niemand wollte etwas davon wissen, niemand ging den Hinweisen nach. Auch der New Yorker Bürgermeister John Lindsay war nicht interessiert. Vielmehr wurde Frank Serpico nun erst recht in seiner Arbeit behindert und mehrfach versetzt. Es hatte etwas von Strafversetzungen.

Francesco Vincent »Frank« Serpico ist ein ehemaliger Beamter des New York Police Department. Im Jahr 1970 sagte er vor einem Untersuchungsausschuss gegen korrupte Kolleg:innen innerhalb der Polizei aus. Durch die Verfilmung seiner Geschichte mit Al Pacino in der Hauptrolle wurde er weltberühmt. Bis heute setzt er sich öffentlich für Bürgerrechte und gegen Polizeigewalt und Korruption ein.

Er hatte Kolleg:innen verpfiffen und war zum internen Whistleblower geworden. Dafür musste er nun büßen.

Erst als Frank Serpico und David Durk dem berühmten Enthüllungsjournalisten David Burnham ihre Geschichte erzählten, kam Bewegung in die Sache: Am 25. April 1970 – Frank Serpico war inzwischen 34 Jahre alt – war sie Titelgeschichte in der *New York Times*. An einem solchen Aufmacher in der Zeitung kam auch Bürgermeister Lindsay nicht vorbei und rief eine Untersuchungskommission ins Leben. Die nach dem Vorsitzenden Whitman Knapp benannte Knapp-Commission führte die umfangreichste Untersuchung polizeilichen Fehlverhaltens in der Geschichte der Stadt New York durch. Sie deckte das System von Korruption und Vertuschung auf. Frank Serpico wurde ihr wichtigster Zeuge. Nachdem er mit allen internen Aufklärungsversuchen gescheitert war, wurde er zum externen Whistleblower.

Doch bevor es so weit war, geschah noch etwas Ungeheuerliches. Etwas, das in einen Roman oder in einen Kinofilm passt, aber doch nicht in die Wirklichkeit?

Am 3. Februar 1971 wurde Frank Serpico während eines Polizeieinsatzes lebensgefährlich verletzt. Jahrzehnte später, im Jahr 2017, wird er die Szene in dem Dokumentarfilm »Frank Serpico – Die wahre Geschichte des berühmten Whistleblowers« nachspielen.

Für diesen Film ist der inzwischen 81-Jährige an den Ort des Geschehens zurückgekehrt: Schmal, mit Sonnenbrille, Ohrring, lila Schal und inzwischen grauen Locken und Bart stellt er sich ins Treppenhaus rechts von der Tür der Wohnung, in der Drogendealer verhaftet werden sollten. Mit den Fingern seiner rechten Hand deutet er eine Waffe an und erinnert sich: Weil er die Parole kannte, wurde ihm die Tür geöffnet, doch bevor er die Wohnung betreten konnte, wurde ihm ins Gesicht geschossen.

»When I turned back, I got shot«[141], sagt er mit seiner hellen, etwas heiseren Stimme. Im Film knallt der Schuss.

Alles wird schwarz. Albträume werden Frank Serpico sein weiteres Leben lang verfolgen. 45 Jahre zuvor wurde er in den Flur zurückgeschleudert. Keiner der drei Kollegen, die bei dem Einsatz dabei waren, half. Ein Hinweis auf einen unglaublichen Verdacht: Hatte der Whistleblower Frank Serpico bei diesem Einsatz endgültig aus dem Weg geräumt werden sollen?

Erst ein Nachbar rief schließlich den Rettungswagen, Frank Serpico wurde in ein Krankenhaus gebracht. Er überlebte die Schussverletzung, aber sein linkes Ohr blieb taub und sein linkes Bein versehrt.

Im Mai 1971 erschien im *New York Metro Magazine* das »Porträt eines ehrlichen Polizisten«.[142]

Im Dezember 1971 trat Frank Serpico in den Zeugenstand der Knapp-Commission und wurde damit zum ersten Polizeibeamten des New York Police Department, der gegen die systematische Korruption innerhalb der Polizei aussagte:

»Nach meinem heutigen Auftritt hier hoffe ich, dass Polizeibeamt:innen in Zukunft nicht die gleichen Erfahrungen machen, den gleichen Frust und die gleiche Angst erleben müssen. … Polizei-Korruption kann nicht existieren, wenn sie nicht zumindest auf den höheren Ebenen der Dienststelle geduldet wird.«[143]

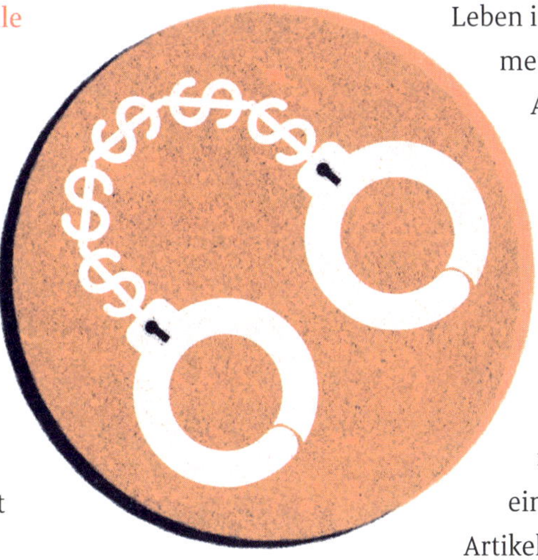

Frank Serpico wurde zum Gesicht einer Polizei mit weißer Weste – zur Legende wurde er, als der Regisseur Sydney Lumet 1973 seine Geschichte fürs Kino verfilmte: »Serpico« ist eine moderne Heldengeschichte, und mit Al Pacino, einem der großen Hollywoodstars jener Zeit, in der Hauptrolle, wird Frank Serpicos Kampf gegen Korruption und für Gerechtigkeit ganz großes Kino. Vor den Dreharbeiten verbrachten der Schauspieler und der Polizist viel Zeit miteinander. Am Ende, erinnert sich Frank Serpico, habe Al Pacino die Rolle besser gespielt, als er selbst es je hätte tun können.

Im realen Leben wird Frank Serpico 1972 mit der »Ehrenmedaille für besondere Tapferkeit im Dienst« ausgezeichnet. Ohne öffentliche Verleihung sei ihm die Urkunde wie eine Schachtel Zigaretten in die Hand gedrückt worden. Es ist eine weitere Kränkung. Auch dass er nie zu Gesprächen über Korruption und mögliche Reformen eingeladen wurde, enttäuschte ihn sehr.

Am 25. Juni 1972 schied er mit gerade mal 36 Jahren aus dem Polizeidienst aus. Er verließ die USA, lebte zurückgezogen in der Schweiz und auf einem Bauernhof in den Niederlanden und versuchte, sein Leben in den Griff zu bekommen. Er widmete sich der Astrologie, meditierte, machte Musik, tanzte und versuchte, sein Leben zurückzugewinnen. Er bereiste die Welt und versuchte, sein Leben zu verstehen. »Ich bin«, steht in einem *New York Times*-Artikel, »durch Europa und Nordamerika gewandert, weil ich mein Leben finden wollte.«

1980 kehrte Frank Serpico in die USA zurück und lebte fortan in einer Hütte in den Wäldern, wenige Autostunden von New York entfernt. Er schrieb an einer Autobiografie – der Arbeitstitel: *Bevor ich gehe.* »Ich habe eine Nahtod-Erfahrung gemacht«, ist darin nachzulesen. »Das gibt einem einen Einblick, wie vergänglich das Leben ist und was wichtig ist.«[144]

Wichtig sind die Konsequenz und Unbeirrbarkeit von Frank Serpico: »Für gute Cops ist er ein Held – für schlechte Cops ist er eine Ratte«[145], heißt es über ihn.

Was Frank Serpico so beeindruckend macht – darüber hat sich auch der Regisseur des gleichnamigen Dokumentarfilms, Antonino D'Ambrosio, Gedanken gemacht. Daniel Ellsberg habe den aufrechten Polizisten »den Paten der Whistleblower« genannt. Antonino D'Ambrosio meint: »Er ist ein amerikanischer Archetyp. Ein Kind von Einwanderer:innen, das an den amerikanischen Traum glaubte: hart zu arbeiten, sein Leben dem öffentlichen Dienst zu widmen, für das einzutreten, was er für richtig hielt – und er hätte für seine Bemühungen beinahe sein Leben verloren.«[146]

Bis heute steht Frank Serpico für seine Ideale ein. 2017 unterstützte er öffentlich den Quarterback Colin Kaepernick, der während seiner Zeit in der US-amerikanischen National Football League gegen rassistische Ungerechtigkeit und Polizeigewalt protestierte.

Als Whistleblower hat Frank Serpico einen Skandal aufgedeckt und damit für Reformen innerhalb der Polizei gesorgt. Er bleibt ein brillanter und leidenschaftlicher Erzähler seiner eigenen unglaublichen Geschichte, einer Geschichte der Integrität und der Ermutigung, selbst aufzustehen und »Nein!« zu sagen, wann immer es nötig ist.

Sein »Nein!« hat Frank Serpico aus seinem Traumberuf Polizist katapultiert. Doch sein Kindheitstraum ist trotzdem in Erfüllung gegangen: einer von den Guten zu sein.

SPOT 10

Held:innen oder Verräter:innen? Whistleblowing und die Frage der Moral

Wer sich mit Whistleblower:innen beschäftigt, trifft häufig auf den Begriff »Moral«. Handeln Whistleblower:innen moralisch? Wie bewerten sie das selbst? Wie bewerten es andere? Und was ist das überhaupt: Moral?

Moral kommt aus dem Lateinischen. *Moralis* bedeutet »die Sitten betreffend«. Zugegeben: »Sitte« ist ein altmodisches Wort, es sagt uns heute vielleicht nicht mehr allzu viel, aber es bedeutet viel. Es dient als Anleitung: Wer sittlich handelt, wer den Werten und Regeln der Moral folgt, handelt »gut«.

Moralisch zu handeln kann bedeuten, sich rücksichtsvoll, fair und verantwortungsbewusst zu verhalten, nicht auf Kosten anderer zu leben, andere Menschen nicht zu kränken oder zu verletzen. Es kann bedeuten, Schwächere zu unterstützen und Wehrlosen zu helfen, etwa, wenn jemand gemobbt wird.

Wer moralisch handelt, positioniert sich – nicht nur *für*, sondern oft auch *gegen* andere: gegen die Mobber:innen und gegen die, die stillschweigend am Rand stehen. Nicht wegzuschauen, wenn etwas ungerecht erscheint, und womöglich einzugreifen, gehört also zu einem moralischen Handeln dazu.

Genau das verbindet Whistleblower:innen auf der ganzen Welt: Sie positionieren sich, sie nehmen Gegebenes nicht hin, als einzelne Menschen nehmen sie es sogar mit einem übergroßen, bedrohlichen und für sie gefährlichen Gegenüber auf. Whistleblower:innen betonen immer wieder, dass sie das für die Gesellschaft tun, in der sie leben. Und für eine Gesellschaft, in der sie leben wollen.

Ihre Entscheidung zu handeln begründen sie oft mit ihrem Gewissen. Darin steckt das Wort »Wissen«. Whistleblower:innen wissen etwas, was so nicht sein soll und erst recht so nicht bleiben darf.

Der Wirtschaftsanwalt Eckart Seith spricht von einem »inneren Kompass«, der ihn zum Cum-Ex-Whistleblower werden ließ. Für die Tierärztin Margrit Herbst war es eine Frage des Gewissens, vor BSE zu warnen. Auch Andrea Würtz wollte weiterhin in den Spiegel schauen können, darum hat sie beim Pflegeskandal von Schliersee nicht weggeschaut. Jóhannes Stefánsson wusste irgendwann, dass er als Manager des Fischunternehmens Samherji Schlechtes getan hat. Mit seinem

Fishrot-Whistleblowing wollte er etwas wiedergutmachen. »Wir Whistleblower:innen«, sagt er, »tun das Richtige, obwohl wir dafür oft behandelt werden wie Ausgestoßene.«[147] Cihan Kuzkaya wiederum hält es weiterhin für richtig, an die Öffentlichkeit gegangen zu sein – obwohl das, was er enthüllt hat, bislang nicht als Gesetzesverstoß bewertet und entsprechend geahndet worden ist.

Whistleblower:innen handeln moralisch, sie folgen ihrem Gewissen – und doch finden nicht alle Menschen gut und richtig, was Whistleblower:innen tun. Das hat verschiedene Gründe: Manche erachten gerade das »Verraten« von Geheimnissen als unmoralisch, andere fühlen sich vielleicht ertappt oder unter Druck gesetzt von Menschen, die sich an moralischen Werten orientieren. Auch das ist ein roter Faden, der viele der Geschichten miteinander verbindet: An Whistleblower:innen scheiden sich die Geister, um ihre Rolle wird oft heftig gestritten. Und nicht selten ändert sich der Blick auf sie im Laufe der Zeit.

Chelsea Manning erklärt diesen Widerspruch in der Bewertung mit einem weit verbreiteten Entweder-Oder-Denken, das dazu führt, Whistleblower:innen entweder als Held:innen zu feiern oder als Verräter:-innen zu verurteilen. Sie lehnt ein solches Denken ab. Denn wer die Welt nur nach Gegensätzen einteilt und alle Zwischentöne auslässt, wird der Gegenwart kaum gerecht. Stattdessen könnte sich eine zeitgemäße Sicht durchsetzen, die respektiert und anerkennt, dass Whistleblower:innen etwas tun, was wichtig ist: Sie *tun* etwas. Im wahrsten und besten Sinne des Wortes sind sie Störenfriede, denn sie stören, stören auf, verstören. Sie stören einen vermeintlichen Frieden, der anderen Menschen schadet. Sie wollen wachrütteln. Dadurch fordern und fördern sie Verantwortung. Dadurch verteidigen und gestalten sie **Demokratie**. Die Frage der Moral beantworten sie mit ihrem Tun.

Durch ihr Aufdecken und Offenlegen werden sie außerdem zu Vorbildern. Ihr Handeln kann anstecken und ermutigen – zu Zivilcourage zum Beispiel. Das heißt wörtlich übersetzt »Bürgermut«. Oder »Alltagsmut«. Der meint nichts anderes, als hinzuschauen, sich gegebenenfalls einzumischen, sich starkzumachen für andere. Mithin moralisch zu handeln.

Damit verteilen Whistleblower:innen die Verantwortung für die Gesellschaft auf mehrere Schultern. Auf unser aller Schultern. Denn wer weiß, kann sich nicht mehr hinter Unwissenheit verstecken. Wer ein Vorbild hat, kann dem nachfolgen. Niemand wird als Whistleblower:in geboren, aber wir alle können uns von ihrer Haltung und ihrem Handeln etwas abschauen. Und selbst unserem Gewissen folgen, wann immer es nötig ist.

GLOSSAR

Am 11. September 2001 wurden die USA Ziel von vier Terroranschlägen. Die Terroristen entführten Passagierflugzeuge und steuerten zwei davon in die Türme des World Trade Centers in New York City und eines ins Pentagon, das Verteidigungsministerium der USA. Ein viertes Flugzeug stürzte ab, als die Passagiere versuchten sich zu wehren. Rund 3000 Menschen kamen bei den Anschlägen ums Leben – vor allem in den Wolkenkratzern des World-Trade-Centers. Die Anschläge, die bis heute oft einfach **11. SEPTEMBER** oder auf Englisch **NINE ELEVEN** genannt werden, erschütterten das ganze Land und hatten weitreichende Folgen. Die USA begannen einen sogenannten »Krieg gegen den Terror« unter anderem in Afghanistan. Laut einer Untersuchung starben dabei bis 2015 über eine Millionen Menschen. Und auch die Geheimdienste wurden mit mehr Geld und mehr Macht ausgestattet.

AKTIEN sind kleine Anteile eines Unternehmens. Wenn es Aktien zum Verkauf anbietet, kommt es damit an Geld und kann zum Beispiel in neue Erfindungen oder eine Fabrik investieren. Diejenigen, die Aktien kaufen, nennt man Aktionär:innen. Sie setzen darauf, dass ihre Anteile in Zukunft mehr wert sein werden. Sie können bei wichtigen Entscheidungen im Unternehmen sogar mitbestimmen. Aktien werden an der Börse gekauft und wieder verkauft. Je nach Angebot und Nachfrage und je nachdem, wie ein Unternehmen wirtschaftet, steigt oder sinkt der Wert einer Aktie. Kritiker:innen sagen, dass infolgedessen Unternehmen vor allem große Gewinne machen wollen. Die Aktionär:innen macht das glücklich, andere – zum Beispiel Angestellte, die wenig Lohn bekommen – müssen darunter leiden.

Der **ARABISCHE FRÜHLING** war eine Reihe von Massenprotesten in Nordafrika und im Nahen Osten. Vor allem 2011 gingen dabei Millionen Menschen in Ländern wie Ägypten, Tunesien, Algerien oder Syrien auf die Straße. Sie protestierten gegen ihre oft brutalen Regierungen, gegen Korruption und Armut – und für Demokratie und Freiheit. Dabei spielten auch soziale Netzwerke, etwa Facebook oder Twitter, eine wichtige Rolle. Die Ereignisse führten dazu, dass die Herrscher in einigen Staaten zurücktreten mussten – in anderen Ländern, zum Beispiel in Syrien, mündeten die Proteste in einen Bürgerkrieg.

BLACK LIVES MATTER ist eine soziale Bewegung, die sich gegen Rassismus und die Gewalt gegen People of Color (vor allem durch die Polizei) richtet. Ihren Ursprung hat die Bewegung in den USA, wo sie 2013 gegründet wurde. Der Slogan »Black Lives Matter« bedeutet so viel wie »Schwarze Leben zählen«, und genau dafür kämpfen die Aktivist:innen – vor allem in den USA, inzwischen aber auch in anderen Ländern.

BSE (Bovine Spongiforme Enzephalopathie) ist eine Rückbildung der Gehirnsubstanz bei Rindern, sodass das Gehirn aussieht wie ein Schwamm. Darum wird BSE auch »Hirnfraß« genannt. Die Krankheit befällt das Gehirn und das Nervensystem und ist unheilbar. Sie führt zu Bewegungsstörungen und Verhaltensänderungen. 1986 traten in Großbritannien erstmals BSE-Infektionen bei Rindern in großem Umfang auf. Insgesamt wurden dort mehr als 180 000 Fälle diagnostiziert. In einigen wenigen Fällen haben sich auch Menschen, die verseuchtes Fleisch gegessen haben, angesteckt und sind an der Creutzfeldt-Jakob-Krankheit erkrankt. Die Anzeigepflicht von BSE als Tierseuche wurde in Deutschland 1991 eingeführt.

DEMOKRATIE ist eine Form der politischen Ordnung. Sie basiert auf Mitbestimmung der Bevölkerung. In Deutschland stellen sich Politiker:innen verschiedener Parteien zur Wahl. In einer Demokratie gibt es nämlich nie nur eine Partei. Dadurch soll verhindert werden, dass sich zu viel staatliche Macht bei einer Gruppe weniger Menschen bündelt. Neben dem Prinzip der freien Wahl gibt es die Pressefreiheit, die eine kritische Berichterstattung ermöglicht, und außerdem eine unabhängige Justiz, die dafür sorgt, dass die Regeln des Rechtsstaates eingehalten werden. Die Demokratie geht von der Gleichheit der Menschen aus. Darum werden auch die Interessen von sogenannten Minderheiten vertreten. Das Ziel ist ein gesellschaftliches Zusammenleben in größtmöglicher Freiheit.

ETHIK ist ein Teilbereich der praktischen Philosophie. Ihr Gegenstand ist die Moral. Ethik beschäftigt sich mit den Voraussetzungen und der Bewertung menschlichen Handelns. Dabei geht es nicht um theoretisches Wissen, sondern um praktische Anwendbarkeit. Davon ausgehend, dass der Mensch ein vernunftbegabtes Wesen ist, fragt die Ethik, wie Menschen handeln, welche Kriterien es gibt, um gutes und schlechtes Handeln voneinander zu unterscheiden, und sucht nach verbindlichen und verbindenden Werten wie Ehrlichkeit oder Gerechtigkeit. Ziel ist ein respektvolles und verantwortungsbewusstes Zusammenleben.

Der englische Begriff FAKE NEWS bedeutet übersetzt so viel wie gefälschte Nachrichten. Genau darum geht es: Falsche Informationen werden vor allem in den sozialen Netzwerken gezielt verbreitet, um Angst, Vorurteile oder Hass zu schüren. Fake News können frei erfundene Nachrichten sein, manchmal werden aber auch reale Meldungen geschickt verändert oder aus dem Zusammenhang gerissen, um einen gänzlich anderen Eindruck zu erzeugen. Immer öfter wird der Begriff Fake News verwendet, um korrekte Nachrichten unglaubwürdig zu machen. Es kommt zum Beispiel vor, dass Politiker:innen, die in einem Medienbericht zurecht kritisiert werden, einfach behaupten, es handele sich dabei um Fake News.

Das Federal Bureau of Investigation – abgekürzt FBI – ist der Inlandsgeheimdienst (→ Geheimdienst) der USA. Das FBI bekämpft also Verbrechen innerhalb des Landes, zum Beispiel das Organisierte Verbrechen, Korruption oder Morde. Es ist aber auch dafür verantwortlich, innerhalb der USA gegen Terrorismus, Cyberkriminalität oder Spion:innen vorzugehen. Damit ist das FBI die zentrale Sicherheitsbehörde innerhalb der USA.

Die FINANZWIRTSCHAFT ist der Teil der Wirtschaft, bei dem es um alles geht, was mit Geld zu tun hat. Auf dem sogenannten FINANZMARKT werden Aktien und andere Finanzprodukte gehandelt und Kredite vergeben. Hierbei spielen verschiedene Akteur:innen mit: Privatpersonen, der Staat, private Unternehmen wie etwa Banken, Versicherungen, Investmentfirmen. Vor allem im Zusammenhang mit privaten Unternehmen spricht man von der FINANZINDUSTRIE. Beide Bereiche haben sehr großen Einfluss auf die gesamte Wirtschaft. Ein Streitpunkt ist, wie stark sie reguliert werden müssen.

Ein GEHEIMDIENST hat die Aufgabe, Informationen zu beschaffen, um das eigene Land vor Gefahren zu warnen und zu schützen – zum Beispiel vor Terroranschlägen oder einer militärischen Bedrohung. Deswegen haben fast alle Länder mindestens einen Geheimdienst, der oft auch als Nachrichtendienst bezeichnet wird. In Deutschland gibt es zum Beispiel den Verfassungsschutz und den Bundesnachrichtendienst. In den USA gibt es neben dem FBI unter anderem den Auslandsgeheimdienst CIA (Central Intelligence Agency) und die NSA (National Security Agency). Eine Kritik an Geheimdiensten ist, dass sie zu weitreichende Macht bekommen könnten und Menschen auch dann überwachen, wenn das nicht zu rechtfertigen ist. Außerdem sind Geheimdienste ihrerseits nur schwer zu kontrollieren, weil sie viele Geheimnisse nicht preisgeben können oder wollen.

GELDWÄSCHE meint den Handel mit »schmutzigem Geld«. Das ist Geld, das nicht auf legalem Weg verdient wurde, sondern auf kriminellem, etwa durch Korruption, Drogen- oder illegalen Waffenhandel. Damit das nicht herauskommt, muss »schmutziges Geld« in den normalen Wirtschaftskreislauf zurückgebracht werden, indem beispielsweise Häuser, Autos, Schmuck oder andere Wertgegenstände gekauft werden. Um zu vertuschen, woher das Geld ursprünglich kommt, fließt es möglichst kompliziert durch verschiedene Konten und Firmen. Geldwäsche ist strafbar und wird mit bis zu fünf Jahren Freiheitsstrafe geahndet.

Die Begriffe GLOBALER NORDEN und GLOBALER SÜDEN werden verwendet, um Ungleichheit auf der Welt zu beschreiben. Denn die Tatsache, dass ein Teil der Menschen mehr Macht, Geld, Chancen hat als der andere, gilt nicht nur innerhalb einer Gesellschaft, sondern auch global betrachtet. Wichtig ist, dass es bei dieser Unterscheidung keine Hierarchie gibt. Die Begriffe sollen vielmehr beschreiben, dass die Länder des globalen Nordens, zum Beispiel Australien, die USA oder Deutschland, privilegiert sind, während Länder des globalen Südens, beispielsweise Haiti, Mali oder Irak, benachteiligt sind. Dabei geht es um Themen wie politische Freiheiten, Wohlstand und wirtschaftliche Entwicklung.

JIM-CROW-GESETZE nennt man die Gesetze, die auch nach der Abschaffung der Sklaverei in den USA für die Diskriminierung und Unterdrückung von Afroamerikaner:innen sorgten. Die Jim-Crow-Gesetze gab es seit 1877, und sie schrieben beispielsweise eine »Rassentrennung« in Zügen, Bussen oder Schulen vor. Benannt waren sie nach Jim Crow, einer Kunstfigur, die viele rassistische Vorurteile über Schwarze Menschen verkörperte. Die Jim-Crow-Gesetze wurden in Folge der amerikanischen Bürgerrechtsbewegung in den 1960er-Jahren abgeschafft. Kritiker:innen sagen aber, dass das Rechtssystem in den USA bis heute rassistisch ist.

Der KAPITALISMUS ist ein System, das bestimmt, wie die Wirtschaft und damit auch das gesellschaftliche Zusammenleben organisiert sind. Beim Kapitalismus steht Privatbesitz im Zentrum – für jeden einzelnen Menschen, aber auch für Unternehmen. Deren Fabriken, Gebäude, Maschinen, andere Besitztümer und die Unternehmen selbst sind in Privatbesitz. Sie gehören nicht dem Staat. Der Kapitalismus beruht auf Wettbewerb. Sein Ziel ist, möglichst hohe Gewinne zu erwirtschaften. Preise sollen über Angebot und Nachfrage geregelt werden. Heute sind viele Staaten, vor allem Industrienationen wie Deutschland, die USA oder Japan, kapitalistisch organisiert. Doch es gibt auch Kritik an dem System. Denn wenn alles nur auf Gewinn ausgerichtet ist, können Dinge, die alle brauchen, so teuer werden, dass viele Menschen sie sich nicht mehr leisten können – etwa ein Dach über dem Kopf. Deswegen setzen viele Länder dem Kapitalismus Grenzen, auch wenn die oft noch nicht ausreichen, um der Mehrheit einer Bevölkerung ein sorgenfreies Leben zu ermöglichen.

KOLONIALISMUS bezeichnet eine Zeit, in der vor allem europäische Länder in anderen Teilen der Welt Gebiete und deren Bewohner:innen unter ihre Herrschaft brachten. So besetzte Spanien nach der sogenannten Entdeckung Südamerikas durch Christoph Columbus das heutige Mexiko. Im 19. und 20. Jahrhundert hatten viele europäische Staaten Kolonien auf dem afrikanischen Kontinent. Dabei waren die Kolonialmächte stets der Meinung, sie seien den dort lebenden Menschen überlegen und würden sie überhaupt erst »zivilisieren«. Das war der Freibrief dafür, sie besonders grausam zu behandeln. Die Kolonialmächte töteten viele Menschen, sie beuteten das Land aus und bereicherten sich selbst. Inzwischen wird versucht, die Geschichte des Kolonialismus aufzuarbeiten, indem zum Beispiel gestohlene Güter an die Ursprungsländer zurückgegeben werden.

KORRUPTION oder Bestechung ist »der Missbrauch anvertrauter Macht zum privaten Nutzen oder Vorteil«, heißt es bei »Transparency International«.[148] Korruption ist schwer zu erkennen, denn sie findet hinter verschlossenen Türen statt, aber fest steht: Es gehören immer zwei Seiten dazu. Die, die besticht, und die, die sich bestechen lässt. Im Falle von Korruption nimmt eine Person, die politischen oder wirtschaftlichen Einfluss hat, Geld, schnelle Autos, Reisen oder andere Wert- und Luxusgegenstände an. Sie lässt sich also kaufen und setzt dafür die Interessen des Bestechenden durch. Korruption führt zu erheblichen materiellen Schäden, stört das gesellschaftliche Zusammenleben und zerstört Vertrauen. Wenn Unternehmer:innen, Politiker:innen oder andere Mächtige korrupt sind, handeln sie nicht mehr zum Wohl der Allgemeinheit, einer Firma, eines Verbands oder eines ganzen Landes, sondern im Auftrag derer, die sie bestechen. Dieses Handeln ist illegal.

»Die Würde des Menschen ist unantastbar« heißt der erste Artikel unseres Grundgesetzes. Sie ist zugleich Voraussetzung der MENSCHENRECHTE. Das sind Grundrechte, die allen Menschen, allein durch die Tatsache, dass sie existieren, zustehen. Dazu gehören u. a. das Recht auf Leben, auf Freiheit, Gleichheit, Gleichberechtigung, auf Meinungs- und Versammlungsfreiheit. Auch das Verbot von Folter ist ein Menschenrecht. Entsprechend dürfen Menschen nicht diskriminiert oder verfolgt werden etwa aufgrund ihres Geschlechts, ihrer Hautfarbe oder ihrer Art, zu leben, zu lieben, zu glauben. Das haben die Vereinten Nationen erstmals 1948 mit der »Allgemeinen Erklärung der Menschenrechte« anerkannt. Trotzdem werden an vielen Orten der Welt bis heute Menschenrechte verletzt. Sie sind weiterhin Voraussetzung für und Ziel einer gerechten, humanen Welt.

#METOO ist eine soziale Bewegung, bei der vor allem Frauen auf sexuelle Übergriffe und sexualisierte Gewalt hinweisen. Der Name kommt von einem Hashtag, unter dem viele Betroffene auf Twitter von ihren Erfahrungen berichteten. Der Englische Ausdruck »Me too« bedeutet so viel wie »ich auch«. Durch die Diskussionen in den sozialen Netzwerken wurde das Ausmaß sexueller Übergriffe durch Männer zu einem großen gesellschaftlichen Thema.

Unter Non Governmental Organisation, kurz: NGO, versteht man eine Nichtregierungsorganisation, also eine unabhängige, privat initiierte Gruppe, die sich für gesellschaftliche, soziale oder humanitäre Zwecke einsetzt. NGOs engagieren sich beispielsweise im Rahmen von Entwicklungszusammenarbeit, Menschenrechten oder Ökologie. Berühmte NGOs sind »Amnesty International«, »Greenpeace« oder kirchliche Organisationen wie »Brot für die Welt« oder »Misereor«.

Ein:e PATRIOT:IN ist ein Mensch, der sich dem eigenen Land oder der eigenen Heimat sehr verbunden fühlt. Diese Haltung kann auch negative Formen annehmen. Dann herrscht die Meinung vor, dass das eigene Land, die eigene Nation besser sei als andere. Patriotismus spielt in verschiedenen Ländern eine sehr unterschiedliche Rolle. In den USA ist er beispielsweise weit verbreitet, in Deutschland ist der Begriff dagegen deutlich umstrittener, weil er oft von rechten oder auch rassistischen Gruppen verwendet wird.

Journalist:innen haben wichtige Aufgaben: Sie sollen informieren, den Menschen ermöglichen, sich eine eigene Meinung zu bilden, den Mächtigen auf die Finger schauen und Missstände aufdecken. Voraussetzung dafür ist die PRESSEFREIHEIT. Sie garantiert Journalist:innen, dass sie die Themen, über die sie berichten, selbst aussuchen dürfen, und Texte veröffentlichen können, die Regierungen womöglich nicht gefallen. Für kritische Berichterstattung muss niemand ins Gefängnis, und es gibt auch keine Zensurbehörde, die noch einmal überprüft, was die Medien berichten. In Staaten mit autoritären Regierungen ist die Pressefreiheit oft nicht gegeben, in Demokratien ist sie ein zentraler Wert. In Deutschland ist sie im Grundgesetz verankert.

PROPAGANDA ist der Versuch, über Medien aller Art das Denken, Fühlen, Handeln von Menschen zu beeinflussen und Überzeugungen bewusst in eine gewünschte Richtung zu lenken. Dafür werden einseitige Informationen verbreitet, mit Meinungen vermischt oder gar gefälscht. Der Kern von Propaganda ist mithin Manipulation. Propaganda kann u. a. in Form von Reden, Liedern, Plakaten, Flugblättern, Fotos, Nachrichten oder Posts verbreitet werden. Nur wer Propaganda als Strategie der Beeinflussung erkennt, kann sich dagegen wehren und davor schützen.

RASSISMUS bedeutet, dass Menschen aufgrund ihrer Hautfarbe oder ihrer ethnischen Herkunft diskriminiert, also ungleich behandelt werden. Dem liegt die wissenschaftlich falsche Ideologie zugrunde, dass es unterschiedliche »Menschenrassen« gibt und dass eine »Rasse« einer anderen überlegen sein kann. Das ist eine Erfindung, die bis heute weit verbreitet ist. Im Alltag in Deutschland kann das bedeuten, dass Menschen mit einem nicht deutsch klingenden Namen schlechtere Chancen auf eine Wohnung oder einen Job haben, oder dass People of Color häufiger von der Polizei kontrolliert werden. Es kann aber auch bedeuten, dass von Rassismus betroffene Menschen körperlich angegriffen werden. Im Laufe der Zeit können sich rassistische Einstellungen so fest in einer Gesellschaft verankern, dass von Rassismus betroffene Menschen über den Einzelfall hinaus benachteiligt und ausgeschlossen werden. Dann spricht man von STRUKTURELLEM RASSISMUS.

SANKTIONEN sind eine Art Strafmaßnahme oder Druckmittel, um Staaten oder Menschen dazu zu bringen, sich an vereinbarte Regeln zu halten. Sanktionen werden verhängt, um Konflikte einzudämmen und grundsätzlich Frieden und Demokratie voranzutreiben. Wenn ein Land beispielsweise Menschenrechte verletzt, sich nicht an das Völkerrecht hält oder gar einen Krieg beginnt, können andere Staaten oder internationale Organisationen u. a. die wirtschaftliche Zusammenarbeit aufkündigen, Vermögenswerte einfrieren oder Einreisebeschränkungen aussprechen. Das Ziel ist, über Sanktionen zum

Einlenken zu bewegen und Veränderung zu bewirken, ohne zu militärischen Mitteln greifen zu müssen.

STAATSGEHEIMNISSE sind Informationen, die, wenn sie öffentlich würden, die Sicherheit eines Landes und seiner Bürger:innen gefährden könnten. Das können zum Beispiel Militärtaktiken oder Geheimdienst-Einsätze sein. Staatsgeheimnisse werden deswegen nur sehr ausgewählten Personen zugänglich gemacht, und ihr Verrat wird als Verbrechen verfolgt, das man als Landesverrat bezeichnet. Grundsätzlich ist nachvollziehbar, dass Staaten solche Geheimnisse haben, doch häufig wird darüber diskutiert, was wirklich als Staatsgeheimnis gelten soll und was nicht. Denn die Öffentlichkeit hat auch ein Recht darauf, informiert zu sein.

Jeder Staat braucht Steuereinnahmen, denn Steuern kommen der Allgemeinheit zugute. In Deutschland muss jede:r erwachsene Bürger:in einen gewissen Anteil des jeweiligen Verdienstes in Form von Steuern abgeben. Das Prinzip ist einfach: wer wenig verdient, zahlt geringe Steuern, wer mehr verdient, zahlt mehr Steuern. Von STEUERHINTERZIEHUNG spricht man, wenn Steuerpflichtige absichtlich falsche Angaben zu ihrem Einkommen oder Vermögen machen oder ihr Vermögen außer Landes bringen, um dadurch weniger Steuern zu zahlen, als sie eigentlich müssten. Steuern hinterziehen vor allem wohlhabende Menschen, weil sie höher besteuert werden. Wer das tut, bereichert sich nicht nur selbst, sondern enthält der Gesellschaft Geld vor. Darum ist Steuerhinterziehung eine Straftat. Sie wird mit Geld- oder Haftstrafen geahndet.

Transparent heißt durchsichtig. Genau darauf kommt es an. Zunächst ist TRANSPARENZ ein Begriff und bedeutet Durchsichtigkeit. Darüber hinaus formuliert Transparenz gerade in politischen und wirtschaftlichen Zusammenhängen eine Forderung und ein Ziel – nämlich Informationen, Sachverhalte, Abläufe, Entscheidungen offenzulegen und zugänglich zu machen. Ob in Unternehmen, Institutionen, in Verwaltung oder Politik: Wo Transparenz besteht, sind Menschen einbezogen. Sie können sich von den jeweiligen Prozessen ein eigenes Bild machen. Das schafft Vertrauen und Selbstbewusstsein. Darum könnte man sagen, dass Transparenz zum Gelingen von Demokratie dazugehört. Denn sie schafft und setzt auf mündige Bürger:innen.

WIRTSCHAFTSSPIONAGE bedeutet, dass Nachrichtendienste die Unternehmen eines anderen Staates ausspähen. Damit will ein Staat einen Vorteil für sich oder die Firmen im eigenen Land erlangen. Es kommt aber auch vor, dass sich konkurrierende Unternehmen gegenseitig ausspionieren, um bessere Chancen im Wettbewerb untereinander zu haben. Das nennt man dann Industriespionage.

ZENSUR bedeutet, dass der Staat bestimmt, kontrolliert und überwacht, was in die Öffentlichkeit gelangen darf und was nicht. Wo zensiert wird, besteht keine Pressefreiheit, keine Meinungsfreiheit, keine Meinungsvielfalt. Dann schränkt der Staat Berichte, Bilder, Informationen oder Inhalte, die ihm missfallen, ein oder verbietet sie ganz. Heute wird der Begriff der Zensur oft missbraucht: Menschen, die für bestimmte Äußerungen von Personen oder Institutionen kritisiert werden, beklagen sich, man dürfe nicht mehr sagen, was man denkt. Sie fühlen sich als Opfer von Zensur – dabei geht es um Auseinandersetzung. Zensur besteht erst, wenn sie von staatlichen Stellen ausgeübt wird.

QUELLEN

Die Autor:innen zitieren aus folgenden Quellen:

EDWARD SNOWDEN

1 Laura Poitras, Glenn Greenwald: NSA whistleblower Edward Snowden: I don't want to live in a society that does these sort of things – video, The Guardian, 9.6.2013: https://www.theguardian.com/world/video/2013/jun/09/nsa-whistleblower-edward-snowden-interview-video 2 Snowden, Edward (2019): Permanent Record. Meine Geschichte, Fischer (2020) 3 ebd. 4 ebd. 5 ebd. 6 ebd. 7 ebd. 8 Ingo Pakalski/dpa: Snowden verteidigt seine russische Staatsbürgerschaft, golem.de, 4.12.2022: https://www.golem.de/news/konflikt-mit-den-usa-snowden-verteidigt-seine-russische-staatsbuergerschaft-2212-170229.html

JULIA STEPANOWA UND WITALI STEPANOW

9 Lucy Ash: 100 Women 2016: Russian doping whistleblower gives rare interview, BBC, 9.12.2016: https://www.bbc.com/news/world-europe-38253541 10 John Brant: The Marriage That Led to the Russian Track Team's Olympic Ban, The New York Times, 22.6.2016: https://www.nytimes.com/2016/06/22/magazine/the-marriage-that-led-to-the-russian-track-teams-olympic-ban.html 11 Doper lassen sich besser vermarkten, FAZ, 17.12.2014: https://www.faz.net/aktuell/sport/sportpolitik/doping/julia-stepanowa-im-interview-ueber-russlands-doping-skandal-13325469.html?printPagedArticle=true#pageIndex_2 12 ebd. 13 Christian Esch: Die größten Whistleblower in der Geschichte des Sports, Frankfurter Rundschau 10.1.2019: https://www.fr.de/sport/sport-mix/groessten-whistleblower-geschichte-sports-11111504.html

SPOT 1: LAUT WERDEN! WAS TUN WHISTLEBLOWER:INNEN?

14 Whistleblower Netzwerk e. V.: Was ist Whistleblowing: https://www.whistleblower-net.de/informationen/was-ist-whistleblowing/

JÓHANNES STEFÁNSSON

15 The Insider: Johannes Stefansson, https://www.youtube.com/watch?v=QFIms5rZCc4 16 ebd. 17 ebd. 18 ebd. 19 Kai Strittmatter: Heute Held – morgen Haft?, Süddeutsche Zeitung, 20.10.2021: https://www.sueddeutsche.de/wirtschaft/johannes-stefansson-samherji-1.5444744 20 Kai Strittmatter, Nils Wischmeyer: Auf Beutezug in Afrika, Süddeutsche Zeitung, 5.5.2021: https://www.sueddeutsche.de/wirtschaft/korruption-namibia-whistleblower-fischerei-1.5284362

ANDREA WÜRTZ

21 Andrea Würtz in einem Telefon-Interview mit Christine Knödler am 17.4.2023 22 ebd. 23 Félice Gritti: Missstände in der Pflege: Das sind Menschenrechtsverletzungen, die da stattgefunden haben, stern, 10.2.2022: https://www.stern.de/panorama/team-wallraff-zu-pflege-skandal---das-sind-menschenrechtsverletzungen--31613954.html 24 ebd. 25 Telefon-Interview vom 17.4.2023 26 ebd. 27 Markus Kaiser: Seniorenresidenz Schliersee: Der Kampf einer Whistleblowerin, BR, 2.5.2023: https://www.br.de/nachrichten/kultur/seniorenresidenz-schliersee-der-kampf-einer-whistleblowerin,T66GWUT 28 Telefon-Interview vom 17.4.2023 29 Melanie Klimmer: Schliersee und Augsburg sind keine Einzelfälle!, Planet

Interview, 16.6.2022: https://www.planet-interview.de/interviews/andrea-wuertz/52819/ 30 Telefon-Interview vom 17.4.2023

LI WENLIANG

31 Xifan Yang: Geburt eines Märtyrers, Zeit online, 7.2.2020: https://www.zeit.de/gesellschaft/zeitgeschehen/2020-02/li-wenliang-arzt-coronavirus-warnung-tod-china-regierung
32 Liao Yiwu: In Wuhan starb Dr. Li Wenliang – die Wahrheit ist tot, Neue Zürcher Zeitung, 7.6.2020: https://www.nzz.ch/feuilleton/liao-yiwu-in-wuhan-starb-dr-li-wenliang-die-wahrheit-ist-tot-ld.1558311 33 ebd. 34 He Warned of Coronavirus. Here's What He Told Us Before He Died, The New York Times, 7.2.2020: https://www.nytimes.com/2020/02/07/world/asia/Li-Wenliang-china-coronavirus.html 35 Xifan Yang: Geburt eines Märtyrers

FRANCES HAUGEN

36 Billy Perrigo: Inside Frances Haugen's Decision to Take on Facebook, TIME, 22.11.2021: https://time.com/6121931/frances-haugen-facebook-whistleblower-profile/ 37 Dan Milmo: How losing a friend to misinformation drove Facebook whistleblower, The Guardian, 4.10.2021: https://www.theguardian.com/technology/2021/oct/04/how-friend-lost-to-misinformation-drove-facebook-whistleblower-frances-haugen 38 Billy Perrigo: Inside Frances Haugen's Decision to Take on Facebook 39 Dan Milmo: Facebook ›tearing our societies apart‹: key excerpts from a whistleblower, The Guardian, 4.10.2021: https://www.theguardian.com/technology/2021/oct/04/facebook-tearing-our-societies-apart-key-excerpts-from-a-whistleblower-frances-haugen 40 Podcast »The Journal« Folge: »The Facebook Files Part 6: The Whistleblower«, Oktober 2021: https://www.wsj.com/podcasts/the-journal/the-facebook-files-part-6-the-whistleblower/b311b3d8-b50a-425f-9eb7-12a9c4278acd 41 Frances Haugen in einem Video-Interview mit Benjamin Knödler am 22.8.2023 42 ebd. 43 ebd. 44 Podcast »The Journal« Folge: »The Facebook Files Part 6: The Whistleblower« 45 ebd. 46 Ruth Fulterer: »Ich will Facebook retten«: Wer ist Frances Haugen, die Whistleblowerin hinter den Facebook-Files? NZZ, 5.10.2021: https://www.nzz.ch/technologie/zitat-wer-ist-frances-haugen-die-frau-hinter-den-facebook-files-ld.1648755?reduced=true
47 Video-Interview vom 22.8.2023

DANIEL ELLSBERG

48 Martin Pengelly: Daniel Ellsberg, Pentagon Papers whistleblower, dies aged 92, The Guardian, 16.6.2023: https://www.theguardian.com/us-news/2023/jun/16/daniel-ellsberg-pentagon-papers-whistleblower-dies 49 https://www.ellsberg.net/pentagon-papers/ 50 ebd. 51 Katherine Graham: Wir drucken! Die Chefin der »Washington Post« erzählt die Geschichte ihres Lebens. Übersetzt von Henning Thies, Rowohlt (2001) 52 Christian Appy: Courage is contagious: Daniel Ellsbergs decision to release the Pentagon Papers didn't happen in a vacuum, The Conversation, 11.5.2023: https://theconversation.com/courage-is-contagious-daniel-ellsbergs-decision-to-release-the-pentagon-papers-didnt-happen-in-a-vacuum-204244 53 »Right Livelihood Award«: https://rightlivelihood.org/the-change-makers/find-a-laureate/daniel-ellsberg/ 54 Christian Appy: Courage is contagious: Daniel Ellsbergs decision to release the Pentagon Papers didn't happen in a vacuum 55 Martin Pengelly: Daniel Ellsberg, Pentagon Papers whistleblower, dies aged 92

MARGRIT HERBST

56 Annett Heide: Was macht eigentlich ... Margrit Herbst?, stern, 23.11.2019: https://www.stern.de/gesundheit/bse--was-macht-eigentlich-----margrit-herbst--9010478.html 57 Whistleblower Netzwerk e. V.: Dr. Margrit Herbst: https://www.

whistleblower-net.de/projekte/ausstellung/margrit-herbst/ 58 H. C. Schulze/Gregor Witt: Plusminus – Whistleblower; https://www.youtube.com/watch?v=PMy3xdqXZmc 59 Whistleblower – Die Einsamkeit der Mutigen

SPOT 4: ECHT JETZT?! DIE SACHE MIT DER WAHRHEIT

60 Eid schwören: Wann muss man einen Eid leisten und was muss man beachten? https://www.anwalt.de/rechtstipps/eid#:~:text=Wer%20als%20Zeuge%20einen%20Eid,über%20die%20Wahrheit%20einer%20Aussage.

REALITY WINNER

61 Reality Winner – The 60 minutes Interview, https://www.youtube.com/watch?v=NcR5hlnN31I 62 ebd. 63 »United States vs. Reality Winner« von Sonia Kennebeck wurde 2021 erstmals gezeigt. In der 90-minütigen Dokumentation kommen Reality Winner, ihre Mutter Billie Winner-Davis, ihre Schwester Brittany Winner, Edward Snowden, John Kiriakou u. a. zu Wort, Natalia Dyer liest Briefe und Gedichte von Reality Winner. 64 Adrienne Fichter: Der Drucker hat sie verraten, Republik, 27.7.2021: https://www.republik.ch/2021/07/27/ich-habe-nicht-versucht-snowden-zu-sein 65 Reality Winner – The 60 minutes Interview 66 ebd.

ABDULLAH IBHAIS

67 Håvard Melnæs: The trial of Abdullah Ibhais, Josimar, 25.10.2021: https://web.archive.org/web/20230610032126/https://josimarfootball.com/2021/10/25/the-trial-of-abdullah-ibhais/ 68 Qatar wins 2022 world Cup bid: https://www.youtube.com/watch?v=uU_SgaTRnrg 69 WDR 5 Sport inside – der Podcast: Die WM-Sklaven – Folge 4: Ein Insider packt aus: https://www1.wdr.de/mediathek/audio/wdr5/sport-inside/audio-die-wm-sklaven---folge--ein-insider-packt-aus-100.html 70 ebd. 71 Håvard Melnæs: The trial of Abdullah Ibhais 72 WDR 5 Sport inside – der Podcast: Die WM-Sklaven – Folge 4: Ein Insider packt aus 73 ebd.

SONDERFALL WATERGATE

74 Akte Richard Nixon – Die Watergate Affäre, https://www.youtube.com/watch?v=DRVptF3MG4g 75 Nixon hat sich selbst zerstört, Spiegel, 15.6.2012: https://www.spiegel.de/geschichte/watergate-woodward-und-bernstein-ueber-nixon-a-947608.html 76 Akte Richard Nixon – Die Watergate Affäre 77 »Nixon hat sich selbst zerstört« 78 Gestatten, Deep Throat, Süddeutsche Zeitung, 1.6.2005: https://www.sueddeutsche.de/politik/watergate-affaere-gestatten-deep-throat-1.842457

MARTIN PORWOLL UND MARIE KLEIN

79 Vivien Leue: Erst Whistleblower – und dann?, Deutschlandfunk Kultur, 26.6.2018: https://www.deutschlandfunkkultur.de/apothekerskandal-erst-whistleblower-und-dann-100.html 80 Oliver Schröm, Niklas Schenck, David Schraven: Die Alte Apotheke – Das Ende des Schweigens, correctiv.org, 29.6.2017: https://correctiv.org/ruhr/alte-apotheke/2017/06/29/die-alte-apotheke-das-ende-des-schweigens/ 81 Anna Loll: Der Ehrliche ist oft der Dumme, Deutschlandfunk Kultur, 26.1.2021: https://www.deutschlandfunkkultur.de/diskussion-ueber-whistleblower-richtlinie-der-ehrliche-ist-100.html 82 Vivien Leue: Erst Whistleblower – und dann? 83 Panorama – Die Reporter: Der Krebsapotheker, NDR: https://www.youtube.com/watch?v=4B99omjLRxQ

DESIRÉE FIXLER

84 Podcast »Behind the Money«. Folge: »Blowing the whistle on ESG«, Juni 2022: https://www.ft.com/content/c1fd5ed0-e3f1-4c54-91f7-f0ad5a10af9a 85 Film von Carolin Hentschel und Norman Laryea: Grünes Geld – Fragwürdige Geschäfte mit gutem Gewissen, ZDF, 28.9.2022: https://www.zdf.de/dokumentation/zdfzoom/zdfzoom-gruenesgeld-100.html 86 Film »Money, Power

and Wall Street«, Frontline, Transkript: https://www.pbs.org/wgbh/frontline/documentary/money-power-wall-street/transcript/? 87 Robert G. Eccles: A Whistleblowers Tale As Told By Desiree Fixler, Forbes, 17.1.2023: https://www.forbes.com/sites/bobeccles/2023/01/17/a-whistleblowers-tale-as-told-by-desiree-fixler/?sh=39c2e43164d1 88 ebd. 89 ebd. 90 Desirée Fixler, Daniel Mittler: Greenwashing, whistleblowing and governance failures in the German finance sector, re:publica: https://re-publica.com/de/session/greenwashing-whistleblowing-and-governance-failures-german-finance-sector

PETER BUXTUN

91 Allen M. Hornblum: The Jewish VD Detective Who Exposed the Infamous Tuskegee Experiment, Tablet, 1.2.2021: https://www.tabletmag.com/sections/history/articles/peter-buxtun-tuskegee-experiment 92 Carl Elliott: Tuskegee Truth Teller, The American Schollar, 4.12.2017: https://theamericanscholar.org/tuskegee-truth-teller/ 93 Reverby, Susan: Examining Tuskegee: The Infamous Syphilis Study and Its Legacy 94 Remarks by the President in apology for study done in Tuskegee, 16.5.1997: https://clintonwhitehouse4.archives.gov/New/Remarks/Fri/19970516-898.html

SPOT 7: DIE ULTIMATIVE TRANSPARENZ: WIKILEAKS UND JULIAN ASSANGE

95 Hasso Suliak: Man kann sich auf den Rechtsstaat nicht mehr verlassen, Legal Tribune Online, 16.4.2021: https://www.lto.de/recht/hintergruende/h/assange-uno-sonderberichterstatter-psychische-folter-melzer-wikileaks-auslieferung-usa-isolationshaft/

CHELSEA MANNING

96 Aron Boks, Konrad Litschko: Wir werden es überleben, taz, 25.11.2022: https://taz.de/Whistleblowerin-Chelsea-Manning/!5895065/ 97 ebd. 98 ebd. 99 Holger Stark: Ich war naiv, sehr naiv, Zeit online, 23.11.2022: https://www.zeit.de/2022/48/chelsea-manning-whistleblowerin-wikileaks-usa 100 Emma Brockes: Chelsea Manning: I struggle with the so-called free world compared with life in prison, The Guardian, 22.10.2022: https://www.theguardian.com/us-news/2022/oct/22/chelsea-manning-leaked-military-documents-free-world-prison 101 Chelsea Manning veröffentlicht Autobiografie »Readme.txt«, ttt – titel, thesen, temperamente, 4.12.2022: https://www.ardmediathek.de/video/ttt-titel-thesen-temperamente/chelsea-manning-veroeffentlicht-autobiografie-readme-txt/das-erste/Y3JpZDovL21kci5kZS9iZWl0cmFnL2Ntcy81ZWE1MDQ4MS1kZGFjLTQwZDgtOTBhZi1mMGU0NzBkZjRjMTI 102 Holger Stark: Ich war naiv, sehr naiv, Zeit online, 23.11.2022: https://www.zeit.de/2022/48/chelsea-manning-whistleblowerin-wikileaks-usa/komplettansicht 103 ebd. 104 Hilka Sinning: Chelsea Manning: Meine Geschichte, eine Autobiografie, ttt – titel, thesen, temperamente, 5.12.2022: https://www.daserste.de/information/wissen-kultur/ttt/chelsea-manning-autobiografie-100.html

EDMUND DENE MOREL

105 Adam Hochschild: King Leopold's Ghost: A Story of Greed, Terror, and Heroism in Colonial Africa, S. 251 106 Charles Solomon: Review: ›This Magnificent Cake!‹ explores Belgian colonialism through animation, Los Angeles Times, 28.2.2019: https://www.latimes.com/entertainment/movies/la-et-mn-this-magnificent-cake-review-20190228-story.html 107 Adam Hochschild: King Leopold's Ghost: A Story of Greed, Terror, and Heroism in Colonial Africa, S. 247 108 ebd., S. 251 109 ebd., S. 256

ECKART SEITH

110 Gier in der Finanzwelt: https://www.youtube.com/watch?v=NZVBcnOfYtU 111 SWR 1 Leute: Darum sitzt Eckart Seith auf der Anklagebank,

https://www.youtube.com/watch?v=x-hDwDtF8Qk 112 Gier in der Finanzwelt 113 Eckart Seith in einem Telefon-Interview mit Christine Knödler am 9.8.2023 114 ebd. 115 Gier in der Finanzwelt 116 Telefon-Interview vom 9.8.2023 117 ebd. 118 Michael Brächer: Deutscher Anwalt beim Cum-Ex-Prozess in den meisten Punkten freigesprochen, Handelsblatt, 11.4.2019: https://www.handelsblatt.com/finanzen/banken-versicherungen/cum-ex/eckart-seith-deutscher-anwalt-beim-cum-ex-prozess-in-den-meisten-punkten-freigesprochen-/24207620.html 119 Telefon-Interview vom 9.8.2023 120 Gier in der Finanzwelt 121 Telefon-Interview vom 9.8.2023

DANIEL MOTAUNG

122 Billy Perrigo: Frances Haugen Calls for ›Solidarity‹ With Facebook Content Moderators in Conversation with Whistleblower Daniel Motaung, TIME Magazine, 16.6.2022: https://time.com/6188272/frances-haugen-daniel-motaung-facebook-whistleblowers/ 123 Advocates, Whistleblowers Demand Facebook End Abuse of Content Moderators, Medium, 10.5.2022: https://rfob.medium.com/advocates-whistleblowers-demand-facebook-end-abuse-of-content-moderators-b0fb863d7a38 124 Billy Perrigo: Inside Facebook's African Sweatshop, TIME Magazine, 14.2.2022: https://time.com/6147458/facebook-africa-content-moderation-employee-treatment/ 125 ebd. 126 Daniel Motaung: The danger & precariousness of labour, Livestream auf Mozilla: https://www.youtube.com/watch?v=ledRDgfnjtk 127 Ich lebe einen Horrorfilm, Spiegel, 10.5.2022: https://www.spiegel.de/netzwelt/web/ich-lebe-einen-horrorfilm-a-e36056c5-86ef-4468-80cb-dea9264e69a4 128 #InternetForTrust – Content moderation: an issue that matters to all of us, UNESCO: https://www.youtube.com/watch?v=Gt2yDin3K4Y 129 Billy Perrigo: 150 African Workers for ChatGPT, TikTok and Facebook Vote to Unionize at Landmark Nairobi Meeting, TIME Magazine, 1.5.2023: https://time.com/6275995/chatgpt-facebook-african-workers-union/

CIHAN KUZKAYA

130 Felix Klauser, Nils Metzger, Marta Orosz: KPMG-Whistleblower im Interview, ZDF, 11.7.2023: https://www.zdf.de/politik/frontal/interview-cihan-kuzkaya-kpmg-whistleblower-ruestungsfirma-russland-sanktionen-100.html 131 Cihan Kuzkaya in einem Video-Interview mit Benjamin Knödler am 28.9.2023 132 ebd. 133 Felix Klauser, Nils Metzger, Marta Orosz: KPMG-Whistleblower packt aus zu Rüstungsdeals: https://www.zdf.de/nachrichten/wirtschaft/kpmg-whistleblower-russland-ruestung-geschaefte-100.html 134 Video-Interview vom 28.9.2023 135 ebd. 136 ebd. 137 ebd. 138 ebd.

FRANK SERPICO

139 SERPICO, DURK, LEUCI, TRIMBOLI, Doug Poppa Podcast: https://www.youtube.com/watch?v=Do6YBPLSIrU 140 Josh Bell: Never Run When Youre Right: The Real Story of NYPD Whistleblower Frank Serpico, ACLU, 3.11.2017: https://www.aclu.org/news/free-speech/never-run-when-youre-right-real-story-nypd 141 »Frank Serpico – Die wahre Geschichte des berühmten Whistleblowers«, USA 2017, official trailer, https://www.youtube.com/watch?v=nvkJb2PjGW8 142 Robert Daly: Portrait of an Honest Cop, New York, 3. Mai 1971 https://nymag.com/news/articles/03/03/35th/crazedcity/crimes/1.htm 143 Frank Serpico: The fate that gnaws at him. Kathleen F. Phalen, Gadfly 2001: http://gadflyonline.com/home/index.php/frank-serpico-the-fate-that-gnaws-at-him/ 144 Corey Kilgannon: Serpico on Serpico, The New York Times, 22.1.2010 https://www.nytimes.com/2010/01/24/nyregion/24serpico.html 145 Kathleen F. Phalen: Frank Serpico, Gadfly online, Jan./Feb. 2011: http://www.gadflyonline.com/home/archive/JanFeb01/archive-serpico.html 146 Josh Bell: Never Run

When Youre Right: The Real Story of NYPD Whistleblower Frank Serpico, ACLU, 3.11.2017

SPOT 10: HELD:INNEN ODER VERRÄTER:-INNEN: IST WHISTLEBLOWING EINE FRAGE DER MORAL?

147 Kai Strittmatter: Heute Held – morgen Haft?, Süddeutsche Zeitung, 20.10.2021: https://www.sueddeutsche.de/wirtschaft/johannes-stefansson-samherji-1.5444744

GLOSSAR

148 https://www.transparency.de/ueber-uns/was-ist-korruption

Letzter Abruf aller Websites: November 2023

Benjamin Knödler, 1991 geboren, studierte Philosophie und Sozialwissenschaften an der Humboldt-Universität zu Berlin. Er ist Journalist und arbeitet als Online-Redakteur und Autor bei der Wochenzeitung *der Freitag*. 2020 erschien bei Hanser das von Felicitas Horstschäfer illustrierte Jugendsachbuch *Young Rebels – 25 Jugendliche, die die Welt verändern*, das er zusammen mit seiner Mutter Christine Knödler geschrieben hat. Benjamin Knödler lebt in Berlin.

Christine Knödler, 1967 geboren, schreibt und ediert für verschiedene Verlage, Zeitungen und Zeitschriften. Sie ist Kritikerin und Moderatorin, konzipiert Podiums-Formate, gibt Schreibseminare und kuratiert internationale Illustrations-Ausstellungen. Seit 2020 hostet sie *freigeistern! Der Podcast für Kinder- und Jugendliteratur*. Bei Hanser hat sie mit Reinhard Michl *Schnurren und Kratzen – Geschichten von Katzen* (2013) herausgegeben. 2020 erschien das Jugendsachbuch *Young Rebels – 25 Jugendliche, die die Welt verändern*, das sie zusammen mit ihrem Sohn Benjamin Knödler geschrieben hat. Christine Knödler lebt in München.

Felicitas Horstschäfer, 1983 geboren, lebt und arbeitet als freischaffende Designerin im Bereich Cover, Illustration und Buchkonzept in Berlin. Neben Buchverlagen, Printmedien und Wirtschaftskunden zählen Papeterie-Hersteller im In- und Ausland zu ihren Kunden. Mit *Young Rebels – 25 Jugendliche, die die Welt verändern* (Text: Benjamin Knödler und Christine Knödler) illustrierte sie 2020 ihr erstes Buch für Hanser. 2021 folgte *Book Rebels – 75 Heldinnen aus der Literatur* (hrsg. von Annette Pehnt) mit ihren Illustrationen.